组织行为学

刘沁易　编著

清 华 大 学 出 版 社

北京交通大学出版社

·北京·

内 容 简 介

本书共六个项目，分别是：项目一走进组织行为学，通过对组织、组织行为等的简单介绍，让读者对组织行为学知识形成一个初步的了解；项目二个体行为与管理，主要介绍个体的多种肢体语言和态度等的形成；项目三激励理论与运用，主要介绍目前组织行为学中比较著名的个体激励理论及其实际运用；项目四群体，结合前面介绍的个体知识延伸至个体组合的介绍，了解和认识群体组织的特征；项目五领导及领导行为，这是对于前面群体认识的升华，在了解群体之后如何带领群体，如何激励群体。项目六组织文化和组织变革，通过对文化的影响力进一步深入对人的管理核心，基本把握管理组织的重点和方式。

本书适合作为高职高专院校管理类专业学生的教材，也适合作为相关培训的教学用书。

图书在版编目（CIP）数据

组织行为学 / 刘沁易编著． —北京：北京交通大学出版社：清华大学出版社，2022.3
ISBN 978-7-5121-4670-9

Ⅰ．①组…　Ⅱ．①刘…　Ⅲ．①组织行为学　Ⅳ．①C936

中国版本图书馆 CIP 数据核字（2022）第 006855 号

组织行为学
ZUZHI XINGWEI XUE

责任编辑：谭文芳

出版发行：清 华 大 学 出 版 社　　邮编：100084　　电话：010-62776969　　http://www.tup.com.cn
　　　　　北京交通大学出版社　　邮编：100044　　电话：010-51686414　　http://www.bjtup.com.cn
印 刷 者：北京时代华都印刷有限公司
经　　销：全国新华书店
开　　本：185 mm×230 mm　　印张：12　　字数：264 千字
版 印 次：2022 年 3 月第 1 版　　2022 年 3 月第 1 次印刷
印　　数：1～3 000 册　　定价：39.00 元

本书如有质量问题，请向北京交通大学出版社质监组反映。对您的意见和批评，我们表示欢迎和感谢。

投诉电话：010-51686043，51686008；传真：010-62225406；E-mail：press@bjtu.edu.cn。

前　言

　　组织行为学是综合运用与人有关的各种知识，采用系统分析的方法，研究一定组织中人的行为规律，从而提高组织内各级管理人员对组织成员的行为的预测和引导能力，以便更有效地实现组织目标的一门科学。由于组织行为学中的很多结论来源于科学家们的一系列实验，因此被很多人误认为组织行为学是一门纯理论的课程。为了更好地体现组织行为学对组织和组织成员的行为和态度的研究的实用性，同时也为了符合高职院校着重培养技能型、应用型人才的需要，编者有了编写本教材的初衷。更为重要的是，在长期的高职一线教学过程中，编者深深体会到，虽然理论知识是学生学习的基石，但如果只是进行单纯的理论教学，将使得课堂氛围枯燥乏味，达不到好的教学效果，从而也无法达到高职人才培养的目标和岗位对人才的需要。因此，编者在编写本教材和录制配套微视频的过程中，本着学以致用的原则，将理论融入案例之中来进行讲解，将身边的案例作为讲解分析的范本，编者希望通过这样通俗易懂的方式，使教学符合人才培养的需求，也希望组织行为学这门课程能得以在高职高专院校推广。

　　在编写过程中，编者查阅了大量的参考文献和案例分析，其中大部分都已在参考书目中列出，以便读者查阅，在此对原作者表示衷心的感谢。

　　由于编者的知识水平和时间经验有限，本书在编写过程中可能存在很多不足之处，欢迎各位读者给予批评指正。

编　者

2022 年 1 月

目　　录

项目一　走进组织行为学

导入案例　瑞幸咖啡

瑞幸咖啡（Luckin Coffee），是中国新零售咖啡的典型代表，致力于成为中国领先的高品质咖啡品牌和专业化的咖啡服务提供商。瑞幸咖啡以优选的产品原料、精湛的咖啡工艺、创新的商业模式、领先的移动互联网技术，努力为广大消费者带来更高品质的咖啡消费新体验，推动咖啡文化在中国的普及和发展。截至 2018 年 12 月底，瑞幸咖啡门店总数为 2 000 家；到 2019 年 3 月 31 日，瑞幸咖啡在 18 个月内落地了 2 370 家门店，平均每个月落地 132 家门店；到 2019 年 4 月底，瑞幸咖啡已经进驻了全国 40 个城市，平均每个月进驻两个城市。究竟是怎样的组织管理手段在支撑这样飞速发展的企业与快速的扩张呢？必须在一套行之有效的管理手段和工具的支撑下，企业才能快速扩张。特别是在新的营销模式下，如果管理工具的扩展性能不能匹配企业发展的速度，那么便无法发挥信息系统本该具有的价值。瑞幸咖啡人力资源总监提到：瑞幸咖啡经历了很多商业模式的探索，最后发现采用互联网新零售的模式是增长最快的，因为只有借助信息化平台和数据平台，才可以实现裂变式增长。于是，它形成了"成本结构，用户体验"的商业模式，第一步就是搭建管理信息平台。因为扩张速度快，所以员工数量急剧增长，同时要在 40 个城市运营，员工的分散度很高。在这种情况下，怎样才能有效地管理好这样一支庞大的团队呢？又怎样通过高效的平台做好业务运营，保障对员工的服务呢？

面对激烈的竞争市场，瑞幸首先选择的是快速发展多门店占领市场的方式。为了适应自身发展快、门店增速高的特点，满足庞大的人员管理需求，瑞幸咖啡采用了 DHR 管理系统。该系统分为前台、中台和后台。这样的系统架构不仅满足了 HR 对业务管理的要求，还简化了 HR 的系统操作，将 HR 的工作台和一线员工的自助平台做了切分，使整个系统的效率大大提高。

在系统建设中，瑞幸提出无纸化办公以及构建移动办公平台的理念。整个企业 23 000 多名员工均被纳入系统，所有的审批流程和员工需要查询的内容，都通过手机完成，比如员工查看工资条、向公司申请开收入证明等业务。在瑞幸咖啡，手机端对系统的访问量远远大于 PC 端。移动端的广泛应用让员工不用再追着领导进行事项审批，所有流程都通过系统在线上完成，包括财务流程、人事流程、业务流程等。

在保证咖啡品质的基础上，更加注重消费者咖啡消费理念、消费模式以及消费群体的改变。在面对主要客户群体——职场白领和年轻消费群体时，瑞幸咖啡鼓励他们充满自信，突破以往，勇于改变。

资料来源：节选并改编自微信公众号"数字人力洞察"（DHRInsight）于 2019 年 6 月 3 日推送的文章。

1.1　组织、组织行为与组织行为学

1.1.1　组织的定义

　　人们的生活离不开各种各样的组织，只要参与社会活动，就会主动或被动地加入不同的组织。因为有了组织，社会的秩序才更好，某些特定的活动才能更加有序、高效地完成。那么，组织的定义和特征是怎样的呢？

　　组织是指在某些特定环境下，由两个及两个以上的人员为了实现他们共同的理想或目标，遵循一定活动规律结合在一起的一种群体。不同的组织有不同的结构形式，但组织的特征却大同小异。

　　根据组织的定义描述不难发现，组织具有以下共同的特征。

　　首先，组织有明确的目标。目标是组织存在的原因，同时也是决定组织性质、发展方向等的重要因素。

　　其次，组织要实现自己的目标，必须要拥有相应的资源，如设备、人才、资金等。在各类资源之中，人是组织中最有活力、最有创造性的因素。同时，人也是组织最基本的构成要素，组织目标必须通过成员的努力才能最终得以实现。

　　最后，组织有特定的结构。组织结构是组织成员之间工作关系的体现，设置合理的组织结构有助于组织活动的顺利开展，是实现组织目标的重要保障。组织需要科学地划分部门、层次，需要明确各部门、各层次的权力、责任与利益，需要根据每个成员的才能安排他们的工作、分配其职务，并落实每个职位的责、权、利。

案例分析　数据会让你重获自由

　　福特公司 CEO 艾伦·穆拉利（Alan Mulally）召集了名为"数据会让你重获自由"的会议，并且尝试将福特的文化变为一种更富责任感、更多信息共享，以及有严格指标体系的文化，他也因而受到关注。"你不能管理一个秘密。"他同样喜欢这一名言。现在还不清楚，穆拉利的方法是不是福特公司比它的美国竞争对手通用公司和克莱斯勒公司更好地度过经济衰退的原因。不管怎样，穆拉利的方法是福特公司一个新的尝试，过去它曾因信息不能共享而背负骂名，然而通过实践证明，严格的管理体制已经为管理人员的实际工作带来了一定的回报。

　　我们以飞思卡尔半导体公司（Freescale Semiconductor）为例来说明，这是一家总部在得克萨斯奥斯汀的计算机芯片制造商。飞思卡尔发现，为了使正确的人在正确的时间做正确的工作，需要一组广泛而详细的指标体系来管理 30 个国家的 24 000 余名员工。

飞思卡尔尤为担忧的是员工流动率。"没有比人力资本的成本更高的了，特别是在技术产业"，飞思卡尔的全球人力资源配备主管帕特尔（Patel）说，"当你得知一名终身受雇的员工决定离职时，这不仅仅是一个人的流失，而且是人员的知识、人际网络及技能的流失。"为了管理人才并且防止人员流动，飞思卡尔让直线管理者来负责招聘、雇佣及留住员工。为了达成目标，管理者需要从长远的角度来规划人才的需求，并且使其和已有的服务相协调。帕特尔给直线管理者提供调查数据并帮助他们制订方案，但拥有最终决定权的却是直线管理者。他们可以根据自己业务部门的实际情况来选择是否执行方案或者是否需要修订为其制订的方案。"我们所能做的就是利用我们拥有的数据及指标体系，将责任转移到业务部门。"帕特尔说。帕特尔还为飞思卡尔的管理者提供基准数据，使他们能够将自身的效率与其他部门相比较。基准数据包括雇员数量、人员流动率及晋升率，然后再根据人口学因素做出分类。"我们所做的每一项投资，现在都有了回报。"帕特尔说。

【问题】

1．你认为飞思卡尔为什么会关注指标体系？

答：指标考虑到问责和准确的记录。飞思卡尔关注员工流失率这一指标，因为当一位有经验的员工离开公司后，再找一位员工来替代他的成本很高。很多公司不分享信息也不沟通，因此它们更容易失去好员工和客户。

2．作为一名管理者，你愿意负责下属员工的获得和保留吗，为什么？

答：愿意。建立自己的团队对成功很重要。获取并保留员工对组织的绩效很重要，最好的管理者深谙此道。对组织来说，降低流失率和保留高品质员工是生产力的关键影响因素。

3．你认为这种指标体系的优势和局限是什么？

答：优势——定量数据和指标能让很多决策清晰。人力资源和人才管理的战略计划能依靠信息系统和知识管理系统的运用而得到发展，因为这些系统包含来自人口普查和美国劳工统计局的数据。

局限——这些系统完全不依靠常识，甚至有时依靠直觉去做出某些决定，特别是关于个人的决定。此外，一些公司花费太多时间在计划上，陷入了"分析瘫痪"，以至于只计划却不执行战略。

4．飞思卡尔关注有关员工的获得和保留的指标体系。你认为这种指标体系可以应用于其他管理方面吗，比如员工态度、员工绩效或者技能开发？如何测量和管理这些指标体系？

答：可以，指标可以被应用到组织的各个方面。像技能创新、领导力调查和个性测试等这些测试，能够为招聘、团队建设、跨文化发展及其他方面提供结果。从高管到中层管理者都应该对这些工具的管理和测量负责，以便为员工的成功和发展提供环境。唯一需要注意的是，这些工具应该与其他方法结合使用，以保证所有员工的权益。

1.1.2　组织行为的定义和分类

组织行为（organizational behavior）是指在一定组织环境中，全体组织成员在工作时表现出的所有行为的总和。组织行为特指组织成员在工作时的行为表现，而不包括下班之后组织成员的行为。例如，交友、娱乐、健身、购物等均不属于组织行为的范畴。因此，准确地说，组织行为是指组织内部的群体和个体产生的行为，以及组织与环境之间的相互作用。

根据分析层次的不同，组织行为可以被分为：微观组织行为、中观组织行为和宏观组织行为。微观组织行为指的是组织内的个体的行为，也就是个体行为。中观组织行为指的是组织内的群体行为，包括人际行为、群体及群际行为。宏观组织行为指的是组织成员作为一个整体所表现出来的行为，如组织结构、组织文化、组织变革与发展，以及组织学习等。

1.1.3　组织行为学的定义及研究对象

1. 组织行为学的定义

组织行为学是研究在组织中及组织与环境相互作用下，人们从事工作的心理活动和行为反应规律性的科学。它采用系统分析的方法，综合运用心理学、社会学、人类学、生理学、生物学、经济学和政治学等知识，研究一定组织中人的心理和行为的规律性，从而提高各级领导者和管理者对人的行为预测和引导能力，以便更有效地实现组织预定的目标。

人是管理的主体，也是管理的对象，研究人的行为规律便成为管理学的重要内容。社会的进步促使组织中的管理者必须重视对人的管理，组织管理学、人事管理学这些管理学的分支越来越显示出在管理体系中的地位，组织行为学就是在此基础上产生和发展起来的。由此就使组织行为学既是一门多学科、多层次相交叉的边缘性学科，又是具有两重性和应用性的学科。

组织行为学的边缘性表现为多学科相交叉性和多层次相交切性。

组织行为学的两重性表现为组织行为学既具有自然属性，又具有社会属性。

组织行为学的应用性表现为组织行为学研究的直接目的在于联系组织管理者的工作实际，提高其工作能力，从而提高组织的工作绩效。

2．组织行为学研究对象

作为行为科学的一个分支，组织行为学通过探讨个体、群体及结构对组织内部行为的影响，从而运用科学的知识来实现组织行为的有效性。组织行为学的研究对象是人的心理和行为规律。人的行为与心理是密不可分的，心理活动是行为的内在表现，行为是心理的外在表现，因此，组织行为学将两者结合作为统一体进行研究。组织行为学的研究范围是一定组织中的个体、群体和组织的心理及行为规律。这里的组织，包括政府组织、民间组织、工商企业、教育机构、医疗卫生机构等。

从研究对象来看，组织行为学对行为的分析在 3 个不同层次上进行：个体、群体和组织。

个体是构成组织的基本单位。组织行为学对个体的行为进行微观的考察研究，考虑影响人的行为的各种心理因素，即人对于周围环境的知觉与理解，包括人的思维方法、归因过程、动机、个性、态度、情感、能力、价值观等方面。所有这些因素又与实际活动中的需要、兴趣、达到目标的行为有着密切的关系。

组织行为学在群体层次上主要研究的是群体行为的特征、作用、意义，群体内部的心理与行为、群体之间的心理与行为、群体中的人际关系、信息传递方式、群体对个体的影响、个人与组织的相互作用等。

组织行为学在组织层次上研究组织结构、组织变革与发展、组织文化、组织学习等内容。此外，工作生活质量、工作的扩大化与丰富化、人机和环境诸因素的合理安排、各种行为的测评方法等方面，也都在组织行为研究范围之内。

综上所述，"组织""组织行为""组织行为学"这 3 个概念存在密切联系，也存在差别。"组织"本质上是一个实体或组合；"组织行为"是"组织"中形成的行为总和；"组织行为学"则是一个学科，该学科以组织行为为研究对象。

1.2　组织行为学的形成与发展

组织行为学是在管理科学发展的基础上产生和发展起来的。管理是人类社会的永恒主题，它是人类社会有序发展的推动力。管理是管理者运用一定的职能和手段协调他人的活动，使他人同自己一起高效率地实现既定目标的活动过程。

管理学理论的发展受到社会生产力和科学技术发展水平的制约，经历了不同的发展阶段。按照比较公认的说法，可以分为以下 4 个阶段。

① 20 世纪初到 30 年代兴起，以美国的泰勒（Taylor）、法国的法约尔（Fayol）、德国的韦伯（Weber）为代表。泰勒是科学管理的倡导者，被称为"科学管理之父"，从根源

上讲，泰勒是组织行为学先驱者中最重要的一位。这一时期正是大工业快速发展的阶段，人们关注的是生产效率。泰勒对工作进行动作和时间研究，注重工作的分析和设计，在钢铁公司进行了一系列的实验——搬运铁块、铲铁锹等，将人的动作进行分解和设计，提出了劳动定额、工时定额、计件工资制等。这一阶段的管理理论重视对物的研究，而忽视人的因素。

②　行为学派产生于 20 世纪 20—60 年代。代表人物有梅奥、麦格雷戈等，他们提出了著名的人际关系理论。在行为科学的发展史中被称为里程碑式的实验是 1924 年开始的霍桑实验。霍桑实验是指在美国芝加哥西部电器公司所属的霍桑工厂进行的一系列的心理学研究的总称。实验于 1924 年开始，直到 1932 年结束。美国哈佛大学心理学教授梅奥 1927 年接管并主持了霍桑实验。梅奥的重要研究成果是提出了人不是经济人，而是社会人，不是孤立的、只知挣钱的个人，而是处于一定社会关系中的群体成员，个人的物质利益在调动工作积极性上只具有次要的意义，群体间良好的人际关系才是调动工作积极性的决定性因素。因此，梅奥的理论也被称为"人际关系理论"或"社会人理论"。

③　管理科学学派产生于 20 世纪 60—70 年代。代表人物有钱德勒、劳伦斯等。其特点是把系统科学的理论，即我们通常说的系统论、信息论、控制论等应用于管理领域，形成新的组织管理技术和方法。管理科学就是管理中的一种数量分析方法。它主要用于解决能以数量表现的管理问题。其作用在于通过管理科学的方法，减少决策中的风险，提高决策的质量，保证投入的资源发挥最大的经济效益。

④　综合性的现代管理科学学派产生于 20 世纪 70 年代以后。这一阶段综合了前三个阶段的研究成果，把组织看作一个开放的社会模式，把管理科学和行为科学结合起来，创立了系统工程这一新的管理理论。系统工程强调系统的组织和规划，解决了多种目标的矛盾。

1.2.1　古典管理理论

古典管理理论是指 19 世纪末 20 世纪初，西方管理理论的总称。由泰勒的科学管理理论、法约尔的管理过程理论、韦伯的古典行政组织理论构成。厄威克和古立克通过系统整理泰勒、法约尔、韦伯等人的管理理论，提出了适用于一切组织的八项管理组织原则和七种管理职能。首次将管理的重要性提到应有的地位，把管理看作任何有组织的社会必不可少的因素，是协调集体、努力达到目标、取得最大成效的过程。古典管理理论强调管理的科学性、精密性和严格性。在组织结构上强调上下严格的等级系统，视组织为一个封闭系统，组织职能的改善仅靠内部合理化，而较少考虑外部环境影响，忽视人的心理因素。

在 20 世纪初，由泰勒发起的科学管理革命导致了古典管理理论的产生。古典管理理论的代表人物泰勒、法约尔、韦伯从 3 个不同的角度，即车间工人、办公室总经理和组织来解决企业和社会组织的管理问题，为当时的社会解决企业组织中的劳资关系、管理原理和原则、生产效率等方面的问题，提供了管理思想的指导和科学理论方法。

1. 科学管理理论

科学管理理论的创始人是泰勒，他首次提出了科学管理的概念，被公认为"科学管理之父"。

（1）科学管理中的中心问题是提高劳动生产效率

泰勒认为，科学管理的根本就在于提高劳动生产效率，因为科学管理如同节省劳动的机器一样，其目的正在于提高每一单位劳动力的产量。他认为，企业提高劳动生产率的潜力非常大，在当时条件下，每个工人的能力在工作中只发挥了三分之一。泰勒在一项工人搬运生铁的实验中，使工人每天搬运生铁的数量普遍从 12.5 t 提高到 47.5 t，增加了 3.8 倍，工人工资由每天 1.15 美元增加到 1.85 美元。可是，当时无论是雇主还是工人，对于一个工人一天到底能干多少工作、该干多少工作都心中无数。

（2）为了提高劳动生产效率必须为工作挑选第一流的工人

泰勒认为，所谓第一流的工人包括两个方面：一是该工人的能力最适合他所从事的工作，二是该工人从内心愿意从事这项工作。因为每个人的天赋与才能不同，他们所适宜做的工作也各异，身强力壮的人干体力活可能是第一流的，心灵手巧的人干精细活也可能是第一流的。所以要根据人的不同能力和天赋把他们分配到相适应的工作岗位，使之成为第一流的工人。对于那些不适合从事工作的工人，应加以培训，使之适合工作需要，或者把他们重新安排到其他适宜的工作岗位上去。培训工人成为第一流的工人，是领导的职责。

（3）为了提高劳动生产效率必须研究工时与标准化

泰勒除了通过提高劳动生产效率让工人成为"高价工人"之外，还通过改变不同的工作因素来观察哪些与工人日工作量变化有关。例如，某个工人搬运生铁时有时曲一下膝盖，有时不曲膝盖而是弯腰。泰勒测试了休息时间、行走速度、搬运位置及其他各种变量。在长时期对各种过程、技术、工具等的组合进行科学测试之后，泰勒成功地达到他预期的水平。通过挑选合适的工人，使用正确的工具设备，通过使工人确切地按规定方法劳动，通过采用高工资效益激励工人，泰勒就能让工人达到 47.5 t 日工作量的目标。

工时研究作为泰勒研究的基础，并非简单地对一个工人完成一件规定任务做出时间上的统计，而是把一件工作分解为各种基础的组成部分，做出测试，然后根据其合理性重新进行安排，以确定最佳的工作方法。所以工时研究是用资料研究未来，而非研究过去，是用来分析问题，而非单纯地描述问题。此外，除了操作方法标准化，还应对工具、机械、原料和作业环境等进行改进，并使与任务有关的所有要素都最终实行标准化。工时研究与标准化为了解如何更为合理地完成一件工作找到了一条较为科学的途径。

（4）在制定标准定额基础上实行差别计件工资制

制定标准定额是整个泰勒工资制的基础。通过大量的工时与动作研究，他把每一项工作都分成尽可能多的简单基本动作，把其中无效动作去掉，并通过对熟练工人操作过程观察记录，寻找出每一个基本动作最快、最好的操作方法，这构成了他确定日工作定额的基础。当然，泰勒也考虑到工作过程中不可避免的时间浪费等。在标准定额的基础上，泰勒建议实行新的工资制度，即差别计件工资制。他认为过去实行的计时工资制和利润分享制都不能从根本上解决问题。差别计件工资制，是在"工资支付对象是工人而不是职位"思想指导下，按照工人是否完成其定额而采取高低不同的工资率。即完成定额的可按工资标准的 125% 计算工资，而完不成定额的只按 80% 计算工资，以鼓励工人千方百计地完成工作定额。

（5）设置计划层，实行职能工长制

泰勒认为一位"全面"的工长应具备十种品质：智能，教育，专业技术知识，手脚灵活和有力气，机智老练，有干劲，刚毅不屈，忠诚老实，判断力和一般常识，身体健康。泰勒认为要找到一个具备上述三种品质的人并不太困难，找到一个具备上述五种或六种品质的人就比较困难，而要找到一个能具备七八种上述品质的人，那几乎是不可能的。为解决这种矛盾，泰勒提出了分阶段的职能工长的主张，因为把工长的工作专业化后，对任职者的体力和脑力的要求也就相应降低了。

泰勒的管理理论倡导在管理中运用科学的方法和科学的实践精神，从而用调查研究和科学知识代替管理者个人的主观判断与经验。正是泰勒理论的出现，才使人类的管理由经验走向科学。正是在泰勒的管理理论基础上，创造和发展出了一系列有助于提高劳动生产率的技术和方法，而这些技术和方法又反过来成为近代以来管理系统合理组织生产的基础。当然，泰勒的科学管理理论也存在许多不足之处，表现在以下 3 个方面。一是对工人的看法是错误的。他认为工人的主要动机是经济利润，工人最关心的是增加自己的金钱收入。他认为工人是笨拙的，对作业的科学化完全是无知的。二是仅重视技术因素，忽视社会、群体因素对管理的影响。三是注重基层管理或车间管理，忽视企业作为一个整体如何经营与管理的问题。

2．一般管理理论

法国人法约尔对组织管理进行了系统的、独创的研究，1925 年出版了《工业管理与一般管理》一书，提出了管理理论是指有关管理的、得到普遍承认的理论，是经过普遍经验检验并得到论证的一套有关原则、标准、方法、程序等内容的完整体系；有关管理的理论和方法不仅适用于公私企业,也适用于军政机关和社会团体。这正是其一般管理理论的基石。因此后人把他称为"管理过程之父"。

法约尔认为,经营和管理是两个不同的概念,管理包括在经营之中。通过对企业全部活动的分析,法约尔将管理活动从经营职能中提炼出来,成为经营的六项职能,即企业的全部活动可以分为以下 6 种:

① 技术活动,指生产、制造、加工等;
② 商业活动,指购买、销售、交换等;
③ 财务活动,指资金的筹措及运用;
④ 安全活动,指设备和人员保护;
⑤ 会计活动,指存货盘点、成本核算、统计等;
⑥ 管理活动,指组织内行政人员所从事的计划、组织、指挥、协调和控制活动。

法约尔认为,所有的组织成员都应具备上述六种活动能力,但对不同层次和不同组织的人员来说,这些能力的相对重要性不同。这首先表现在,居于不同层次的人员,各种能力有不同重要性。越往高层,管理能力的重要性增加,技术能力的重要性、准确性减弱;越往低层,管理能力的重要性减弱,技术能力的重要性增强。其次表现在,不同规模组织的领导人员,各种能力的相对重要性不同。组织的规模越大,领导人员的管理能力的重要性增加,技术能力的重要性减弱;组织规模越小,领导人员的技术能力的重要性增加,管理能力的重要性减弱。

法约尔十分重视计划职能,尤其强调制订长期计划,这是他对管理思想做出的一个杰出贡献。他的这一主张,在今天看来仍像在他那个时代一样重要。在剧烈变化的环境,计划职能更为关键。许多企业缺乏战略管理的思维,很少考虑长期的发展,不制订长期计划,其结果多为短期行为,丧失长远发展的后劲,埋下了不稳定的隐患。为此,法约尔拟出了计划的依据,指出了良好的计划应具备的特征,提出了为制订良好计划,领导人员必备的条件和能力。法约尔认为,企业中的组织包括人力和物力的组织,只有当所有的资源都能够以最有效的方式从事其基本活动时,良好的组织结构计划才可以得以很好地制订和执行。为此,他详尽论述了人员在企业中应完成的任务及为更好完成任务而必备的素质。法约尔认为,组织作用的发挥离不开指挥,即把任务分配给各级各类领导人员,使他们都承担相应的职责,他对负责指挥的人员提出了八项要求。之后的协调与控制,就是要统一、调节、规范所有的活动,核实工作进展是否与既定计划和原则相一致,从而防止和纠正工作中可能出现或已经出现的偏差。

法约尔指出,管理是一种普遍存在于各种组织的活动,这种活动对应着计划、组织、指挥、协调和控制五种职能。

① 计划，对有关事件进行预测，并且以预测的结果为根据，拟订出一项工作方案。

② 组织，为组织中各项劳动、材料、人员等资源提供一种结构。

③ 指挥，有关促使组织为达成目标而行动的领导艺术。

④ 协调，为达成组织目标而进行的维持必要的统一的工作。

⑤ 控制，保证各项工作按既定计划进行。

法约尔还提出了 14 条管理原则，即：劳动分工，权力和责任，纪律，统一指挥，统一领导，个人利益服从整体利益，人员的报酬，集权，等级制度，秩序，公平，人员的稳定，首创精神，团结精神。这 14 条管理原则具有独创性的见解，对管理理论研究和实际工作都具有很大的启发性。

其中，权限和责任原则是指担任指挥工作的企业领导，应深入了解自己的员工，深入了解企业与员工之间的协定，在员工面前起维护企业利益的作用，在厂主面前起维护员工利益的作用；领导不能包办一切，应该把所有不一定非要自己做的工作交给部下去做，并进行定期检查；一个出色的领导人应该具有承担责任的勇气，有时候为了部下的利益要敢于牺牲自己的面子。

法约尔认为，无论是高层领导，还是普通员工，都必须受纪律的约束，任何一个企业，没有纪律的约束都不可能兴旺繁荣。"尊重等级和横搭跳板的信息传递原则"是指信息传递应尊重等级路线，使情报自上而下或自下而上经过等级制度中的每一级来传送。这对统一指挥、统一思想是必要的。但是为了行动迅速，各部门也应该横向沟通，建立及时交换信息的"天桥"或"跳板"，以保证那些时间紧迫的事情能够做成。

"报酬原则"是指报酬是服务的价格，报酬应该合理，并尽量使雇主和雇员都满意。支付报酬的方式也很重要，它对企业的发展有重大影响，因此，不能仅仅只有工资一种方式，各种奖金——考勤奖、机器正常运转奖、卫生奖、实物津贴、福利设施、荣誉满足及任何一种能鼓舞各级员工热情的报酬方式，都应受到领导的关注。

"公平原则"着重指对下属要公平。法约尔认为，下属员工总是希望公平，希望被平等对待的。而公平是由善意与公道产生的，因此，领导者要保持善意，主持公道，努力使公平感深入各级员工的内心。

保持人员稳定原则，首先要保持企业领导人员的稳定，因为适应一个领导岗位并做好工作需要时间，频繁换人会带来很多后患。法约尔认为，繁荣的企业，领导人员是稳定的；而那些运气不佳的企业，领导人员是经常变动的。这种不稳定同时是企业不景气的原因与结果。

3. 管理组织理论

韦伯着重于组织理论的研究，提出了"理想的行政组织体系"理论。

韦伯认为，理想的行政组织体系即官僚制，亦称"科层制"。这种行政组织体系包括以下 6 方面内容。

① 为了实现一个组织的目标，要把组织中的全部活动划分为各种基本的作业，作为公务分配给组织中的各个成员。

② 各种公务和职位是按照职权的等级原则组织起来的，每一个职位有明文规定的权利和义务，形成一个指挥系统或层次体系。

③ 组织中人员的任用，完全根据职务上的要求，通过正式考试或教育训练来实行。

④ 管理人员有固定的薪金和明文规定的升迁制度，是一种"职业的"管理人员。

⑤ 管理人员必须严格遵守组织规定的规则和纪律，使之不受任何人的感情因素的影响，保证在一切情况下都能贯彻执行。

⑥ 组织中的各级官员必须完全以理性为指导，他们没有个人目标，没有仇视、偏爱、怜悯、同情，然而却有理性，尽管这种理性带有机械性。

韦伯的行政组织理论，实际上是把管理非人格化，依靠单纯的责任感和无个性的工作原则，客观合理地处理各项事务。韦伯认为，这种理想的行政组织体系能提高工作效率，在精确性、稳定性、纪律性和可靠性等方面优于其他组织体系。但同时他也认为，由于这种管理体制排斥感情因素，导致了整个社会感情的匮乏，扼杀了个人的积极性和创造性。在韦伯看来，现代社会中有教养的文明人减少了，而只知忠于职守和懂专业知识的人增加了，这种由官僚制的刻板条例造就的人，目光短浅、安于现状、缺少英雄主义和批判精神，没有创造发明。但尽管如此，韦伯仍然十分醉心于按这种行政组织体系进行企业管理，嘲笑那种靠个人非凡魅力来管理的领导，因为他认为只有遵守规章制度，抛弃一切人事关系的感情色彩，公事公办，企业才有可能生存下去。韦伯的古典管理理论为企业管理奠定了理论基础，也可视为一种企业文化理论的萌芽。

1.2.2 行为科学管理理论与现代管理理论

1. 行为科学管理理论

行为科学是对企业员工在生产中的行为及这些行为产生的原因进行分析研究的理论。行为科学曾被称为人际关系学。20 世纪 20 年代中至 30 年代初，梅奥通过霍桑实验，创立了人际关系理论。1949 年，在美国芝加哥召开的第一次跨学科会议上，首次提出行为科学的名称。1953 年，正式把这门综合性学科定名为"行为科学"。它是综合应用心理学、社会学、社会心理学、人类学、经济学、政治学、历史学、法律学、教育学、精神病学及管理理论和方法，研究人的行为的边缘学科。它研究人的行为产生、发展和相互转化的规律，以便预测人的行为和控制人的行为。

目前行为科学已在管理上得到广泛的应用，并取得了明显的成效。它的成功改变了管理者的思想观念和行为方式。行为科学把以"事"为中心的管理，改变为以"人"为中心的管理，由原来对"规章制度"的研究发展到对人的行为的研究；由原来的专制型管理向民主型管理过渡。

现行的行为科学管理理论主要包括以下 4 方面内容。

① 人性假设是行为科学管理理论的出发点。管理者对管理对象的认识可以分为六种基本类型：工具人假设、经济人假设、社会人假设、自我实现人假设、复杂人假设、决策人假设。

② 激励理论是行为科学的核心内容，具体包括需要层次理论、行为改造理论、过程分析理论这三个理论。

③ 群体行为理论是行为科学管理理论的重要支柱，掌握群体心理是研究群体行为的重要组成部分。

④ 领导行为理论是行为科学管理理论的重要组成部分，包括对领导者的素质、领导行为、领导本体类型、领导方式等方面的研究。

行为科学管理理论的着重点在于人，它关注人的兴趣态度、情绪积极性等对工作及其效率的影响，从人性、心理的角度来剖析和改善参与者的主观条件，从而带动对客观因素的改变，以期总体上完善管理体制、提高工作效率，其中又特别强调对领导者的行为的研究。管理行为是人的行为，因此可以说，行为科学管理理论是从管理的主体角度进行的。

2．现代管理理论

现代管理理论是继科学管理理论、行为科学理论之后，西方管理理论和思想发展的第三阶段，特指第二次世界大战以后出现的一系列学派。与前阶段相比，这一阶段最大的特点就是学派林立，新的管理理论、思想、方法不断涌现。美国著名管理学家哈罗德·孔茨认为当时林林总总共有十一个学派：经验主义管理学派、人际关系学派、组织行为学派、社会系统学派、管理科学学派、权变理论学派、决策理论学派、系统管理理论学派、经验主义学派、经理角色学派和经营管理学派。

（1）现代管理思想和理论形成的背景

在 20 世纪 40 年代，一方面，由于工业生产的机械化、自动化水平不断提高及电子计算机进入工业领域，在工业生产集中化、大型化、标准化的基础上，也出现了工业生产多样化、小型化、精密化的趋势。另一方面，工业生产的专业化、联合化不断发展，工业生产对连续性、均衡性的要求提高，市场竞争日趋激烈、变幻莫测，即社会化大生产要求管理改变孤立的、单因素的、片面的研究方式，而形成全过程、全因素、全方位、全员式的系统化管理。

第二次世界大战期间，交战双方提出了许多亟须解决的问题，如运输问题、机场和港口的调度问题、如何对大量的军火进行迅速检查的问题，等等，都涉及管理的方法。

科学技术发展迅猛，现代科学技术的新成果层出不穷。

资本主义生产关系出现了一些新的变化，由于工人运动的发展，赤裸裸的剥削方式逐渐被新的、更隐蔽的、更巧妙的剥削方式所掩盖。新的剥削方式着重从人的心理需要、感情方面等着手，形成处理人际关系和人的行为问题的管理。

管理理论的发展越来越借助于多学科交叉作用。经济学、数学、统计学、社会学、人类学、心理学、法学、计算机科学等各学科的研究成果越来越多地应用于企业管理。

（2）现代管理理论的新趋势

进入 20 世纪 80 年代以后，随着社会、经济、文化的迅速发展，特别是信息技术的发展与知识经济的出现，世界形势发生了极为深刻的变化。面对信息化、全球化、经济一体化等新的形势，企业之间竞争加剧，联系增强，管理出现了深刻的变化与全新的格局。正是在这样的形势下，管理出现了一些全新的发展趋势。

① 非理性主义倾向与企业文化。20 世纪 70 年代末 80 年代初，由于经营风险增大，竞争激烈，管理日趋复杂，在西方管理理论界出现了一种非理性主义倾向和重视企业文化的思潮。

② 战略管理理论。20 世纪 70 年代前后，世界进入科技、信息、经济全面飞速发展时期，同时竞争加剧，风险日增。为了谋求企业的长期生存发展，开始注重构建竞争优势。这样，在经历了长期规划、战略规划等阶段之后，形成了较为系统的战略管理理论。

1965 年安索夫的《公司战略》一书的问世，开创了战略规划的先河。1976 年，安索夫的《从战略规则到战略管理》一书出版，标志着现代战略管理理论体系的形成。

③ 企业再造理论。进入 20 世纪七八十年代，市场竞争日趋激烈。美国企业为应对来自日本、欧洲的挑战而展开探索。1993 年，美国麻省理工学院教授迈克尔·哈默博士与詹姆斯·钱皮提出了企业再造理论。企业再造是指"为了飞越地改善成本、质量、服务、速度等重大的现代企业的运营基准，对工作流程（business process）作根本的重新思考与彻底翻新"。

④ "学习型组织"理论。20 世纪 90 年代以来，知识经济的到来，使信息与知识成为重要的战略资源，相应地诞生了学习型组织理论，它是美国麻省理工学院教授彼得·圣吉在其著作《第五项修炼》中提出来的。

学习型组织理论认为"未来真正出色的企业，将是能够设法使各阶层人员全心投入，并有能力不断学习的组织。"在学习型组织中，有五项新的技能正在逐渐汇集起来，这五项技能被他称为"五项修炼"。

1.3　组织行为学研究对企业的意义

组织行为学研究的是组织环境下的个体行为、群体行为和组织行为。组织行为学研究的重点是任何组织与环境之间的互动，核心是保证和增强组织的有效性。因此组织行为学研究的意义就在于：

① 有利于调动人的积极性、主动性和创造性。要实现组织成员之间的分工与协作，就需要管理。而管理者则需要调动下属的工作积极性，处理与上级、关联部门等的沟通，处理成员之间的冲突，引导和改善成员行为等。组织行为学的理论与知识有利于分析、解释、预测人的行为，从而提高管理的有效性。

② 有助于增强全体的凝聚力和向心力。组织行为学对群体行为进行研究，使个人更加了解群体的行为规律，从而使个人与群体更加和谐。同时，了解群体行为，可以使一些情感、兴趣相投，价值观一致的人结合在一起，增强组织的凝聚力和向心力。

③ 有助于提高企业管理层的领导水平。组织行为学中涉及的领导理论对领导者应具备的素质、领导艺术及如何根据不同情境采用不同的领导方式进行了研究，为企业的管理实践提供了学习的方向。

④ 有助于组织变更与发展。组织是一个动态的社会技术系统，必须要与外部环境保持一致性。因此，组织必须随着环境的变化而不断地调整并实现发展。学习组织行为学的理论与知识有助于及时、有效地领导组织的变革与发展。

案例分析　商业中的谎言

你认为说谎可以接受吗？假设你正在为释放人质而谈判，如果谎言能够保证人质的安全，大部分人也许会认同"说谎是可以接受的"这一说法。那么在利害关系很少涉及生死存亡的商界中，谎言可以接受吗？像玛莎·斯图尔特（Martha Stewart）这样的企业高层主管因为谎言已经入狱（向联邦调查员做了虚假陈述）。是否只要不是十足的谎言，曲解或略去一些因素还是可以接受的呢？想一想谈判的流程。一个好的谈判专家从来不亮出他所有的牌，对吗？所以略去一些特定的信息只是谈判流程的一部分。然而，你也许会感到吃惊，如果局部披露的信息使人产生了误解，或者一方拥有另一方无法获得的优势信息，法律将会追究你略去信息的责任。在乔丹诉 Duff and Phelps 公司案中，Duff and Phelps 公司对其雇员乔丹隐瞒了公司即将出售的信息。问题是，乔丹因为要离职，所以卖掉了他在公司的股份，十天后，公司的出售信息公开，那些股票变得值钱得多。乔丹以他应该被告知信息为由起诉了他的前任雇主。Duff and Phelps 公司反驳说它没有对乔丹说谎。上诉法庭认为在这种情况下，一方不能占据"机会便利"来利用另一方。从法律的角度来看，有时略去一些有关事实和说谎一样严重。

【问题】

1. 在商业环境中，说谎可以接受吗？说谎在哪些情形下可以被接受，为什么？

答：在商业环境中，说谎不能被接受。具体分析如下：在商业环境中，诚信是最好的政策和策略，也是领导者最重要的品质。用白色谎言来欺骗他人的情感和有意隐瞒相关商业信息是不同的。很多公司已经因为谎言失败和破产了。谈判也应该以双方的双赢为结局。

2．最近一项调查显示，24%的管理者表示他们解雇过说谎的人。不论说谎的性质如何，你认为解雇一名说谎的员工是否公平？请阐释。

答：我认为因为说谎解雇员工是公平的。具体分析如下：（1）大多数道德的公司就是凭借诚信沟通而成长的，而且一般来说盈利更多。（2）那些不能被相信的人不是有价值的员工。（3）牢固的关系是建立在信任的基础上的，尊敬和信任是有效管理的关键要素。（4）高绩效员工是公司的竞争优势之一，公司应该保留这些有良好道德伦理记录的员工。

3．在商界中，为了自身的利益保留一些信息是否等同于说谎？为什么？

答：为了自身的利益保留一些信息等同于说谎。因为隐瞒信息和说谎是一样的。该问题的关键在于隐瞒的信息和原因，任何事情都可以通过清晰的沟通来解决。

4．在商业环境中，如果需要通过说谎来获得一些东西，你认为有多大比例的人会说谎？

答：很多关于后安然时代的研究表明，包括高管在内的很多人都说谎，尤其是在压力之下。这个问题说明一个人的性格及他的动机，性格是人内心深处的，动机是人性格的外显性表现。不幸的是，道德行为在减少，这最终将导致很多公司垮台。

课 后 习 题

一、简答题
1．什么是组织？
2．组织行为研究的 3 个层面各包括哪些内容？
3．组织行为学发展过程中产生了哪些主要学说？
4．古典管理理论都有哪些代表理论？

二、案例分析

2010 年 5 月富士康跳楼事件

1．就富士康员工跳楼事件进行头脑风暴，讨论导致富士康员工跳楼事件的背后原因有哪些？

分析提示：

（1）讨论形式：先由学生课后查阅资料，然后进行讨论；（2）富士康员工跳楼事件的背后原因是多方面的，从组织行为学的角度来看，可以从工作与生活的冲突、多元化背景下员工物质需求与精神需求的满足、组织边界模糊化导致组织需要与员工需要的不平衡问题，以及组织的道德难题等视角进行分析。

2. 在富士康员工跳楼事件中，个体、群体、组织的行为有哪些特点？请用组织行为学的一般模型进行分析。

分析提示：组织行为学的一般模型揭示个体、群体或组织的心理和行为（自变量）及其行为有效性（因变量）之间的相互关系，根据这一模型的大致原理，分析富士康员工跳楼事件中个体、群体、组织的特点（自变量）与"跳楼"行为（因变量）之间的内在逻辑关系。

3. 富士康员工跳楼事件是个别现象吗？中国经过40多年的改革开放，无论是国家还是人民群众的生活水平都有了很大的提高，但为什么当年霍桑实验预示的问题在今天的企业中仍然存在？

分析提示：霍桑实验有四条基本结论：（1）职工是"社会人"，企业应注意从社会心理角度调动职工的积极性；（2）企业中存在着"非正式组织"，管理者应当给予足够重视；（3）生产效率主要取决于员工的积极性，而员工积极性的提高又主要取决于员工的态度及企业内部的人际关系；（4）新型的企业领导应具备两方面的能力，即解决经济问题的能力和处理人际关系的能力。中国今天部分企业之所以没有重视霍桑实验早在20世纪30年代就已发现的问题，与经济发展阶段、企业管理理念、"人"的工具性价值与主体性价值选择等因素有关。

4. 富士康员工跳楼事件给组织行为学提出了什么样的新问题？我们该如何用科学的理论进行解释，并提出相应建议。

分析提示：如企业内部的组织生态环境建设，如何更好地平衡组织的绩效目标与员工的幸福等内在冲突。可以用积极组织行为学与组织生态学等理论进行分析。

三、团队练习：我的期望

在任何时候，只有知道对方到底想要什么，才能很好地做到有的放矢，更好地满足对方的需求。

参与人数：集体参与。

时间：10分钟。

场地：室内。

道具：纸、笔、"我的期望"卡。

应用：教学开始前的沟通和交流。

游戏规则和程序：

（1）给每个学生发一张"我的期望"卡，给他们两分钟时间，让他们介绍希望从组织行为学这门课程里得到什么。

（2）接下来让大家分享一下他们各自的见解，选出最有代表性的问题。

相关讨论：

1．大家分享一下彼此来此学习的目的，说说这个游戏对以后的教学有什么好处。

2．这种方式还可以用在什么地方？

我的期望			
姓名		性别	
地点		时间	
我的期望 1			
我的期望 2			
我的期望 3			

项目二　个体行为与管理

导入案例　张林这一辈子

张林，1949 年生于中国北方一个小镇。正当他念高中二年级的时候，"文化大革命"开始了，他不得不中断学业，后来又在上山下乡的浪潮中去了一个偏远的人民公社插队。"文化大革命"后恢复高考，他考入了某财经学院。毕业后，在某市的一家造船厂担任成本会计，工作一年半后辞职，在某市一家集装箱公司谋得一份管理职位，三个半月后，他被解雇了。在谋求新的工作岗位时，他在一家职业介绍所做了能力测试并寻求帮助和建议，测试结果表明他最适宜做推销工作。那家职业介绍所为他找了一份药品推销工作，任职于一家大型医药公司。他喜欢这一工作，在那里干了一年半。后来，他听说另一个更知名的药材公司有同类型的工作，便向该药材公司申请，并被雇用。进入 20 世纪 90 年代，他的女儿长大并考入一所著名大学，但他的妻子却下岗了。张林的生活发生了很大的变化，他也变得有点工作狂了，因为他感受到了来自各方面的压力。有人劝告他去找一位心理医生缓解他的心理压力。他接受了劝告，找了一位著名的心理医生，作了一系列的咨询诊断。下面就是他在一次咨询中谈到他的工作历史时的记录。

心理医生：你干过很多工作，那是因为你在财经学院毕业后不知道自己想干什么的缘故吗？

张林：确实是这样。我生活中最大的困难就在于确定我作为一名职员究竟想干什么。这曾经给我造成精神上极大的痛苦，甚至在今天仍是这样，我仍不能确定究竟何种类型的工作或职业最适合我。

心理医生：好，让我们先谈谈你在毕业后的第一份工作。你在造船厂担任成本会计，为什么要辞掉这份工作呢？

张林：首先它很烦人。我不喜欢整天跟数字打交道，不喜欢只在数字上加减乘除。另外，我认为那份工作毫无前途，那时我有很大的抱负，我要做较高层的管理人员，挣较多的钱。

心理医生：因此你去了那家集装箱公司？

张林：是的，那是一个我可以向公司证明我的能力、真正的管理职位。

心理医生：但是你在那个工作岗位上遇到了点麻烦。

张林：我不适应那种类型的组织。我监督工人们操作制造箱子的机器设备。这些工人都是从偏远的农村招来的，很难管理，至少对我而言是这样。他们对工作和公司没有积极的态度，毫无感情。我的老板，那个幕后指挥者，总是要求我对他们狠一些，督促我要求他们加快工作速度。举个例子，你或许就知道他是个什么样的人了。我手下有一个老年妇女，大约有 50 岁，生产装冰箱用的箱子，因为箱子太大，所以她处理起来比较困难。我敢说，她已经竭尽全力了。但我看见老板站在她身后，手拿着秒表，大声叫着，呵斥她快点。我一点也不喜欢他那样做，就像我不喜欢穿着鞋磕着地走路一样。一次，老板请我们这些管理人员出去吃饭，那些同事极尽阿谀奉承之能事，嘴脸极其令人厌恶。我自言自语地说："这就是为了提升而必须做的事。"那之后不久，老板就叫我到他的办公室，告诉我不适合做这样的工作，他认为我不会或不愿强迫别人努力工作。

心理医生：你对此有何反应？

张林：我十分难过。那时我真不知道如何是好。我不能确定我究竟适合什么工作，因此我去一家职业介绍所去做能力测试。

心理医生：那么，测试结果怎么样？

张林：他们说我不适合做生产管理工作。测试结果显示我最适宜做推销工作。职业介绍所为我找了一家正招聘在东北南部从事推销工作的推销员的医药公司，并告诉我那家公司所生产的产品名称及特征，我去面试并被录用了。经过两个多月的培训后，我为那家公司工作了一年半，然后到了××药材公司从事现在的工作。

心理医生：为什么你辞掉了那份工作？

张林：我希望得到提升，但这在那家医药公司是根本不可能的，因此当我听说××药材公司有一个机会时，我就去了那里。我告诉他们，我想待在沈阳，但当时只需要大连地区的推销员。于是我申请将沈阳作为第一选择，而将大连作为第二选择。待最后他们派我去大连地区工作，我仍然很高兴，现在我真的喜欢上那里了。

心理医生：张林，你为这个公司工作了很长一段时间，因此你肯定喜欢它，与你为之工作的前一个医药公司相比，你觉得它怎么样？

张林：它的产品比前一家医药公司的产品好，当然我很喜欢这一点。我不喜欢让医生用那些并非是市场上最好的药，卖最好的产品对我来说非常重要。而且医生们对我也很热情，因为他们知道我的产品质量最好。他们当然想用最有效力的药品。他们必须对他们的病人负责。

心理医生：你没有得到提升，然而你现在仍在该公司工作。你感到满意吗？还是你计划从工作中找寻一些别的什么东西？

张林：是的，我喜欢自由自在，有机会接触各种各样的人，特别是一些睿智的人，像医生。我从与我交谈的医生那里学习了很多东西，有时我没有很多时间去他们办公室聊天，但我们可以在我举行的会议或药品展示会上一起待很长一段时间。我也经常和医生们出去吃饭。我喜欢在一个声誉较好的公司工作。我们公司有同行业最好的研究部门，而且总能研究出更好的药品让我推销。这家公司不生产"你是，我也是"之流的产品，而是尽力使产品具有独特性。我的工作中也有一些我并不喜欢的东西，比如公司经常为某种药品开展促销活动。这些活动有些冒犯医生，因此我不喜欢它们。医生们不喜欢哗众取宠或大肆渲染的营销，不喜欢那些不诚实的事情，或是那些只注重包装而不重视药品性能的做法。实际上，公司也不想花大力气开展营销活动，因为公司认为在产品的营销中起作用的是产品的质量而不是"营销压力"。有些药品，公司让我推销给医生，而且公司明知道那些产品是积压产品，但我不愿意那样做，我想向医生推荐最优质的药品。我也不想为我不能施以任何影响的目标负责。公司总是为我制定目标，通常是这样一类目标：在三个月时间内，我必须在所负责的地区推销某种药品达到一定数量。但公司应该知道，除了我努力工作之外，还有很多因素都可能影响目标的完成。我也不喜欢文字工作。但我必须请医生在领用试用品时在我准备的材料上签字，还必须把我的药品样品的分配情况及每周都做了什么工作写成报告上交备案。当然，我也知道这一步骤很有必要。

心理医生：你没有提到在旅行中及你被迫完成任务时的那些孤独难熬的夜晚。难道它不是工作中消极的因素吗？

张林：是的，特别是在冬天。但是我常常在一个美丽的小镇工作，我喜欢开车的时候观赏景色，我几乎认识所有居住在那里的人。我和医生们聊天，在他们的接待会上畅谈，同我所认识的人聊天，包括那些在各种各样的饭店、汽车旅馆和服务站工作的人聊天。

心理医生：看来你肯定是个性格外向的人，你和其他人聊天从不感到不自在吗？

张林：我和偶然遇上的人谈得都很投机。我相信这样可以学到一些东西。他们告诉我他们经历的一些事情，我们谈论婚姻、孩子、政治、体育、世界大事等各种各样的话题，具体话题取决于别人对什么感兴趣。所以我从不感到孤独。但现在看来，我也许做了一些不应做的事，我毕竟是一个有家的男人，一个女人的丈夫。

心理医生：你对你的工作还有什么其他感觉吗？

张林：没有，我想我已经谈完了。我现在相当喜欢我的工作，不想再做什么别的工作了。我确实希望挣更多的钱，但我不会为了挣更多的钱而牺牲现有的生活模式。自从我经历了"文化大革命"以后，我意识到过一种幸福生活是何等重要。但我在一段时间内都不知道什么是幸福生活，而现在，我想我懂了。

思考：

（1）张林是一个什么类型的人？他的个性、他的需求是什么？

（2）在与心理医生谈话的时候，张林的自我知觉有无问题？

（3）张林的工作态度如何？对这样的人如何调动他的积极性？

（4）张林现在的工作和过去的工作在多大程度上适合他？还有其他什么工作适合他吗？

（5）张林的职业生涯设计与开发存在什么问题？

"一样米养百样人。"组织中的每个人，由于受先天遗传因素和后天社会环境的影响，会形成完全不同的心理特征，展现完全不同的行为方式。管理的实质是对人的管理。个体的思想、感情和行为不仅会影响个体自身如何完成自己的工作，而且还会影响群体和组织的绩效及氛围。因此，组织管理者要提高管理水平，更好地调动员工的积极性，就必须重视对个体心理现象和个体行为的研究，这也是组织行为学的理论基础和逻辑起点。

2.1　个体心理

2.1.1　个性的概念与特征

1. 个性的概念

个性，又称人格，是在先天生理素质基础上，在特定历史条件下的社会实践活动中经常表现出来的、比较稳定的、区别于他人的个性倾向性和个性心理特征的综合。个性倾向性即心理过程的倾向性，是人对社会环境的态度及其行为的特征，它主要表现在心理活动对客观事物的选择上，对事物的不同态度及行为方式上，它是个性的潜在力量，是人们进行社会活动的基本动力。个性倾向性包括需要、兴趣、爱好、动机、理想、信念、态度和价值观等。个性心理特征即心理过程的特征，是在人的个性结构中比较经常的、稳定的、具有决定意义的部分，它表明一个人的典型心理活动特点和行为模式，包括气质、性格和能力等。作为个体内部身心系统的动力组织，个性决定了个体对环境独特的调节方式。个性与环境相互作用，从而决定人的行为。

2. 个性的特征

（1）独特性

个性的形成受到先天的遗传因素、学习历史、教育状况和社会环境等多种因素的影响。每个个体在个性形成的过程中所受到的影响因素及其作用不同，因此，个性也各不相同。

（2）相对稳定性

个体偶尔表现出来的心理倾向和心理特征并非个性，只有经常出现的、稳定的心理特征才是个性。个性在个体成长的过程中逐渐形成，一旦形成后，就具有相对的稳定性，从而成为判定个体心理特征和行为倾向的依据。个性不是一成不变的，在特定的条件下会有所改变，但其本质属性是不会改变的。

（3）整体性

个性是各种心理特征和心理倾向的综合，是人的整体心理面貌。个性不是各种心理特征的简单叠加，而是相互联系的统一整体，不存在孤立的个性特征。一个人的行为不是由某个心理特征独立运作的结果，而是多个特征综合作用的结果。

（4）制约性

个性的制约性主要表现在两个方面：生物制约性和社会制约性。因为个性的形成既受生物因素的影响，又受社会因素的影响。

2.1.2　影响个性形成与发展的因素

个性的形成与发展受到多方面因素的影响,但主要有两个方面:先天遗传因素和环境。个性是在先天遗传因素和各种环境因素的综合作用下形成的,仅强调其中任何一个方面的作用都是不恰当的。

1. 遗传

遗传是个性形成和发展的前提与物质基础。作为从上代继承的生理解剖上的特点,遗传为个性的形成和发展提供了物质基础,包括身材、相貌、肌肉的组成和反射、能量水平、神经系统特点、生理节律等。人的智力、敏感性、语言、音乐、数学等才能都与遗传有关。一方面,遗传为个性的形成提供了前提,只有具备了某种特定的遗传条件,才有可能形成某种个性;另一方面,遗传为个性的发展提供了必要的物质基础,如个体必须具有节奏感才有可能形成音乐方面的能力。根据有关研究,有 50%的个性差异和 30%的娱乐及兴趣方面的差异来自遗传。有一个典型的例子:一对分开近 40 年的双胞胎,驾驶型号和颜色相同的汽车,抽同一个品牌的香烟,给各自养的狗起了相同的名字。

2. 环境

环境是个性形成和发展的决定因素。遗传因素为个性的形成和发展提供了可能性,在此基础上是否能够真正形成某种个性,则主要取决于个体后天所处的环境。环境是指围绕在个体周围的并对个体发生影响的外部世界,包括个体所处的社会文化、政治、经济背景,家庭社会经济地位、父母教养方式、朋友和社会群体的互动等。相对而言,遗传因素主要对个性中自然性的部分发生作用,而环境则主要针对个性中社会性的部分发生作用,如性格、态度、世界观、理想、信念等。

2.1.3　个性倾向性与行为

个性倾向性是个性结构中最活跃的因素,它包括需要、动机、知觉、情感、意志和世界观等,它是人进行活动的基本动力,制约着人的所有心理活动。人和人之间个性的不同主要在于倾向性的区别。本节主要介绍人的需要、动机、知觉等个性倾向性,以及个性差异与行为管理。

1. 需要、动机与行为

组织目标的实现取决于组织成员中每个人的行为。行为科学认为,行为是人类有意识的活动,它既是人的有机体对外界刺激做出的反应,又是人通过一连串动作实现其预定目标的过程。红旗轿车承载了国人的很多回忆,20 世纪 60 年代,其典雅的造型、精心的手工工艺、宽敞的车身，代表着一种极高的社会身份。随着作为中国国家领导人接待外宾的礼仪用车，红旗轿车成为人人皆知的名牌，不仅中国人尊尚红旗，连外国人也仰慕红旗。到 20 世纪 80 年代，由于耗油量大、成本高、产量低，红旗轿车停产。经过接近 30 年的停息之后，2013 年外交部公共外交办公室的微博提到，王毅外长的公务用车是红旗 H7 轿车，国产红旗轿车再次昂首挺胸登上了历史舞台。

经济学家认为，人的消费动机决定了人的消费行为。红旗轿车为何受到青睐？行为产生的原因是心理学家争论的焦点。有人认为行为是个体的生物本能，有人强调行为是由社会环境决定的。德国心理学家卢因（Kurt Lewin）融合各派理论之长，于 1951 年提出了著名的人类行为公式，认为人的行为是环境与个体相互作用的结果，该理论得到了多数人的认同。根据卢因的理论，人的行为是由动机决定的，而动机是由需要支配的。

$$B=f(P \cdot E)$$

式中：B——行为；

　　　P——个人；

　　　E——环境；

　　　f——函数关系。

（1）需要

从组织行为学的角度来看，需要的本质应是一种心理状态，是个体在某种重要而有用或必不可少的事物匮缺、丧失或被剥夺时内心的一种主观感受。当生活中的某个内容缺乏时，称为缺乏状态（饥、渴、不识字，即缺食、缺水、缺文化）。由于缺乏状态的出现，才有对缺乏状态的平衡，进而有对缺乏物的择取，从而产生了需要。但是，需要不是平衡过程本身和择取过程本身，而是这个平衡的倾向和择取倾向，需要是作为"倾向出现的"。每种需要又包含两种成分：一种是定性的、方向性的成分，反映了需要对特定目标的指向性，这个目标又可称为诱激物，即能使该需要获得满足的外在事物或条件；另一种则是定量的、活力性的成分，代表了指向该目标的意愿的强烈程度。除了极少数需要是先天的、本能性的、无意识的固有倾向外，大多数需要，尤其是在工作组织背景下的需要，都是后天的，是由外界环境诱发的，是从实践中学习、领悟来的。因此，需要虽然是客观上存在的某种要求的反映，但并非完全是消极被动的，而是人与客观环境间积极相互作用和交往过程的产物。

按照需要产生的根源，需要可划分为以下 3 种类型。

① 生理性需要。

生理性需要是天然性的、生物性的、原始性的需要。这类需要反映了人们对于维持、延续与发展自己生命所必需的资源与客观条件的需求和欲望，它们的满足是通过利用对应的特定资源或获取一定的生活状态而实现的。人最常见的生理性需要有饥渴、睡眠、性、对痛苦的躲避、母性的爱与关怀等。

② 社会性需要。

社会性需要是社会性的、后天习得的需要，即人们在其社会交往与实践中，通过成功的喜悦和经验及失败的痛苦和教训，而逐渐领悟、建立和产生的需要。属于这一类的需要很多，其中较重要的有成长的需要（丰富自己的知识、能力和经验，有所进步）、成就的需要（做出成绩，有所创造）、获得人身安全与生活保障的需要等。

③ 一般性需要。

一般性需要是介于生理性需要和社会性需要之间的中间性需要。它们不是后天习得的，基础也不是生理性的。属于这类需要的有好奇、喜动、探索和摆弄操纵某种东西的需要等。

（2）动机

人们常说，行为之后必有原因，这里所说的原因就是动机。心理学上把引起个人行为、维持该行为并将此行为导向满足某种需要的心理因素称为动机。

根据动机的起源，可以把人类的动机划分为生理性动机和社会性动机。

生理性动机起源于生理性需要，它是以有机体的生理需要为基础的，具有先天性，是比较低级的动机，像饥饿、干渴、性、睡眠、解除痛苦等动机都被认为是生理性动机。人类的生理性动机也受社会生活条件所制约，并且会被打上烙印。

社会性动机起源于社会性需要，它与人的社会性需要相联系，是后天习得的比较高级的动机。像亲和、爱情、归属、成就等动机都被认为是社会性动机。在众多社会性动机中，成就动机和亲和动机是两种主要的社会性动机。

① 成就动机。

成就动机是指个人对自己所认为重要的或是有价值的工作，从事、完成、追求并要求达到成功甚至完美状态的原因。成就动机和一个人的抱负水平密切联系着。抱负水平是指一个人在从事活动之前，估计自己所能达到的目标的高低。研究表明，个人成功和失败的经验，影响抱负水平的高低。一般来说，成功的经验会提高个人的抱负水平，失败的经验会降低个人的抱负水平。例如，一个学生估计自己能考高分，如果考试成绩低于 85 分，下次再确定抱负水平时，可能会低于 85 分；相反，则会高于 85 分。另外，成就动机是一个人人格中非常稳定的特质，对个人发展和社会进步都具有重大作用。

② 亲和动机。

亲和动机又称交往动机。亲和这个词意是亲近、接近的意思。默里（Murry）认为，亲和需要是人类 20 种心理需要中的一种，并称之为"接近别人并愉快地和他们合作或互惠，坚持忠于朋友"。亲和动机强的人对于建立、保持和恢复友好关系是很关心的。人类的亲和动机反映了社会生活和劳动的要求，人类要参加社会生活、要劳动，就必须与他人接近、合作、保持友谊。人类的亲和动机也是个体心理发展的必要条件，只有在社会生活中通过与他人接近、交往，个体心理才能得到正常发展。

（3）行为

行为是指人受生理、心理支配或客观环境的刺激而表现出能被观察到的一切外显的活动。行为一般分为以下 3 类。

① 目标导向行为，是指为了达到目标所表现的行为，代表寻求、达到目标的过程。

② 目标行为，是指直接满足需要的行为，也就是完成目标达到满足的过程。

③ 间接行为，是指与当前目标暂无关系，为将来满足需要做准备的行为。

目标导向行为和目标行为阶段，动机强度的变化是不同的，目标导向行为会随着行动的进行而增强，直到目标达成或遭到挫折而停止。目标行为随着行动的进行而强度减弱。行为与动机之间有着复杂的关系：同一动机可以引起各种不同的行为，同一行为可以由不同的动机引起，一种行为可能同时为多种动机所推动，合理的动机可能引起不合理的甚至错误的行为，错误的动机有时被外表积极的行动所掩盖。因此，在分析行为时，要从多方面动机进行综合分析。

2. 需要、动机和关系

需要是动机的源泉、基础和始发点，动机是驱动人们去行动的直接动力和原因。对食物的需要会转化为觅食动机，对友谊的需要则会变为交友的动机。所以，需要只有跟某种具体目标相结合，才能转化为动机，并在适当的外部条件下显现为外在的可见行为。从这个意义上说，人是一种需要的动物，永远在不断出现的、未获满足的需要的推动下，去从事新的追求、活动、探索和创造。需要一经满足，便失去作为动机源泉的功能，动机活力既失，行为也就终止了。新行为的产生便需等到新的需要的出现。需要的不满足才是激励的根源。

不同的需要结构产生不同的动机结构，动机强度不同，会形成优势动机和辅助动机，优势动机则引发行为。事实上，人的行为受优势动机支配，受辅助动机影响。某种需要不一定产生某种动机，同样，某种动机不一定引发某种行为。需要产生动机，动机决定人的行为，需要、动机和行为的关系如图 2-1 所示。

一般来说，当人产生某种需要而又未得到满足时，会产生一种不安和紧张的心理状态。在遇到能够满足需要的目标时，这种紧张的心理状态就转化为动机，推动人们去从事某种活动，向目标前进。当人达到目标时，紧张的心理状态就会消除，需要得到满足。这时，人又会产生新的需要。这是一个不断循环往复的过程，使人不断地向新的目标前进。

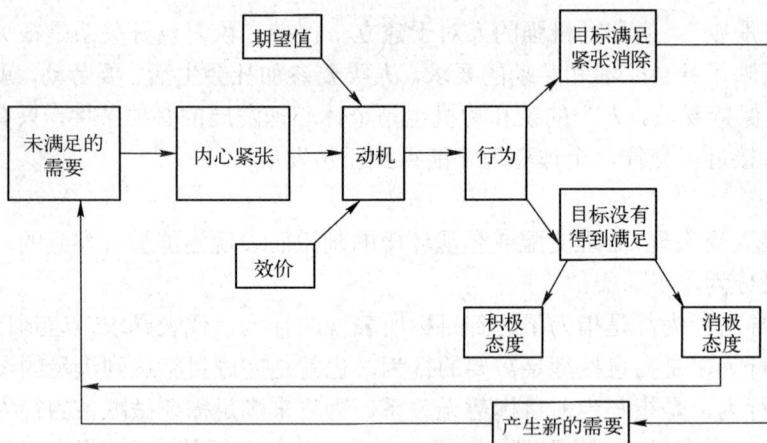

图 2-1　需要、动机、行为关系模型图

2.2　气质与管理

2.2.1　气质的概念

　　气质是个体心理活动稳定的动力特征。心理活动的动力特征指的是心理过程的强度（如情绪体验的强度、意志努力的程度等）、心理过程的速度和稳定性（如知觉的速度、思维的灵活程度、注意力集中时间的长短等）、心理活动指向性（有的人倾向于外部事物，有的人倾向于内心世界）等几个方面的特点。气质是一个人活动的"风格与节奏"，它不会推动个体从事某种活动，但会影响到个体活动的方方面面，使得个体的整个心理活动呈现出独特的特征。具有某种气质的人在各种活动中都会表现出其气质类型固有的心理方面的动力特征，这种动力特征不以个体活动的目的、动机和内容为转移，既表现在情绪、动作方面，又表现在认识过程和意志过程中。

　　气质的生理基础十分复杂，受到神经系统活动和内分泌活动等各方面因素的影响，可以说，整个人的身体组织都会影响气质。一般认为，高级神经活动类型与气质的关系较为密切和直接，是气质的主要生理基础。根据巴甫洛夫等人的研究，高级神经活动的两个基本过程——兴奋过程和抑制过程中有 3 个基本特征：神经过程的强度、神经过程的平衡性和神经过程的灵活性。神经过程的强度是指个体的大脑皮层细胞经受强烈刺激或持久工作的能力；神经过程的平衡性指的是个体高级神经活动的兴奋过程和抑制过程之间的强度是否相当；神经过程的灵活性指的是个体对刺激的反应速度和兴奋过程与抑制过程相互转换的速度。这 3 个基本特征是可变化的，尤其是神经过程的灵活性。这 3 个基本特征的组合就构成了高级神经活动的类型。虽然组合的类型有很多，但实际上可以缩减为以下 4 种最显著、最主要的类型。

① 兴奋型，又称强而不平衡类型，个体兴奋过程强于抑制过程，阳性条件反射比阴性条件反射容易形成，容易兴奋，不受约束。

② 活泼型，又称强而平衡、灵活型，个体兴奋过程和抑制过程都较强，两者容易转化，反应灵敏、活泼，能很快适应外界环境的变化。

③ 安静型，又称强而平衡、不灵活型，个体的兴奋过程和抑制过程都较强，但两者不易转化，易于形成条件反射，不易改造，行为特征是坚韧而行动迟缓。

④ 抑制型，又称弱型，个体兴奋过程和抑制过程都较弱，阳性条件反射和阴性条件反射的形成很慢。神经过程基本特征与高级神经活动类型见表 2-1。

表 2-1　神经过程基本特征与高级神经活动类型

神经过程的基本特征			
强度	平衡性	灵活性	活动类型
强	不平衡		兴奋型
强	平衡	灵活	活泼型
强	平衡	不灵活	安静型
弱			抑制型

所谓"江山易改，禀性难移"，受个体生物组织的制约，气质类型和气质特征具有稳定性。研究表明，一个婴儿生而具有某些气质特征。在许多儿童中，这些气质的原始特征往往在随后的二十多年发展阶段中保持着。但是，气质又不是一成不变的，在教育和社会实践的影响下，气质可以缓慢地改变以适应社会实践的要求。

2.2.2　气质学说与气质类型

1. 气质学说简介

气质自古以来就受到人们的关注。古希腊医生希波克拉底在古希腊学者恩培多克勒的人体"四根说"基础上，形成"四液说"。罗马医生盖伦又在"四液说"基础上构建了 13 种气质类型，后来经过简化，就是人们熟悉的四种气质类型说，即胆汁质、多血质、黏液质、抑郁质。在我国的《黄帝内经》中，虽没有明确提到"气质"一词，但书中的医学理论中包含丰富的有关气质的内容。该书根据阴阳五行学说，按照人体内阴阳之气的比例将人分为太阴之人、少阴之人、太阳之人、少阳之人和阴阳和平之人 5 种，再用五行和五音将上述 5 种类型各细分为 1 个主型和 4 个亚型共 25 种类型。

有关气质理论研究各有侧重，有的关注个体的情绪方面，有的强调气质的生理因素，有的则重视个体在动作反应上的特征。目前已经形成了多种气质学说，如康德的气质理论、冯特的气质理论、克瑞奇米尔提出的气质的体型说、古川竹二等人的血型说、巴甫洛夫等人的高级神经活动类型说、伯曼等人的激素理论、托马斯等人的气质理论、巴斯等人的活动特性说和斯特里劳的气质调节说等。

2. 气质类型及其特征

传统的气质类型主要从以下几个特性来考察。

① 感受性，是指人对内外适宜刺激的感觉能力。

② 耐受性，反映人对客观刺激在时间和强度上的耐受程度。

③ 反应的敏捷性，包括心理反应和心理过程进行的速度及不随意的反应性，主要体现的是神经过程的灵敏性。

④ 可塑性，是指人根据外界环境的变化而改变自己适应性行为的可塑程度。

⑤ 情绪兴奋性，是指以不同的速度对微弱刺激产生情绪反应的特性。

根据上述 5 个特性的不同组合就形成了不同的气质类型，各种气质类型的特征分别表现为以下 4 种。

（1）胆汁质

胆汁质表现为感受性低，耐受性高，不随意反应性强，外向型明显，情绪兴奋高，抑制能力差，反应速度快但不灵活。这类人情绪易于激动，反应迅速，行动敏捷，暴躁而有力；在克服困难上有不可遏止和坚韧不拔的劲头，但不善于考虑能否做到；性急、易于爆发狂热，不能自制。其工作特点常有明显的周期性。他能以极大热情投身事业，一旦他精力消耗殆尽，便失去信心，情绪顿时转为沮丧而一事无成。

（2）多血质

多血质表现为感受性低，耐受性高，不随意反应性强，具有外向性和可塑性，情绪兴奋性高且外部表现明显，反应速度快而灵活。这类人敏捷好动，易于适应环境的变化。能很快跟人接近，善于交际，在新的环境里不感到拘束，在工作、学习上富有精力而效率高，常表现出机敏的工作能力，善于适应环境的变化；在集体中精神愉快，朝气蓬勃，能迅速把握新事物，在有充分自制力和纪律性的情况下，会表现出巨大的积极性，对什么都感兴趣，但情感易变，兴趣也易变，如果事业不投其所好、工作要求细致耐心或事业具有平凡的性质，他的热情可能会迅速消逝。

（3）黏液质

黏液质表现为感受性低，耐受性高，不随意反应性低，情绪兴奋性低，外部表现少，反应速度慢且具有稳定性。这类人在生活中是一种坚持而稳重的辛勤工作者。行动缓慢而沉着，能够克制自己的冲动和勃发，严格地恪守既定的生活秩序和工作制度，不为无谓的动因而分心。态度持重，交际适度，不爱作空泛的清谈，情感上不易激动，不易发脾气，也不易流露情感，不常常显露自己的才能，但当把自己的力量做好估计后，就把事情一干到底。不足之处是有些惰性和不够灵活，不善于转移注意力；因循守旧，不善于创新，稳定性有余而灵活性不足。

（4）抑郁质

抑郁质表现为感受性高，耐受性低，不随意反应性低，严重内向，情绪兴奋性高且体验深，反应速度慢，具有刻板性和不灵活性。这类人具有高度的情绪易感性，情绪体验的方式较少，但体验得有力、强烈而持久，往往为微不足道的缘故而动感情；在行动上非常迟缓、忸怩、怯懦、腼腆、迟疑，有些孤独，在困难的局面下优柔寡断，当面临危险情势时感到极度恐惧。

上述 4 种是基本的、典型的气质类型，具有某种气质类型的典型特征者被称为"典型型"，近似某种气质类型的被称为"一般型"，具有两种或两种以上气质类型者被称为"中间型"或"混合型"。现实中，典型型较少，多数为以一种类型为主，兼有其他气质类型的特点。

3．气质类型与管理

气质类型对社会实践活动有一定的影响，了解气质类型的特点，有助于管理活动的顺利开展。

（1）不同气质类型的人都能成功

研究表明，气质对能力发展有不容忽视的影响，气质与思维品质有密切联系。气质还影响个体智力活动的特点和方式。例如，有的学生学习时反应迅速，精力充沛，对新事物充满兴趣和热情，但不喜欢复习已学知识；而有的学生则容易疲劳，对新知识的接受速度较慢，但对已掌握的知识则表现出思维的高度准确性和明晰性。气质对智力有一定影响，但不能决定一个人的智力发展水平。不同气质类型的人可能具有同样的智力水平，不同智力水平的人可能具有同样的气质类型。同时，气质类型无好坏之分，每种气质类型都是既有积极的方面，又有消极的方面。因此，不同气质类型的人都能成功，都能成为有用之才。例如，在中俄杰出的文学家中，郭沫若和赫尔岑具有多血质的特征，李白和普希金具有胆汁质的特征，茅盾和克雷洛夫具有黏液质的特征，而杜甫和果戈理则具有抑郁质的特征。

（2）气质特征是职业选择的依据之一

首先，某些气质特征为一个人从事某种工作提供了较为有利的条件。一般而言，抑郁质和黏液质的人适宜从事要求持久、细致的工作，如会计工作；而要求灵活迅速反应的工作则更适宜于多血质和胆汁质的人，如消防工作。

其次，有一些特殊的职业，对气质特征有特定的要求，须进行严格的选择，如飞行员、宇航员、潜水员、雷达观测员等，这类工作人员的选择，都必须经过心理测定和选择，接受训练后才能胜任。

最后，气质类型对群体协同活动的绩效有一定影响。气质类型不同的人组成团队，可以实现互补，他们相互配合取得的工作绩效好于相同气质类型的人员组成的群体。当然，人的实践活动受到多种因素的影响，特别是理想、信念和态度等因素，与气质相比，这些因素对实践活动的作用更大。

（3）因材施教

应根据气质类型特征采取积极有效的思想教育措施。有学者认为，在学校教育中不应该改变学生的气质，因为气质类型的改造十分缓慢；而应该了解被教育者的气质特征，找到适合其气质特征的教育策略和方法。同样，在管理活动中离不开思想教育。根据员工的气质特征采取不同的思想教育措施会取得良好的效果。对胆汁质的人，应耐心说服，讲明道理；对多血质的人，应严格要求；对黏液质的人，应理智、热心而有耐心；对抑郁质的人，应给予更多的关心和帮助，不要在公开场合批评和指责他。同时，根据每种气质类型的特点，给予有针对性的教育。例如，可以通过思想教育，对每种气质类型的消极方面进行针对性的训练：应教育胆汁质者遇事沉着冷静，学会自制；教育多血质者做事要专心致志、敢于面对困难，养成做事有计划、有目标、有要求的习惯；对黏液质的人，应教育他们主动探索新问题，防止墨守成规、谨小慎微、固执己见的弊端；教育抑郁质的人在社会交往和活动中树立自信，消除胆怯、害羞，防止疑虑、孤独等消极品质的发展。

案例 2-1

苏联心理学家达威多娃曾形象地描述了 4 种基本气质类型的人在同一情景中的不同行为表现。4 个不同气质类型的人上剧院看戏，都迟到了。胆汁质的人和检票员争吵，企图闯入剧院。他分辩说，剧院里的钟快了，他进去看戏是不会影响别人的，并打算推开检票员进入剧院。多血质的人立刻明白，检票员是不会放他进入剧场的，但是通过楼厅进场容易，就跑到楼上去了。黏液质的人看到检票员不让他进入正厅，就想："第一场总是不太精彩，我在小卖部等一会儿，幕间休息时再进去。"抑郁质的人会说："我老是不走运，偶尔来一次剧院，就这样倒霉。"接着就回家去了。

2.3　性格与管理

2.3.1　性格的概念

性格指的是个体在现实的稳定态度和习惯化了的行为方式中所表现出来的个性心理特征。

首先，性格特征表现在人对现实的态度和行为方式中。个体对现实的态度及与之相适应的行为方式的结合构成了一个人与他人相区别的独特的性格。性格既反映一个人"做什么"，又表现这个人"怎样做"，两者是统一的。一个人对现实的态度会决定他的行为方式；反过来，他习惯化了的行为方式又体现了他对现实的态度。

其次，性格具有稳定性，但又具有一定的可塑性。性格是个体从小不断接受环境的影响、教育的熏陶和自身的实践，日积月累，最终形成的；也就是说性格是个体在实践活动中，在与客观世界相互作用的过程中形成和发展起来的。客观事物的各种影响通过主体的心理活动在个体的反应机构中保存下来，逐步固定，形成特定的态度体系，并反映在个体的行为方式中。因此，性格形成后具有稳定性。它既体现在对现实态度的稳定性方面，也反映在个体行为方式的习惯化方面，即只有那些经常性的、一贯化的表现才能认为是其性格特征。因此，个体的偶然表现不能被当成是他的性格特征。例如，一个人一反常态地大发脾气，我们不能据此断定他具有暴躁的性格特征；一个人一时的胆怯，我们不能据此认为他具有怯懦的性格特征。性格是个体在社会实践活动中形成的，性格也会在社会实践活动中有所改变。客观现实十分复杂，现实影响的多变性和多元性特点，必然会影响性格的发展。实践中遇到的重大事件、重要经历有可能会改变一个人的性格特征。同时，性格的形成在不同的年龄阶段也有所不同。一个开朗的儿童不一定会长成一个开朗的成人。

最后，性格是具有核心意义的个性心理特征。性格与个体的意识倾向和世界观紧密相连。在个性心理特征中，不同气质特点不会影响人对社会所作出的贡献；能力的大小虽有不同，对社会的贡献也各不相同，但潜能的发掘、实际能力的发挥与个体的性格特征有很大关系。也就是说，只有性格才能使气质和能力具有一定的意识倾向性，以作用于客观世界。性格最能表征个体的个性差异，是一个人品德和世界观的具体标志，是精神面貌的综合反映，是社会本质的集中体现。

2.3.2　性格与气质的关系

性格与气质都是个性心理特征的构成部分，两者关系紧密相连。性格与气质有显著的区别，两者又相互渗透、彼此制约。

1. 性格与气质的区别

性格主要是后天形成的，具有社会性，与气质相比，它的变化较为容易和快速；气质受先天因素的影响较大，变化速度较慢，难度较大。

气质与行为的内容无关，因此，它没有好坏善恶之分；性格则涉及行为的内容，反映个体与社会的关系，故而有好坏善恶之分。

2. 性格与气质的联系

气质影响性格的动态，使性格带有一种独特的色彩。这比较明显地表现在性格的情绪性和表现的速度方面。例如，同样具有勤劳的性格特征，多血质的人情绪饱满、精力充沛，黏液质的人则操作精细，踏实肯干。同时，气质还影响性格形成和发展的速度与动态。相对于多血质和胆汁质的人来说，黏液质和抑郁质的人更容易形成自制力的性格特征。

性格可以在一定程度上掩盖或改造气质，使之服从于社会实践的要求。例如，一个外科医生应该具有冷静沉着的性格特征，因为他从事的手术操作必须精细。这种职业要求有可能掩盖或改造胆汁质易冲动的气质特征。

2.3.3 性格的内容特征

作为一个复杂的心理构成物，性格由多个不同方面的特征构成。

1. 性格的态度特征

性格的态度特征体现在处理各种社会关系方面的性格特征，主要表现在以下 3 方面。

① 对社会、集体和他人的态度的特征。例如，对社会是公而忘私还是假公济私，对集体是热爱的还是自私自利的，对他人是富有同情心的还是冷酷的，等等。

② 对工作和学习的态度的特征。例如，对工作是认真负责的还是敷衍塞责的，在学习上是认真刻苦的还是马虎的，等等。

③ 对自己的态度的特征。例如，是自卑的还是自尊的，是严于律己的还是放任自己的，等等。

2. 性格的意志特征

性格的意志特征指的是人对自己行为的自觉调节方式和水平方面的性格特征。主要表现在以下 4 方面。

① 对行为目的的明确程度方面的特征，主要体现在目的的明确性、独立性和纪律性等方面。

② 对行为的自觉控制水平的特征，主要体现在主动性、自制力等方面。

③ 在长期工作中体现出来的特征，主要体现在恒心、坚韧性方面。

④ 在紧急或困难情况下表现出来的特征，主要体现在勇敢与否、沉着与否、果断与否等方面。

3. 性格的情绪特征

性格的情绪特征指的是人在情绪活动时，在强度、稳定性、持续性和主导心境等方面表现出来的性格特征。

① 情绪强度特征，主要指的是个体受情绪影响的程度和情绪受意志控制的强度。

② 情绪稳定性特征，主要表现在情绪起伏波动的程度上。

③ 情绪持续性特征，表现为个体受情绪影响时间长短的程度。

④ 主导心境特征，表现为不同的主导心境在一个人身上表现的程度。

4. 性格的理智特征

性格的理智特征指的是个体在认知过程中的性格特征，即认知活动的特点和风格。

① 感知方面的性格特征，主要反映在感知过程中是主动观察型还是被动观察型，是记录型还是解释型，是罗列型还是概括型，是快速型还是精确型等方面。

② 记忆方面的性格特征，主要反映在记忆过程中是主动记忆型还是被动记忆型，是直观形象记忆型还是逻辑思维记忆型，以及识记速度的快慢和记忆时间的长短等。

③ 想象方面的性格特征，主要反映在是主动想象型还是被动想象型，是幻想型还是现实型，是敢于想象型还是想象受阻型，是狭窄想象型还是广阔想象型等方面。

④ 思维方面的性格特征，主要反映在是独立型还是依赖型，是分析型还是综合型等方面。

在上述 4 个方面的特征中，以性格的态度特征和意志特征最为主要，其中又以性格的态度特征更为重要。性格的各个特征不是独立的，而是相互联系的，形成一个独特的统一体。

2.3.4　性格与管理的关系

1. 性格对管理的影响

性格直接或间接地影响人际关系、人的能力、工作效率及领导风格等方面，从而影响管理的效果。

（1）性格对人际关系的影响

人际关系是影响管理绩效的重要因素，研究和实践表明，良好的性格特征会增进人际关系的和谐，增强群体凝聚力，有利于群体的分工协作；而不好的性格特征则有可能破坏良好的人际关系，或者不利于建立良好的人际关系，降低群体凝聚力，不利于群体的分工协作。

（2）性格对能力的影响

创造力和竞争力属于能力范畴，与性格特征有着密切关系。一般来说，具有较强的独立性性格特征的人抱负水平相对较高，适应能力较强，革新开拓精神较强，但有时难免武断；具有较强依赖性性格特征的人自信心较弱，易受传统束缚，创造力和竞争力较差。性格的某些特征会对智力发展产生影响。如一个能力不强的人因为有着勤奋的性格特征，"勤能补拙"，提升能力，弥补不足，从而取得学习和事业上的成功；而一个能力较强但没有良好的性格特征，如懒惰、浮躁、不求甚解等则会制约潜能的发掘，影响学习和工作的效率和成就。

（3）性格对领导类型的影响

领导类型受到多种因素的影响，但其中主要的因素是领导作风和性格品质。

2．性格理论在管理中的应用

在管理活动中，应遵循性格顺应和性格互补原则，扬长避短，以利于提高工作效率，调动员工积极性，促进良好人际关系的形成和发展。所谓性格顺应原则指的是，为了顺利开展工作，顺应员工的性格特征，采取相应措施；所谓性格互补原则指的是，在处理组织内人际关系时，管理者应考虑员工的性格差异，让不同性格特征的人能够互补，以利于人际关系的和谐。

根据不同的性格特征，应采取不同的管理方法。在管理中，了解员工的性格特征，因人施治、对症下药，可以使培养、教育员工的效果更好。对开朗直率的人，应采取以表扬为主、防微杜渐的管理方法；对倔强刚毅的人，应采取经常鼓励、多加教导的方法；对粗暴急躁的人，应肯定其成绩、避开其锋芒；对心胸狭窄的人，应多加疏导、开阔其心胸；对自尊心强的人，应开阔其视野，帮助其正确认知自己和他人；对沉默寡言的人，应少用指责，多加鼓励；对傲慢自负的人，应对其严格要求，谨慎表扬。

注重培养良好的职业性格。职业性格是胜任本职工作的心理动力。通过把握人的性格特征，根据职业要求，培养良好的职业性格，推动组织效率的提高。例如，应培养律师客观、公正、正直的职业性格，培养教师热情、外倾、理智、独立的职业性格等。

人员选拔时，要注重考核备选人员的性格特征，如对待工作的态度特征、责任心、自控力等方面。特别是在选拔高层管理者时，更应重视性格特征方面的考核。

2.4　价值观

海尔集团作为一个享有世界声誉的企业集团，其成功的关键就在于通过对统一的企业精神、企业价值观的认同使集团有强大的向心力和凝聚力，并形成了独具特色的海尔文化。海尔自创业初期，就高扬企业文化的大旗，不断进行企业文化创新，最大限度地给每一位员工提供一个创新的空间，并在此过程中形成了"敬业报国、追求卓越"的海尔精神，通过树立员工的敬业报国价值观，并将其体现到企业制度中，反映到员工的工作方式、社会交往方式、应付事变的方式与企业作风中。海尔的经营理念使企业现代化、市场全球化和经营规模化，反映了时代要求和企业发展的客观要求。

2.4.1　价值观的概念

1．价值观的定义

价值观是人们的观念，是指个人（或群体或组织）对客观事物重要性和有用性的评价和看法，是他们衡量自己行为与目标时的参照点与选择标准，它代表了一系列基本的信念。价值观一方面表现为价值取向、价值追求，凝结为一定的价值目标；另一方面表现为价值尺度和准则，成为人们判断事物有无价值及价值大小的评价标准。它的形成受四方面因素的影响，即遗传、环境、经济地位及人生观世界观等的影响。个人的价值观一旦确立，便具有相对稳定性。但就社会和群体而言，由于人员更替和环境的变化，社会或群体的价值观念又是不断变化着的，传统价值观念会不断地受到新价值观的挑战。

2．价值观的属性

（1）内容属性

内容属性告诉人们某种方式的行为和状态是重要的：有的人把金钱看得至关重要，有的人则把对国家的贡献看得最有价值，有的人把自尊看得至高无上，有的人则把工作成就视为终极目标，这些都是价值观具体内容的体现。

（2）强度属性

强度属性表明其重要的程度。当我们根据强度来排列一个人的价值观时，就可以获得一个人的价值系统。"生命诚可贵，爱情价更高。若为自由故，两者皆可抛"形象地说明在诸多有价值的东西中，对个体来讲哪个相对重要性更大，就会做出怎样的选择。

这种在个体心目中对事物看法的主次、层级的评价和选择，就是价值观体系，它是个人对其所偏爱的许多行为方式或存在状态的信念的排序组合。价值观和价值观体系是影响个体行为的核心因素之一。

2.4.2　价值观的分类

阿尔波特（1897—1967）是一位美国的心理学家。他认为，"人格是个体内部那些决定个人对其环境独特顺应方式的身心系统的动力结构"，他强调了人格的个别特点，创立了人格特质理论。阿尔波特反对精神分析学的观点，认为人格不是已经形成的东西，而是正在形成的东西，一个不断变化着的动力组织。他借用了古希腊的一句名言，"没有已成的，一切都在变成中"，说明了他对人格不确定性的解释。

阿尔波特研究范围十分广泛，曾花了不少精力投入"成熟者"心理健康特点的研究，强烈反对弗洛伊德的精神分析和行为主义的"残缺心理学"，正是因为这方面的研究使阿尔波特被列入人本主义的阵营。价值研究是人格特质理论应用的一项重要工作。阿尔波特相信一个人的努力、希望和生活意义都出于自身的价值观。他发展了斯普伦格"人的类型"（1922年）的原意，不把人们看作是六种价值观中某种类型的人，而是认为每个人都具有六种基本的可变价值方向，它们以不同的程度建构于生活的一致性之中。六种价值方向的表现如下。

（1）理论型价值观

具有此种价值方向的人的主要兴趣在于发现真理。通过观察、分析、推理，他们致力于探索事物的联系与区别。这种人好钻研，求知欲强，能自制。其活动和生活的主要目的是将自己的知识系统化、条理化。他们多忽视生活的其他方面。

（2）经济型价值观

具有此种价值方向的人态度趋向于现实——实际事物，是务实人士。对行之有效的各行各业的实际事物，都给予关注。他们认为一切工作都要从实际的需要出发，不然则应当抛弃，他们重视财力、物力、人力和效能。

（3）艺术型价值观

具有此种价值方向的人重视形象的美与心灵的和谐，善于审视美好的情景和欣赏多种情趣。他们认为美的价值高于其他事物，以优美、对称、整齐、合宜等标准来衡量一切，因此对任何事物都从艺术的观点加以评论。

（4）社会型价值观

具有此种价值方向的人以爱护他人、关怀他人为高尚的职责。他们多投身于社会，交往于人际，以提供服务为最大乐趣。他们多表现得随和、善良、不自私、宽宏大量，并愿献身他人。

（5）政治型价值观

具有此种价值方向的人对权力具有极大的兴趣，实权成为其基本的动机。他们多有领导他人和支配他人的愿望和才能。其特点是自我肯定、有活力、有信心；对人对己要求严格，讲原则，守秩序；但也会自负，轻视他人，利己而专横。

（6）宗教型价值观

具有此种价值方向的人重视命运和超自然力量，其心灵结构在于创造最高满足的价值经验。他们大多有坚定的信仰（宗教或其他类似的经验）而宁愿从现实生活中退却。他们的显著态度是领悟于宇宙万物，自愿克服一切低级冲动，乐于自我否定而沉思于自认高尚的各种经验。

2.5　知觉

知觉（perception）是个体对环境刺激进行选择、组织、理解、反思并赋予其意义的过程。环境刺激的多种属性同时或相继作用于不同的个体感受器时，在大脑皮层上多个部位形成兴奋中心，扩充后形成暂时联系，从而使我们对事物的关系产生反应，借助关系反射，人们形成了对事物的整体认识。知觉具有选择性，总是过滤掉大多数的内部或外部刺激，而只注意几种关键的刺激，通过感觉器官接收，再根据对象的特点和自身的兴趣选择注意的焦点，然后结合个体自身特征赋予刺激以意义。

2.5.1　影响知觉的因素

影响知觉的因素是很复杂的，它们可能引起知觉的偏差和歪曲。知觉的影响因素可以从知觉者的主观因素、知觉对象的特征和情境特征对知觉的影响3个方面来把握。

1. 知觉者的主观因素

知觉者的主观因素对知觉起到非常重要的影响，主要有以下几方面。

① 兴趣和爱好。通常人们感兴趣的或者厌恶的事物容易被察觉，并引起相应知觉，而不感兴趣的事物则往往被排除，出现熟视无睹的情形。

② 需要和动机。未满足的需要或动机能够对人的知觉产生强烈影响。

③ 知识和经验。个体具有的知识、经验对知觉的选择性影响也很大。

④ 自我概念。自我概念分为两种：实际的自我，指个体如何看待和评价自己；理想的自我，指个体期望自己成为什么样的人的知觉。自我概念的影响主要表现在：如果我们了解自己，能够正确描述自己的个性特征，我们就能更好地知觉他人；如果我们能积极地接受自己，我们就会更容易看到他人的优点；我们自己的人格特征，会影响我们注意到别人的哪些个性特征。

⑤ 认知结构。认知结构越全面、越复杂，我们对于他人的知觉就越趋于实际。知觉到同一个人时，有人以身体特征去评价，如高或矮、胖或瘦；有人以性格去评价，如活泼或稳重。此外，价值观、身体状况等因素也会影响知觉的结果。这些由主观因素所造成的个体知觉差异，使人的知觉世界丰富多彩，也更难以把握。

2．知觉对象的特征

（1）对象的某些特征与知觉组织

格式塔心理学（Gestalt psychology，又名完形心理学）的创始人威特海默（M.Wertheimer）指出，大脑是一个动力系统，具有通过联想把几个刺激组合成一种可识别模式的倾向。这种组合符合封闭律、连续律、接近律、相似律及转换律。

① 封闭律。一组分散的知觉对象包围一个空间时，容易被人知觉为一个单元。例如，火车车厢里面对面坐着的乘客，比背靠背坐着的乘客，更容易被知觉为一个单元。

② 连续律。连续律和封闭律密切相关，封闭律提供了缺失的刺激，而连续律则认为人倾向于知觉那些连续的线段或模式。例如，弹奏钢琴的各个音符因其连续性而被人知觉为一首乐曲。

③ 接近律。在时间、空间上接近的刺激容易被知觉为一种整体模式。

④ 相似律。各种刺激越相似，就越可能被知觉为同一组织。

⑤ 转换律。格式塔可以经历广泛的改变而不失其本身的特性。例如，一个曲调变调后仍可保持同样的曲调，尽管组成曲子的音符全都不同。

（2）知觉对象的外表特征

对象的大小、形状、颜色等，以及其刺激强度、声音、温度、运动状态、新奇性、重复次数、与背景的对比，也能影响知觉。著名的缪勒-莱伊尔（Muller-Lyer）错觉就是由形状引起的知觉差异的例子。

图 2-2 中，线段 *a* 和线段 *b* 等长，但由于两端加入方向不同的箭线，看上去似乎线段 *b* 比线段 *a* 要长。由颜色引起知觉差异的原理，已经被日常衣着、房间室内装饰等广泛应用，如红色、橙色、黄色给人温暖之感，蓝色、蓝绿色、蓝紫色给人寒冷之感；黑色、红色被人知觉为重，蓝色、绿色被人知觉为轻；浅色使人觉得宽大，深色使人觉得狭小等。

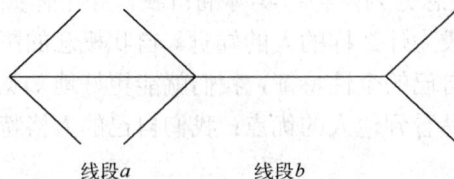

线段*a*　　　　　线段*b*

图 2-2　缪勒-莱伊尔错觉

3．情境特征对知觉的影响

情境或环境通过影响人的感受性而改变知觉效果。所谓感受性，就是人对刺激的感觉灵敏程度。知觉的相互作用，人的生理因素、心理因素，某些药物的刺激，以及吸烟等的不良嗜好，也可能引起感受性变化。此外，背景可能对知觉有极为复杂的影响，它赋予环境中的简单刺激特殊的意义和价值，例如组织文化和结构。

2.5.2　社会知觉及知觉偏差

社会知觉（social perception）就是个体在社会环境中对他人的心理状态、行为动机和意向（社会特征和社会现象）的知觉。在社会知觉领域中，由于知觉的主体、客体都是人，具有强烈的主观能动性，因而社会知觉非常复杂，双方的关系、相对地位、价值观念、个性、社会经验和知觉对象行为的真实程度等，都可能成为重要的影响因素。但由于人们只具有有限的信息处理能力，因此可能带来社会知觉的偏差和错觉。下面就是一些常见的知觉偏差效应。

（1）选择性知觉与知觉防御

选择性知觉（selective perception）是指人们选择那些与自己的个性、定型的知觉及心理预期相同或相似的东西，而本能地忽略或歪曲那些使自己觉得不舒服或威胁到自己观点的信息。在一些极端的情形中，我们的情绪过滤掉大量威胁我们信仰和价值观的信息，这一现象被称为知觉防御。知觉防御在保护我们自尊的同时，也可能形成一种减缓压力的短期机制。

（2）首因效应

首因效应（primacy effect）是指人们在对他人总体印象的形成过程中，最初获得的信息比后来获得的信息影响更大的现象。美国心理学家卢钦斯（A.Luchins）用两段文字作为实验材料，进行了一次首因效应实验。他编撰的文字材料，主要是描写一个名叫吉姆的男孩的生活片段，第一段文字将吉姆描写成一个热情、外向的人，另一段文字则把他描写成一个冷淡、内向的人。卢钦斯让四组实验对象分别阅读一组文字材料（分别是第一组：先热情、外向，后冷淡、内向；第二组：先冷淡、内向，后热情、外向；第三组：仅呈现出热情、外向材料；第四组：仅呈现冷淡、内向材料），然后回答一个问题："吉姆是一个什么样的人？"结果发现，第一组中有 78%的人认为吉姆是友好的，第二组中只有 18%的人认为吉姆是友好的，第三组和第四组中认为吉姆是友好的分别有 95%和 3%。这项实验证明，信息呈现的顺序会对社会认知产生影响，先呈现的信息比后呈现的信息有更大的影响作用。

（3）近因效应

近因效应（recency effect）是指在总体印象形成过程中，新近获得的信息，比原来获得的信息影响更大的现象。研究证明，近因效应一般不如首因效应明显，也不如首因效应普遍。在印象形成过程中，当不断有足够引人注意的新信息，或者原来的印象已经淡忘时，新近获得的信息的作用就会较大；当人们在回忆旧信息发生困难的时候，对别人的判断就要依赖于目前的情境，就会发生近因效应。个性特点也影响近因效应的发生，一般心理上比较开放、灵活的人，比较容易受到近因效应的影响。

（4）刻板印象

刻板印象（stereo type）是指人们对特定的事物所持的固定化、简单化的观念和印象，它通常伴随着对事物的价值评价和好恶的感情。它是基于人们在某一社会群体中的身份，把某些特征赋予他们的过程。当我们说德国人办事高效、意大利人浪漫多情或法国人厨艺精湛时，便是在按国籍将人刻板印象化。刻板印象来自人的本能：大脑一旦接受外部刺激，便设法识别和划分其类型。因为外部信息浩如烟海，而人的智慧又很有限，所以就尽可能以最具有操作性的方式来理解这个世界。这大大提高了我们的知觉效率，但有时常被证明是错误或有害的。

（5）对比效应

对比效应（contrast effect）会使知觉失真。人们对一个人的评价并不能保证完全客观，总是会受到近期接触的其他人及事物的影响。例如，在面试过程中，对面试者的评价往往会受到面试次序的影响，如果排在该面试者前面的是一个优秀的求职者，则可能不利于对该面试者的评价；反之，该面试者可能会得到较高的评价。

（6）晕轮效应

人们在观察别人时，对这个人的某个方面、品质或特征有非常突出的知觉，起到了一种类似于晕轮的作用，从而影响了对这个人其他特征的知觉，造成以点概面、以偏概全的后果，这就是晕轮效应（halo effect）。所谓"情人眼里出西施"就体现了这个道理。

（7）期望效应

期望效应（expectation effect）指的是预先的期望会抑制个体对事物的认识，知觉过程对信息的选择、对知觉对象的解释，都会偏向知觉主体预期的方向。期望效应的另一方面，是自我实现的预言，也称皮革马利翁效应。对这种现象的解释有两种：一种是观察者专注于预期发生的行为，忽略和预期不一致的行为，这种对信息选择的偏向，使得对行为的评价发生偏差；另一种是直觉对象感受来自他人的期望，从而影响动机因素，带动行为表现向预期方向发展，从而使预言变成现实。

2.6　社会认知

社会认知是指对他人表情、对他人性格、对人与人关系及对人的行为原因的认知。社会认知是个人对他人的心理状态、行为动机、意向等作出推测与判断的过程。社会认知的过程既是根据认知者的过去经验及对有关线索的分析而进行的，又必须通过认知者的思维活动（包括某种程度上的信息加工、推理、分类和归纳）来进行。社会认知是个体行为的基础，个体的社会行为是社会认知过程中作出各种裁决的结果。

1．社会认知的特征

① 认知选择性。人们是根据刺激物的社会意义的性质及其价值大小，而有选择地进行社会认知的。

② 认知反应显著性。这主要是指在一定的社会刺激下，个人心理状态、情感、动机所发生的某些变化，这种变化随着个人对社会刺激的意义所理解的程度而转移。

③ 行为自我控制。这是自我意识发挥作用的结果，它使个人的认知体验不被他人所觉察，从而使个体与外界环境保持平衡。

2．认知方式

认知方式，也称认知风格，是指人们在认知活动中所偏爱的信息加工方式。它是一种比较稳定的心理特征，个体之间存在很大的差异。认知方式有场依赖型和场独立型、冲动型和沉思型、具体型和抽象型 3 类。

（1）场依赖型和场独立型

场依赖型的人，对客观事物的判断常以外部的线索为依据，他们的态度和自我认知易受周围环境或背景（尤其易受权威人士）的影响，往往不易独立地对事物做出判断，而是人云亦云，从他人处获得标准。行为常以社会为定向，社会敏感性强，爱好社交活动。

场独立型的人，对客观事物的判断常以自己的内部线索（经验、价值观）为依据，他们不易受周围因素的影响和干扰，倾向于对事物的独立判断。行为常是非社会定向的，社会敏感性差，不善于社交，关心抽象的概念和理论，喜欢独处。

（2）冲动型和沉思型

冲动型的人在解决认知任务时，总是急于给出问题的答案，他们不习惯对解决问题的各种可能性进行全面思考，有时问题还未搞清楚就开始解答。这种类型的人认知问题的速度虽然很快，但错误率高。冲动型的人在运用低层次事实性信息的问题解决中占优势。

沉思型的人在解决认知任务时，总是谨慎、全面地检查各种假设，在确认没有问题的情况下才会给出答案。这种类型的人，认知问题的速度虽然慢，但错误率很低。沉思型的人在解决高层次问题中占有优势。

（3）具体型和抽象型

具体型的人在进行信息加工时，善于比较深入地分析某一具体观点或情境，但必须向他们提供尽可能多的有关信息，否则很容易造成他们对问题的偏见。

抽象型的人在对事物进行认知时，能够看到某个问题或论点的众多方面，可以避免刻板印象（对人与事物认知的先入为主性），能够容忍情境的模糊性。

3. 社会认知的影响因素

影响社会认知的因素很多，包括主、客观两方面的多种因素。

① 认知对象本身的特点。它是指该对象对于认知者所具有的价值及其社会意义的大小。认知对象可以是某个个人、某个团体成员或具有社会意义的事物。由于认知对象本身的特点不同，因而认知结果也不同，这种情况在生活中普遍存在。

② 当时的情境。认知社会中他人行为的善恶与是非，总是离不开当时情境的分析，这种情况在我们日常生活中到处可见。

③ 认知者本身的特点。由于认知者本身的经验、生活方式、文化背景、个人需求、性格和心理结构的不同，对同一个社会刺激会发生不同的认知结果。

④ 逻辑推理的定势作用。有些社会心理学家认为，每个人的认知活动事先都有某种假设，并从这种假设出发来看待当前的事物。还有人们在认知一些平时不太熟悉、接触不多的人时，由于获得的信息少，缺乏必要的线索，人们常常根据外部的一些表面特点作为认知的线索，加以逻辑推理，得出归因结论。简单地使用逻辑推论，往往与事实不符，从而发生认识的错误。

以上几个因素都能影响人们的社会认知，事实上人们的认知活动并不是单个的因素单独地发生作用的，而往往是几种因素交织在一起对认知活动发生作用的。只是在不同的情况下，某些因素的作用更大些，某些因素的作用可能小一些。

课 后 习 题

一、简答题

1. 描述组织如何有限地管理多元化。
2. 说明文化如何影响我们对人口特征和智力能力的理解。

二、案例分析

案例分析 1：弗林效应

智力能力中的大部分（最高达到 80%）是遗传的，所以，当你知道智力测验分数在上升时你也许会感到意外。事实上，分数上升的幅度是如此之大，以至于当今的曾祖父辈相比之下就显得心智不全了。首先，让我们考察一下测试分数提升的证据。然后对这一结果做出解释。在智商（IQ）量表里，100 是平均值，测试分数保持着每 10 年上升 3 个百分点的水平，这意味着如果你的祖父辈得 100 分，你这一代的平均分数将会在 115 分左右。

这是一个相当大的变化（差不多一个标准差的差异），这意味着来自你的祖父辈、得分处于第 84 个百分位的某个人在现在的标准中只能得平均值（处于第 50 个百分位）。第一次关于分数上升的记载应归功于新泽西的一名研究员詹姆斯·弗林（James Flynn）。他在 1984 年公布了这一结果，他发现几乎每一个参加过 20 世纪 70 年代有效智商测试的人，其结果都优于 40 年代的人。这项结果在不同文化里也似乎属实。测试分数不仅在美国上升了，在大部分国家，这个效应也被证实了。如何解释弗林效应，研究者还不能完全确定。一些解释如下：

（1）教育。今天的学生与他们的祖先相比接受了更好的教育，教育导致更高的测试分数。

（2）家庭规模更小。1900 年，平均每个夫妇有 4 个孩子，现在这一数字低于 2。我们知道第一胎出生的孩子倾向于比其他孩子拥有更高的智商，也许是因为他们比随后出生的兄弟姐妹受到了更多关注。

（3）测试的理解能力。现在的孩子经常参加测试，因此他们具有对测试的理解能力：他们知道如何应试和如何做得更好。

（4）基因。聪明的夫妇倾向于拥有较少，或不太多的孩子（这也许会误导我们认为人类的智力会随着时间的推移而下降），也许是由于更好的教育、追踪和测试，那些拥有正确基因的人能够更好地利用这些优势。一些基因研究者也认为，如果父母双方的智力基因都是显性的并且遗传给孩子，那么这意味着孩子的智商将会等同或超过他们的父母。

【问题】

1. 你认为人们真的变得更聪明了吗？为什么？

答：依据测试分数，人们变得更聪明了。现今人们更加关注教育。几代以前，很多人完不成高中学业，更多的从事农业而不是服务业。

2. 弗林效应所解释的原因，你接受哪一个？

答：所有的解释都有优点。（1）教育进步了，会直接提高测试的分数。（2）更小的家庭以及更多的照料，再加上许多教育性和学习性的玩具、书籍、录像等，都有助于学习过程。（3）测试能力和技术产生更高的分数。（4）智商分数组成中的基因因素已经明显改善，提高了人们的智力。

3. 弗林效应有什么社会有利条件和不利条件？

答：智力增长的社会优势很明显，在经济、政府、商业、媒体和科学等智力应用的领域都有潜在的巨大回报。不利影响则表现在那些把智力用在不好的情形或者获取不道德回报的人。

案例分析 2：多元化培训教授的是什么？

我们已经讨论过，一些研究者提供了证据，表明多元化培训项目可能并没有达到预期的效果。作者将这种证据理解为一个标志：当关注具体的、可量化的目标时，企业改进多元化的努力会更有效。也许，与族群、种族和性别相关的根深蒂固的观念，很难在短期内改变。另一些人认为多元化培训并不真正旨在增加女性和少数族裔在高层的管理职位，而是增进员工之间的关系。对多元化培训的历史发展的回顾，显示了多元化培训师在界定他们角色上的重要转变。早期的多元化培训主要以遵纪守法和规章制度为焦点。这也许会导致一种观点，即多元化是一个需要解决和尽可能避免的问题，而不是一个机遇。人口统计特征的多元化同样是这些项目的唯一焦点，这意味着其他形式的劳动力多样性，如能力和态度，都被忽略了。还有一些因素导致意料之外的结果。一些多元化项目鼓励参与者描述对不同群体的刻板印象的内容，试图揭示人们假设的内容。遗憾的是，随后的讨论表明，这些讨论可能反而加强了项目原本想削弱的成见。这些练习对参与者来说也可能非常尴尬。因为培训主要侧重于从历史角度描绘白人男性占主导地位环境下的少数族裔和女性，所以白人男性（劳动力构成的很大比例）感觉受到了排斥和责难。当代多元化管理项目已经明显改变了人们关注的焦点，以回应这些顾虑。现在的多元化培训以最小化公共耻辱和尴尬为目标。遵纪守法仍然是多元化培训的一个重要方面，但有效多元化管理的商业案例是培训过程中更重要的核心内容。

【问题】

1. 在多元化培训项目中，以高层管理者为代表来衡量其效果，你是否认为这是一个公平的指标？为什么？

答：尽管多元化培训项目旨在为多元化群体提供一个公平竞争的环境，没有证据表明该项目尤其关注寻求晋升的特定优势群体。然而，多样化的敏感性及其作为基本工作原理的应用能够更好地识别那些获得晋升的员工身上的高水平技能或者其他应用技能。

2. 为什么一次性的多元化培训项目可能是无效的？

答：短期记忆仅仅是短期的。许多对多元化培训的先入为主的观念是长期接触的结果，并且难以改变。为了改变某些信念和观点，长期持续的信息强化，辅以合适的绩效行为，才是好的选择。

3. 为了使多元化项目有效，应该克服哪些明显的障碍？

答：为了使多元化项目有效，管理者应该克服以下障碍：（1）管理者和员工之间的不信任；（2）之前存在的刻板印象的影响；（3）管理者或员工的不可接受的行为；（4）没能成功地发现人们之间的差别并很好地利用；（5）缺乏对多元化环境的承诺；（6）其他障碍。

项目三 激励理论与运用

导入案例 别人家的公司

最近几年，百度的日子并不好过：一方面，百度在BAT（B指百度，A指阿里巴巴，T指腾讯）阵营里与阿里巴巴和腾讯的差距逐步扩大；另一方面，魏则西事件让人们重新审视了百度搜索。此外，一波波高管离职还给公众留下了百度水很深的印象，在陆奇离职的当天，百度股价大跌，很多人担心，百度业务会放缓甚至停滞。但事实证明并没有，百度金融拆分完毕，爱奇艺成功上市，百度的方向更加坚定，推动AI技术在百度全系产品（信息流、地图、输入法、翻译、百科、贴吧）落地，百度正在大踏步向前。加之最近，谷歌透露要重返中国大陆市场，百度终于火力全开，在2018年的百度Summer Party上，李彦宏宣布了几件事，现场豪发600万美元。激励小团队创新与精进百度的Summer Party已经办了八届，形式、内容、意义、目的可以类比"阿里日"。这场活动既是企业文化的落地体现，也是公司内部员工关怀和嘉奖人才的好机会，还是展现公司最新产品的新舞台。在各类展台前，有永远都赢的猜拳手AI，还有能用AI刷脸支付的自动售货机。除了展示各种高科技新产品外，"厂长"李彦宏例行颁布了"百度年度最高奖"，六支团队各获得100万美元奖励，也就是一口气颁发了600万美元豪奖。值得注意的是，"百度最高奖"只针对公司总监级别以下、对公司做出卓越贡献的基层员工，要获得该奖必须符合三项标准：项目足够重要、结果远超预期、团队不超过10人且不能有总监。这是迄今为止国内互联网企业给予普通员工的最高奖励。截至2018年，百度已发出了30个"百度最高奖"，奖金总金额超过2亿元人民币，建立了鼓励"小团队做出大事业"的企业文化。

早餐夜宵免费+"青松计划"，心疼员工的胃，更爱护员工的家人。从前，百度只有周一的早餐免费，从2018年8月13日开始，员工每天的早餐和夜宵都免费！胃是人类最接近心房的地方之一。百度此举，在温暖员工胃的同时，一并温暖到了员工心底。除了早餐和夜宵全员免费外，2018年10月，百度推出"青松计划"，青为"青春"的"青"，松为"不老松"的"松"。员工在外打拼，无非是想让家人一起过上富裕的好日子。父母的身体健康，实乃子女最大的心愿。百度为司龄两年以上的百度员工的父母提供全国范围的医疗保险，并且不限父母年龄、身体健康状况、有无社保。这一次，百度让外界感受到了真正的温度，这两个面向百度员工的福利受到外界广泛的关注和赞许。李彦宏深情告白员工，"厂长没有你们是不行的"。李彦宏在颁奖时说："有一句话说得好，陪伴是最长情的告白。今天，我们的告白语是什么？是在一起，了不起！"李彦宏还在演讲中讲起了段子："今天来了很多百度人，刚才跟大家握手的时候，我感受到有很多不同类型的人，有运动型的，有居家型的，有沉稳型的，也有Party Animal。总之，可甜可咸，个个都非常厉害！那么，你们的厂长是什么型的？是没有你们绝对不行的！”如此深情告白的李厂长，让人印象深刻。同时，百度人力资源高级副总裁 Lee 在现场也发言说：“我一直都在思考，在你们为了使命勇往直前、披星戴月的时候，公司还能为你们做些什么，让你们的成长更加心无旁骛、更加无后顾之忧呢？”如此关心员工的成长与收获，是百度所倡导的“陪伴文化”的体现，大家在一起并不只是工作，而是发自内心地长久相伴。真心付出，彼此体谅，用共同的信念，勇敢地面对未知，一次又一次突破极限，为对方着想，这才是了不起的在一起！要知道，福利并不只是给钱，将发钱变成运营成本那样简单，维系员工的心，关爱员工本身，要让员工与公司捆绑成为命运共同体，这才是福利的最终目的。在这一点上，百度已经走在了前头。

资料来源：HRGO.李彦宏公布百度最新员工福利，别人家的公司从来没让人失望！[EB/OL].（2018-08-14）[2019-11-05].https: //mp.weixin.qq.com/s/mY9c0aeWM4RuUk2avWBIZA.

3.1　激励机制

3.1.1　驱动力

要了解如何培育出一支更加敬业和积极进取的员工队伍，首先需要了解人们激励性的“力量”或者说员工行为的原动力。思考的出发点就是驱动力（drives，也称为基本需求），它可以定义为一种大脑的固有特征，尝试通过改进不足让自我保持平衡。驱动力通过产生情绪来激励人们在环境中采取行动。驱动力正受到越来越多的关注，因为最近神经科学（大脑）的研究强调了情感在人们决策和行为中的核心作用。关于人的驱动力，目前还没有一致结论，但研究已经一致确认了其中的几个，如社交的驱动力、对竞争力或者地位的驱动力、去了解在身边发生了什么的驱动力，以及保护自己免受生理和心理伤害的驱动力。驱动力是天生且普遍的，这意味着每个人都会有驱动力，且从一出生就存在。此外，驱动力是行为的“原动力”，因为驱动力能产生情绪，能够使人处于随时准备做出反应的一种状态。情绪在激励中起着重要的作用。实际上，情绪和激励这两个词语都来源于同一个拉丁语“movere”，意思是“移动”。图 3-1 说明了驱动力和情绪是怎样转化成可感知的需要和行为的。

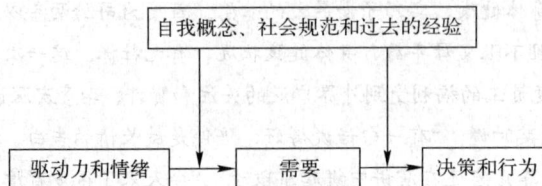

图 3-1　驱动力、需要和行为

驱动力及由驱动力所产生的情绪，共同产生人们的需要。需要被定义为人们所经历的目标导向的动力。需要是对改进不足或不平衡的特定目标的情绪激励动力。正如一个权威的神经科学家所解释的那样："驱动力直接表达了人们背后的情绪，人们最终通过背后的感觉意识到它们（驱动力）的存在。"换句话说，需要是人们最终自觉意识到的情绪。

想象一下这个例子：你去上班时发现一个陌生人坐在你的位置上。这种情形会使你产生情绪（焦虑、好奇），激励你做出反应。这些情绪是由驱动力产生的，例如自我保护的驱动力和理解的驱动力。当这些情绪足够强烈的时候，它们将会激励你去做一些事情，例如弄清楚这个人是谁，并且可能会从同事那里再度确认你的工作是安全的。在这种情况下，你有了解发生了什么、感到安全和可能改变违背个人意愿的感受的需要。注意，看到陌生人坐在你的位置上时产生的情绪反应代表了驱动你的内在力量，但对于特定的目标，是你自己选择了某些情绪进行表达。

3.1.2　需要

所有人都有相同的驱动力，这是人们经过进化得到的天性。图 3-1 解释了产生这种差异的原因。模型的左侧表明了个人的自我概念（包括性格和价值观）、社会规范和过去的经验放大或压抑形成的以驱动力为基础的情绪，因此导致更强或更弱的需要。热爱交际的人独处一段时间后，通常有更强烈的社交需要，而不爱好交际的人的社交需求则小得多。这种个体差异解释了为什么需要在一定程度上可以"学习"。社会化和强化在一定程度上可能使得人们改变自我概念，导致对社会互动、成就感更强或更弱的需要。图 3-1 的右侧表明，自我概念、社会规范和过去的经验调节个人的目标和行为。回想前文中一个陌生人坐在你的位置上的例子，你可能并不会向前要求那个陌生人离开你的位置，因为这种行为违背了大多数（并不是全部）文化中的社会规范。那些认为自己是直率性格的员工可能直接与陌生人交涉，那些对直接交涉持负面态度的员工则更可能在与侵入者交涉前先从同事那里收集信息。简而言之，个人的驱动力（理解的驱动力、防御的驱动力、联合的驱动力等）都将强化个人的行为、自我概念和社会规范，而过去的经验将把强化物指向目标导向的行为。

3.1.3　激励方式

激励理论描述的是一般性原则、原理和规律，而实践中遇到的问题是千变万化的，这就需要灵活运用各种激励理论，采用不同的激励方式。目前主要的激励方式可分为物质激励和精神激励。物质激励包括薪酬激励、持股激励等；精神激励包括目标激励、工作激励、典型激励、荣誉激励、危机激励和组织文化激励等。

3.2　内容型激励理论

3.2.1　马斯洛需要层次理论

1．需要层次理论基本内容

亚伯拉罕·马斯洛（Abraham Harold Maslow，1908—1970）出生于纽约市布鲁克林区，美国社会心理学家、人格理论家和比较心理学家，是人本主义心理学的主要发起者和理论家，心理学第三势力的领导人。

马斯洛 1926 年考入康奈尔大学，三年后转至威斯康星大学攻读心理学，在著名心理学家哈洛的指导下，1934 年获得博士学位。之后，留校任教。1935 年在哥伦比亚大学任桑代克学习心理研究工作助理。1937 年任纽约布鲁克林学院副教授。1951 年被聘为布兰戴斯大学心理学教授兼系主任。1969 年离任，成为加利福尼亚劳格林慈善基金会第一任常驻评议员。马斯洛对健康人格或自我实现者的心理特征的研究是从布兰戴斯大学任心理学教授兼系主任后开始的。

马斯洛在 1943 年发表的《人类动机的理论》（*A Theory of Human Motivation Psychological Review*）一书中提出了需要层次理论。这种理论的构成基于以下 3 个基本假设。

① 人要生存，他的需要能够影响他的行为。只有未满足的需要能够影响行为，已满足的需要不能充当激励工具。

② 人的需要按重要性和层次性排成一定的次序，从基本的（如食物和住房）到复杂的（如自我实现）。

③ 当人的某一级的需要得到最低限度满足后，才会追求高一级的需要，如此逐级上升，成为推动继续努力的内在动力。

马斯洛的需要层次理论把需要分成生理需要、安全需要、情感和归属需要、尊重需要和自我实现需要五类，依次由较低层次到较高层次发展，如图 3-2 所示。

（1）生理需要

这是人类维持自身生存的最基本要求，包括饥、渴、衣、住、行等方面的要求。如果这些需要得不到满足，人类的生存就成了问题。在这个意义上说，生理需要是推动人们行动的最强大的动力。马斯洛认为，只有这些最基本的需要满足到维持生存所必需的程度后，其他的需要才能成为新的激励因素，而到了此时，这些已相对满足的需要也就不再成为激励因素了。

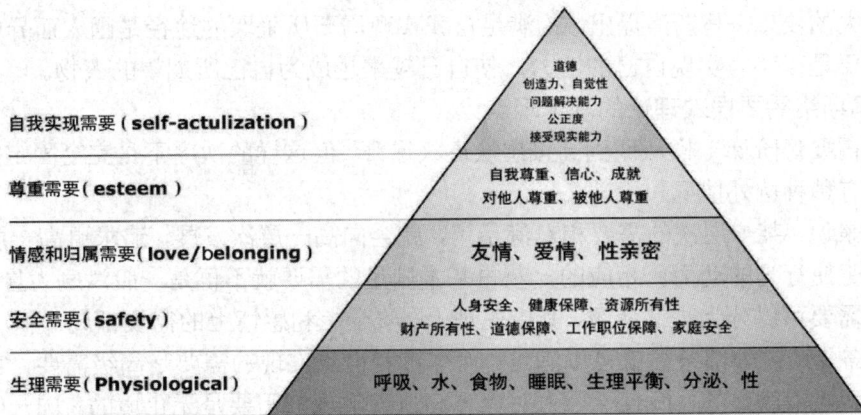

图 3-2　马斯洛需要层次理论

（2）安全需要

这是人类要求保障自身安全、摆脱丧失事业和财产的威胁、避免职业病的侵袭、接触严酷的监督等方面的需要。马斯洛认为，整个有机体是一个追求安全的机制，人的感受器官、效应器官、智能和其他能量主要是寻求安全的工具，甚至可以把科学和人生观都看成是满足安全需要的一部分。当然，当这种需要一旦相对满足后，也就不再成为激励因素了。

（3）情感和归属需要

这一层次的需要包括两个方面的内容。一是友爱的需要，即人人都需要伙伴之间、同事之间的关系融洽或保持友谊和忠诚；人人都希望得到爱情，希望爱别人，也渴望接受别人的爱。二是归属的需要，即人都有一种归属于一个群体的感情，希望成为群体中的一员，并相互关心和照顾。感情上的需要比生理上的需要来得细致，它和一个人的生理特性、经历、教育、宗教信仰都有关系。

（4）尊重需要

人人都希望自己有稳定的社会地位，要求个人的能力和成就得到社会的承认。尊重的需要又可分为内部尊重和外部尊重。内部尊重是指一个人希望在各种不同情境中有实力、能胜任、充满信心、能独立自主。总之，内部尊重就是人的自尊。外部尊重是指一个人希望有地位、有威信，受到别人的尊重、信赖和高度评价。马斯洛认为，尊重需要得到满足，能使人对自己充满信心，对社会满腔热情，体验到自己活着的用处和价值。

（5）自我实现需要

这是最高层次的需要，它是指实现个人理想、抱负，个人的能力发挥到最大程度，完成与自己的能力相称的一切事情的需要。也就是说，人必须干称职的工作，这样才会使他们感到最大的快乐。马斯洛提出，为满足自我实现需要所采取的途径是因人而异的。自我实现的需要是在努力实现自己的潜力，使自己越来越成为自己所期望的人物。

2．马斯洛需要层次理论的基本观点

五种需要像阶梯一样从低到高按层次逐级递升，但这样的次序不是完全固定的，可以变化，也有种种例外情况。

一般来说，某一层次的需要相对满足了，就会向高一层次发展，追求更高一层次的需要就成为驱使行为的动力。相应的，获得基本满足的需要就不再是一股激励力量。

五种需要可以分为高低两级，其中生理上、安全上和感情上的需要都属于低一级的需要，这些需要通过外部条件就可以满足；而尊重和自我实现的需要是高级需要，它们是通过内部因素才能满足的，而且一个人对尊重和自我实现的需要是无止境的。同一时期，一个人可能有几种需要，但每一时期总有一种需要占支配地位，对行为起决定作用。任何一种需要都不会因为更高层次需要的发展而消失。各层次的需要相互依赖和重叠，高层次的需要发展，低层次的需要仍然存在，只是对行为影响的程度大大减小。

马斯洛和其他的行为科学家都认为，一个国家多数人的需要的层次结构，是与这个国家的经济发展水平、科技发展水平、文化和人民受教育的程度直接相关的。在不发达国家，生理需要和安全需要占主导的人数比例较大，而高级需要占主导的人数比例较小；而在发达国家，则刚好相反。在同一国家不同时期，人们的需要层次会随着生产水平的变化而变化，戴维斯（K.Davis）曾就美国的情况做过估计，见表3-1。

表3-1　需要层次的变化

需要种类	1935 年/%	1995 年/%
生理需要	35	5
安全需要	45	15
情感和归属需要	10	24
尊重需要	7	30
自我实现需要	3	26

3．需要层次理论的价值

关于马斯洛理论的价值，目前国内外尚有各种不同的说法。我们认为，绝对肯定或绝对否定都是不恰当的，因为这个理论既有其积极因素，也有其消极因素。

（1）马斯洛理论的积极因素

马斯洛提出人的需要有一个从低级向高级发展的过程，这在某种程度上是符合人类需要发展的一般规律的。一个人从出生到成年，其需要的发展过程，基本上是按照马斯洛提出的需要层次进行的。当然，关于自我实现是否能作为每个人的最高需要，目前尚有争议。

马斯洛的需要层次理论指出了人在每一个时期，都有一种需要占主导地位，而其他需要处于从属地位。这一点对于管理工作具有启发意义。

马斯洛需要层次理论的基础是他的人本主义心理学。他认为人的内在力量不同于动物的本能，人要求内在价值和内在潜能的实现是人的本性，人的行为是受意识支配的，人的行为是有目的性和创造性的。

（2）马斯洛理论的消极因素

马斯洛过分地强调了遗传在人的发展中的作用，认为人的价值就是一种先天的潜能，而人的自我实现就是这种先天潜能的自然成熟过程，社会的影响反而束缚了一个人的自我实现。这种观点，过分强调了遗传的影响，忽视了社会生活条件对先天潜能的制约作用。

马斯洛的需要层次理论带有一定的机械主义色彩。一方面，他提出了人类需要发展的一般趋势。另一方面，他又在一定程度上，把这种需要层次看成是固定的程序，看成是一种机械的上升运动，忽视了人的主观能动性，忽视了通过思想教育可以改变需要层次的主次关系。

马斯洛的需要层次理论，只注意了一个人各种需要之间存在的纵向联系，忽视了一个人在同一时间内往往存在多种需要，而这些需要又会互相矛盾，进而导致动机的斗争。

4．对需要层次理论的评价

马斯洛的需要层次理论，在一定程度上反映了人类行为和心理活动的共同规律。马斯洛从人的需要出发探索对人的激励和研究人的行为，抓住了问题的关键；他指出了人的需要是由低级向高级不断发展的，这一趋势基本上符合需要发展规律。因此，需要层次理论对企业管理者如何有效地调动人的积极性有启发作用。

但是，马斯洛离开社会条件、离开人的历史发展及人的社会实践来考察人的需要及其结构，其理论基础是存在主义的人本主义学说，即人的本质是超越社会历史的、抽象的"自然人"，由此得出的一些观点就难以适合实际的情况。

马斯洛需求层次理论中提到人的需求满足是阶梯式的，是一个需要满足后再追求下一个需要。但人的需要并非有如此强烈的界限划分。难道除了追求基本需要之外，人就不能逾越基本需要的界限去追求高的需要层次吗？或者说，平凡的人除了对生活中简单层次需要的追求之外就丧失了自我实现需要的追求吗？平凡中孕育着不平凡的理想和追求，也会因此产生超越基本需要的动力。

个人需要的层次内容是由自身的价值观和世界观决定的。平凡的人同样具有尊重和自我实现的需要。这里自我实现需要的内容不是以社会普遍价值观为标准的，如成为所谓的

"成功人士"，而是来自个体自身的价值观，如"老大的幸福"。所以，平凡人的自我实现是根据其自身的价值观定义的，而遵从世俗价值观的人却没有办法用这种价值标准衡量平凡人的自我实现。所以，这恰恰证明了自我实现是一个更高层级的需要，只有通过其个体的内在行为来满足，而非外在的条件。

5. 需要层次理论在管理中的运用

　　了解员工的需要是应用需要层次理论对员工进行激励的一个重要前提。在不同组织中、组织不同时期的员工以及组织中不同员工的需要是充满差异的，而且经常变化。因此，管理者应该经常性地用各种方式进行调研，弄清员工未得到满足的需要是什么，然后有针对性地进行激励。

案例分析　"马斯洛需要层次理论"帮你理清孩子青春期

　　面对青春期叛逆的孩子，家长们很头疼，可青春期也是孩子走向成熟的必经阶段，身为家长，如何才能够更好地陪伴孩子度过青春期，如何科学地和孩子相处？在出现问题时，如何才能理智地解决问题？

　　通过图 3-3 可以发现孩子在不同年龄段也会存在不同的需求，这与马斯洛需要层次理论基本一致。

图 3-3　马斯洛需要层次理论在不同年龄段孩子身上的体现

　　0～2 岁阶段：最基本的生理需要

　　刚刚降生到这个世界上的宝宝，最大的需要就是生理需要，他们需要在这个世界上生存下去。这一年龄段的孩子最大的特点就是，谁抚养他，谁和他在一起的时间最长，他就跟谁最亲近，这就是因为这个人满足了孩子的生理需要。

2~7 岁阶段：安全需要、归属感和爱的需要

随着孩子逐渐长大，接触外界的机会也越来越多。在他们的眼中，一切都是未知的、都是充满挑战的。这时，安全需要逐渐增长。很多家长会发现，这个阶段的孩子特别黏人，有的比较怕生，不仅对陌生人表现出恐惧感，对陌生的环境也充满不安。

7~12 岁：尊重需要开始增长

学龄前的孩子都是以家庭为中心，而学龄后的孩子，便有机会打开一扇新世界的大门。由于大部分的时间都是在学校度过，孩子的生活重心也从家庭转向学校。孩子会逐渐发现，自己有权利决定一些事情，有时候可以不通过父母的同意而完成一些选择。此时，孩子的社交需要越来越明显。

社交就涉及人与人之间的关系，而人与人之间最起码的相处原则就是尊重。在学校里，孩子体验到了被同学尊重、被老师尊重的感觉，回到家也依然需要父母的尊重，逐渐开始反抗父母的权威。如果此时父母没有及时发现孩子在需求上的转变，就会针尖对麦芒，自然无法处理好亲子关系。

12~20 岁：尊重需要强烈，自我实现需要逐渐增长

处于青春期的孩子，心理和生理上都走向成熟，家长的功能渐渐削弱，自我意识加强。同时，这一时期的孩子，身体机能基本完善，有些孩子长得比父母都高大，这时候孩子已经基本属于一个能为自己行为负责的独立个体。他们意识到，自己不再需要父母的管教和庇护，这一时期的孩子，生理需要和安全需要已经降到很低的水平。

从不同的年龄段我们可以看出，每个时期的孩子都有其需要的重点。这也能解释，为什么孩子在青春期都会表现出叛逆。孩子之所以会叛逆，大部分都是因为自己的需求没有得到父母的理解，在父母身边无法得到满足。

父母应如何有针对性地满足青春期孩子的需求？

首先我们要认清"叛逆"的本质，就是孩子的需求无法被满足，因此将不满发泄出来的一种表现方式。家长不应把"叛逆"这个标签打在孩子身上，这样会强化孩子的反抗意识，把自己推到了孩子的对立面。

家长这时要考虑，我是否给予孩子自由、平等、尊重，更要避免在孩子不听话时，任意发泄自己的情绪，或者用"我都是为了你好"来为自己的负面情绪开脱，也要认清，此时的孩子已经不受你的控制，任何企图操控孩子生活和选择的心理都是不对的，这种尝试也必将遭到失败，只会将亲子关系搞得一团糟。

孩子如果没有得到充分的理解和尊重，就会把自己包裹起来。一旦孩子对父母起了防御心理，沟通就会显得步履维艰。

3.2.2 奥尔德弗的 ERG 理论

1. ERG 理论的基本内容

美国耶鲁大学的克雷顿·奥尔德弗（Clayton Alderfer）在马斯洛提出的需要层次理论的基础上，进行了更接近实际经验的研究，提出了一种新的人本主义需要理论。奥尔德弗认为，人们共存在 3 种核心的需要，即生存（existence）的需要、相互关系（relatedness）的需要和成长（growth）的需要，因而这一理论被称为"ERG"理论。第一种生存的需要与人们基本的物质生存需要有关，它包括马斯洛提出的生理需要和安全需要。第二种需要是相互关系的需要，即指人们对保持重要的人际关系的需要，这种需要的满足是在与其他需要相互作用的过程中达成的，它与马斯洛的情感和归属需要和尊重需要分类中的外在部分是相对应的。最后，奥尔德弗把成长发展的需要独立出来，它表示个人谋求发展的内在愿望，包括马斯洛的尊重需要分类中的内在部分和自我实现层次中所包含的特征。

2. ERG 理论的基本观点

奥尔德弗认为这三种需要并不都是生而具有的。马斯洛认为他的五种需要都是人类先天的一种特殊生物遗传，是一种"似本能"的东西。奥尔德弗对此有所修正，他认为生存的需要是先天具有的，而相互关系的需要和成长的需要则是通过后天学习才形成的。这三种需要也不是按照严格的由低到高的次序发展的，可以越级发展。人们可能在低级需要未满足的情况下，先发展较高层次的需要；或是在低级需要未被完全满足的情况下，同时为高层次的需要工作，几种需要共同发挥作用。这与马斯洛需求理论中，需要层次呈刚性的阶梯式上升结构不同。各个层次的需要获得的满足越少，人们对这种需要越是渴望得到满足。当人们的生存需要和成长需要都获得了较充分的满足，而相互关系的需要没有得到满足时，人们就渴望与人交往，获得理解。当较低层次的需要得到满足后，人们就渴望向高层次发展，这一点与马斯洛基本相同。奥尔德弗称之为"满足—上升"的趋势。

此外，ERG 理论还提出了一种称为"受挫—回归"的思想。马斯洛认为当一个人的某一层次需要尚未得到满足时，他可能会停留在这一需要层次上，直到获得满足为止。而ERG 理论则认为，当一个人在某一更高等级的需要层次受挫时，那么作为替代，他的某一较低层次的需要可能会有所增加。例如，如果一个人社会交往需要得不到满足，可能会增强他对得到更多金钱或更好的工作条件的愿望。与马斯洛需要层次理论相类似的是，ERG 理论认为较低层次的需要满足之后，会引发出对更高层次需要的愿望。不同于需要层次理论的是，ERG 理论认为多种需要可以同时作为激励因素而起作用，并且当满足较高层次需要的企图受挫时，会导致人们向较低层次需要的回归。因此，管理措施应该随着人的需要结构的变化而做出相应的改变，并根据每个人不同的需要制定出相应的管理策略。

3．对 ERG 理论的评价

奥尔德弗的 ERG 理论在需要的分类上并不比马斯洛的理论更完善，对需要的解释也并未超出马斯洛需要理论的范围。如果认为马斯洛的需要层次理论是带有普遍意义的一般规律，那么 ERG 理论则偏重于带有特殊性的个体差异，这表现在 ERG 理论对不同需要之间联系的限制较少。总体来说，ERG 理论的特点有以下几方面。

① ERG 理论并不强调需要层次的顺序，认为某种需要在一定时间内对行为起作用，而当这种需要得到满足后，可能去追求更高层次的需要，也可能没有这种上升趋势。

② ERG 理论认为，当较高级需要受到挫折时，可能会降而求其次。

③ ERG 理论还认为，某种需要在得到基本满足后，其强烈程度不仅不会减弱，还可能会增强，这就与马斯洛的观点不一致了。

4．ERG 理论的实际运用

全民娱乐背后的社会原因和人类需要分析。

娱乐的实质是大众休闲，它是现代社会的产物。一方面，现代科学技术的进步和工业化大生产给人们带来了较高的收入、较多的闲暇时间和更多的消费品及消费方式；另一方面，工业化大生产又造成了快节奏的生活、生存环境的破坏和不确定的未来，富裕起来的人们并不感到幸福，反而变得身心疲惫，甚至会觉得生活缺乏意义。因此人们需要娱乐来获得轻松快乐的感受。

按照奥尔德弗 ERG 需要理论，人类有三个层次的需要：生存的需要、相互关系的需要和成长的需要，需求层级依次提高。需要从低级向高级发展，在满足了低级需要后，人们就会产生更高级的需要，并且需要可以跳跃式发展，也就是说从"生存的需要"直接跳到"成长的需要"。同时"挫折—倒退"说明，较高级的需要得不到满足时，人们就会把欲望放在较低级的需要上。

案例分析　监狱企业

监狱企业集团公司的主要任务是为监狱改造罪犯提供劳动岗位，为改造罪犯服务，不同于以营利为目的的社会企业，要讲效益。这进一步明确了监狱企业的性质是一种特殊的国有企业。针对监狱企业，ERG 理论激励模式在监狱企业中的工作原理就在于对罪犯的各种需要进行分类归纳，以此为依据做出多样化的、有针对性的激励措施，保证罪犯的需要与监狱企业的目标达成一致。从生存需要来说，监狱企业罪犯的生存激励因素主要包括加餐、生活用品奖励、劳动报酬等有利于罪犯改善生活条件的物质性和经济性激励。从相互关系需要来说，关系激励因素在监狱企业中的主要表现方式为情感关怀和家庭支持系统。从成长需要来说，成长激励因素主要体现在对罪犯的减刑、假释、记过、表扬、积极分子评定、教育培训等可以帮助罪犯早获新生或是实现再社会化的行政措施。无论他们的服刑时间是多久，最终的愿望都是早日出狱获得新生。ERG 激励模式的目的在于促进监狱企业经济效益和罪犯改造双重目标的实现，因此，在其实施过程中，应关注罪犯、狱警和监狱企业三者目标的一致性。对监狱企业而言，狱警的积极参与使得监狱企业的罪犯管理回归人本理念、尊重人性，这种做法在一定程度上突破罪犯被强制改造、强制从事劳动生产的排斥心理，使得企业生产中的罪犯更加愿意通过自己的付出来满足自身的需求。与此同时，在对罪犯需求进行搜集和分析时，对罪犯的目标需求进行引导和管理，使得 ERG 激励模式在发挥作用时可以做到对症下药，避免管理手段的单一而导致管理效果的适得其反，做到"需要—行为—目标"之间的良性循环。但由于监狱企业的特殊性，其中存在的问题也很多，比如由于传统的观念，管理者普遍在监狱企业中使用简单的物质激励，而不能给罪犯更好、更高的情感需要，成长需要。其次，由于监狱企业的特殊性，监狱企业无法给罪犯提供丰厚的工资和奖金，而是采用劳动报酬的方式发放给罪犯，且金额有限，这些问题会造成罪犯出工不出力的尴尬局面。

3.2.3　赫兹伯格的双因素理论

1. 双因素理论基本观点

20 世纪 50 年代末期，赫茨伯格和他的助手们在美国匹兹堡地区对 200 名工程师、会计师进行了调查访问。调查访问主要围绕两个问题进行：在工作中，哪些事项是让他们感到满意的，并估计这种积极情绪持续的时间；又有哪些事项是让他们感到不满意的，并估计这种消极情绪持续的时间。赫茨伯格以对这些问题的回答为材料，着手去研究哪些事情使人们在工作中快乐和满足，哪些事情造成不愉快和不满足。结果发现，使职工感到满意的都是属于工作本身或工作内容方面的；使职工感到不满的，都是属于工作环境或工作关系方面的。赫兹伯格把前者叫作激励因素，后者叫作保健因素。

① 激励因素，包括工作本身、认可、成就和责任，这些因素涉及对工作的积极感情，又和工作本身的内容有关。这些积极感情和个人过去的成就，被人认可及担负过的责任有关，它们的基础在于工作环境中持久的而不是短暂的成就。

② 保健因素，包括公司政策和管理、技术监督、薪水、工作条件以及人际关系等。这些因素涉及工作的消极因素，也与工作的氛围和环境有关。也就是说，对工作和工作本

身而言，这些因素是外在的，而激励因素是内在的，或者说是与工作相联系的内在因素。

从某种不同的角度来看，外在因素主要取决于正式组织（如薪水、公司政策和制度）。只有公司承认高绩效时，它们才是相应的报酬。而诸如出色地完成任务的成就感之类的内在因素则在很大程度上属于个人的内心活动，组织政策只能产生间接的影响。例如，组织只有通过确定出色绩效的标准，才可能影响个人，使个人认为已经相当出色地完成了任务。

尽管激励因素通常是与个人对他们的工作积极感情相联系，但有时也涉及消极感情。而保健因素却几乎与积极感情无关，只会带来精神沮丧、脱离组织、缺勤等结果。成就的出现在令人满意的工作经历中超过 40%，而在令人不满意的工作经历中则少于 10%。

赫茨伯格的理论认为，满意和不满意并非共存于单一的连续体中，而是截然分开的，这种双重的连续体意味着一个人可以同时感到满意和不满意，它还暗示着工作条件和薪金等保健因素并不能影响人们对工作的满意程度，而只能影响对工作的不满意的程度。

2．双因素理论的价值

赫茨伯格的双因素理论提出以后，曾经受到过许多非议。有人认为，人是非常复杂的，当他们对工作感到满意的时候，并不等于生产效率就得到提高；反之，当他们对工作感到不满意的时候，也并不等于生产效率降低，因为人们会由于种种原因，在不满意的条件下达到很高的生产效率。仅仅以"满意"—"不满意"作为指标，并不能证实满意感与生产效率的关系。因而他们对"双因素理论"的可信度提出怀疑。

但是，自从 20 世纪 60 年代以来，双因素理论的研究越来越受到人们的重视，据 1973—1974 年美国全国民意研究中心公布，有 50%的男性员工认为，工作的首要条件是能够提供成就感，而把有意义的工作列为首位的，比把缩短工作时间列为首位的人要多七倍。

赫茨伯格的双因素理论实际上是针对满足的目标而言的。所谓保健因素实质上是人们对外部条件的要求；所谓激励因素实质上是人们对工作本身的要求。根据赫茨伯格的理论，要调动人的积极性，就要在"满足"二字上做文章。满足人们对外部条件的要求，称为间接满足，它可以使人们受到外在激励；满足人们对工作本身的要求，称为直接满足，它可以使人们受到内在激励。

3．双因素理论在实际工作中的运用

（1）适用双因素理论的做法

根据赫茨伯格的理论，在调动员工积极性方面，可以分别采用以下两种基本做法。

① 直接满足，又称为工作任务以内的满足。它是一个人通过工作所获得的满足，这种满足是通过工作本身和工作过程中人与人的关系得到的。它能使员工学习到新的知识和技能，产生兴趣和热情，使员工具有光荣感、责任心和成就感。因而可以使员工受到内在激励，产生极大的工作积极性。对于这种激励方法，管理者应该予以充分重视。这种激励

的措施虽然有时所需的时间较长，但是员工的积极性一经激励起来，不仅可以提高生产效率，而且能够持久，所以管理者应该充分注意运用这种方法。

② 间接满足，又称为工作任务以外的满足。这种满足不是从工作本身获得的，而是在工作以后获得的，如晋升、授衔、嘉奖或物质报酬和福利等，都是在工作之后获得的。其中福利方面，诸如工资、奖金、食堂、托儿所、员工学校、俱乐部等，都属于间接满足。间接满足虽然也与员工所承担的工作有一定的联系，但它毕竟不是直接的，因而在调动员工积极性上有一定的局限性，常常会使员工感到与工作本身关系不大而满不在乎。研究者认为，这种满足虽然也能够显著地提高工作效率，但不容易持久，有时处理不好还会产生副作用。

（2）双因素理论的实践指导意义

双因素理论虽然产生于资本主义的企业管理实践，但却具有一定的科学性。在实际工作中，借鉴这种理论来调动员工的积极性，不仅要充分注意保健因素，使员工不至于产生不满情绪；更要注意利用激励因素去激发员工的工作热情，使其努力工作。如果只顾及保健因素，仅仅满足于员工暂时没有什么意见，是很难创造出一流工作成绩的。

双因素理论还可以用来指导我们的奖金发放。当前，我国普遍使用奖金作为一种激励因素，但是，在使用这种激励因素时，必须与企业的效益或部门及个人的工作成绩挂起钩来。如果奖金不与部门及个人的工作成绩相联系，一味的"平均分配"，久而久之，奖金就会变成保健因素，再多也起不了激励作用。

双因素理论的科学价值，不仅对搞好奖励工作具有一定的指导意义，而且对如何做好人的思想政治工作提供了有益的启示。既然在资本主义的管理理论和实践中，人们都没有单纯地追求物质刺激，那么在社会主义条件下，就更不应把调动员工积极性的希望只寄托于物质鼓励方面；既然工作上的满足与精神上的鼓励会更有效地激发人的工作热情，那么在管理中就应特别注意处理好物质鼓励与精神鼓励的关系，充分发挥精神鼓励的作用。

4．双因素理论对于管理者的启示

采取了某项激励的措施并不一定就带来满意，要提高员工的积极性首先得注意保健因素，以消除员工的不满、怠工和对抗，但保健因素并不能使员工变得非常满意，也不能激发他们的工作积极性，所以更重要的是要利用激励因素来激发员工的工作热情和工作效率。因此，企业如果只考虑到保健因素而没有充分利用激励因素，就只能使员工感到没有不满意，却不能使员工变得非常满意，则企业就很难创造一流的业绩。

在企业管理实践中，欲使奖金成为激励因素，必须使奖金与员工的工作绩效相联系。如果采取不讲部门和员工绩效的平均主义"大锅饭"做法，奖金就会变成保健因素，奖金发得再多也难以起到激励的作用。对某一个岗位而言，如果长期为一个人所占有，又没有来自外部的竞争压力，该员工的惰性就会自然而然地释放出来，工作质量随之下降。企业为了激发员工的工作潜能，应设置竞争性的岗位，并把竞争机制贯穿到工作过程的始终。

双因素理论是在美国的社会和文化背景下提出的，与我国的国情不尽相同，因而，在企业管理中，哪些是保健因素，哪些应属于激励因素也不一样的，企业的管理者在对员工进行激励时，必须要考虑到这种文化差异，因地制宜，制定有效的激励措施和采取有效的激励手段。

双因素理论诞生在温饱问题已经解决的美国，而在当前中国企业里，工资和奖金并不仅仅是保健因素，工资和奖金的多少关系到个人的切身利益和自身价值是否能实现，如果运用得当，也会表现出明显的激励作用。因此，企业应该建立灵活的工资、奖金制度，防止僵化和一成不变，在工资、奖金分配制度改革中既注重公平，又体现差别。

激励是组织管理的重要环节，被认为是"最伟大的管理原理"。就组织工作而言，对员工进行激励至关重要，但对员工进行激励的时候必须注重多种激励方式的综合运用，将物质激励和精神激励有机结合起来。物质需要是人的第一需要，合理而富有竞争力的薪酬制度是企业激励员工、留住人才的基本方略。同时，企业更要注重精神激励的重要作用。学习型组织为我们提供了一个典型的精神激励模式：通过培养员工自我超越的能力，打破旧的思维限制，创造出更适合组织发展的新的心智模式，在这种更为开阔的思维中发展自我，并朝着组织的整体目标和共同愿景努力。

> **案例3-1　日产公司与美国卡车公司**
>
> 日产汽车公司面临一个问题：它在日本的工厂招不到足够的工人。日本的年轻人抵制装配线的工作。他们认为这种工作单调乏味、节奏太快、令人厌倦。他们宁愿从事工作环境清洁和安全的服务工作。甚至在那些想尝试汽车业工作的年轻人中，也有30%在第一年辞职。劳工短缺意味着工作大量超时，许多员工每天工作12个小时，周六也需要工作。不仅员工不喜欢太长的工作时间，管理层也因为工作时间太长带来的高成本和雇用临时工而受到挫折。
>
> 日产公司的管理层能做些什么呢？不论提出什么解决方法，他们都认识到这不是一个短期问题。日本人口日趋老龄化。低人口出生率意味着18岁的年龄人会从现在的200万人急速下降到10年后的150万人。而且，汽车制造商被日本政府强迫缩短平均工作时间，以便和其他工业化国家更一致。
>
> 美国卡车公司（USA Truck）面临着与日产公司相似的问题。他们直接去找他们的600名司机，征求他们对降低流动率的建议。这成为公司管理层和资深司机之间首次固定的季度性会议。美国卡车公司的新管理层从司机那儿得到大量信息。当工资高时（通

常是每年 50 000 美元或更多），司机抱怨工作时间长——每周 70 个小时是很正常的，每次都要在路上花费 2～4 周。司机要求反锁刹车和气动装置时，公司安装了。当公司在阿肯色州的西孟菲斯市终点站建造了司机住宅区，员工建议每家配置私人浴室而不要公共浴池，公司也照办了。司机要求在漫长和横跨全国的长途运输中能有更多的时间回家，于是，公司增加了司机在路上的时间，把出差时间从每星期 6 次减为 2 次。

美国卡车公司的这些变革极大地提高了员工的士气，也降低了司机的流动率。但工作依旧是艰苦的。管理层要求按时送货，因为不像大多数运输公司，美国卡车公司对送货时间的承诺是准确到小时而不是到天。所以在管理层表现出对员工的尊重日益增加的同时，并没有降低对司机的要求，例如，一年内迟到两次的司机会失去工作。

通过上面这个案例我们不难发现，日产公司在日本的工厂招不到足够的工人，日本的年轻人抵制装配线的工作，装配线的工作单调乏味、节奏太快，令人厌倦。从工作本身和工作内容方面，员工根本就无法达到满意。而无法达到满意，就导致了员工流失。

日产公司要变革以改变现状，就必须在管理中充分运用保健因素和激励因素，其中，以激励因素为主，保健因素为辅。保健因素主要体现在环境方面。日产公司应该在企业的政策和理论、技术监督、薪金、工作条件、人际关系、地位、职业安定和个人生活等方面不断予以改善，使员工从"不满意"达到"没有不满意"。同时在激励因素方面，努力使员工工作丰富化和得到工作满足度，例如，在成就、赏识、挑战性的工作、增加工作责任、成长和发展等方面满足员工个人自我实现需要，使员工从"没有满意"达到"满意"。

面临相同的问题，日产公司采取的做法是延长在职员工的工作时间；而美国卡车公司采取的做法是增加对员工的激励，尽量满足员工提出的各方面要求，相比之下美国卡车公司采取的做法更好一些。

从保健因素和激励因素两个方面来讲，美国卡车公司改善员工的工作环境，使之从"不满意"到"满意"，同时直接与员工对话，征求员工意见，给予员工自主权，尊重和吸取员工的意见并不断改善。

双因素理论的充分运用，使得美国卡车公司的员工认识到自己就是公司的一员，公司如同家庭，工作不是一种抱怨，而是一种责任。所以，员工的士气得到了提高，积极性得到了提升，责任心得到了加强。工作依旧是艰苦和严格，但满意于这份工作，满足于这份工作，流动率就自然得到降低，化解了员工短缺问题。

3.2.4 麦克利兰的成就需要理论

1. 成就需要理论的基本观点

美国哈佛大学戴维·麦克利兰教授是当代研究动机的权威心理学家。他从 20 世纪 40、50 年代开始对人的需要和动机进行研究，提出了著名的"三种需要理论"，认为个体在工作情境中有以下 3 种重要的动机或需要。

① 成就需要（need for achievement）。争取成功、希望做得最好的需要，因而人们更为看重工作中的成就感，而非物质激励。成就需要可以创造出富有创业精神的任务，成就需要强烈的人由于时时想着如何把工作干得更好，往往能够做出成就。

② 权力需要（need for power）。影响或控制他人且不受他人控制的需要。这种对影响力的渴求，程度是因人而异的。

③ 归属需要（need for affiliation）。建立友好亲密的人际关系的需要，即渴望被他人喜爱和接受。

同时，由于麦克利兰认为成就需要对人的成长和发展起到特别重要的作用，所以将这种理论称为成就需要理论（achievement need theory）。

2. 成就需要理论的运用

组织中那些成就需要强的员工是最具有积极主动性去达成目标的人。一家公司如果有很多具有成就需要的人，那么它就会发展得很快；一个国家如果有很多这样的公司，那么整个国家的经济发展速度就会高于世界平均水平，但成就需要强的人并不一定适合当领导人。在大规模的企业中，必须有专人负责分工、协调、监督、控制等工作，而成就需要强烈的人并不一定能够胜任这样的工作。另外，领导人物的责任是鼓励众人去取得成就，而不是只专注个人的成就。激发他人产生成就需求，同自己具有成就需求相比，是两种完全不同的动机，要采用不同的方法。成就需要强的人，首先会考虑自己如何做好；权力需要强的人，首先会考虑让谁去做更好。注重归属需求的管理者容易因为讲究交情和义气而违背或不重视管理工作原则，从而会导致组织效率下降。

> **案例 3-2 成就动机理论在高职教育中的应用**
>
> 2019 年出台的《国家职业教育改革实施方案》指出："把发展高等职业教育作为优化高等教育结构和培养大国工匠、能工巧匠的重要方式，使城乡新增劳动力更多接受高等教育。高等职业学校要培养服务区域发展的高素质技术技能人才，重点服务企业特别是中小微企业的技术研发和产品升级，加强社区教育和终身学习服务。建立'职教高考'

制度，完善'文化素质+职业技能'的考试招生办法，提高生源质量，为学生接受高等职业教育提供多种入学方式和学习方式。"在长期的教学实践中，我们发现，由于高职学生从小在同龄学生中学习成绩处于偏下，加上社会评价体系等诸多原因，其成就动机水平一般比较低。因此，把当前的高职学生培养成具有高水平成就动机的人，对于我们国家社会经济的发展，特别是对21世纪中华民族的伟大复兴至关重要。

1. 为学生确定适合自己的优异目标

大家一般都赞同这样的观点：一个人追求的目标越高，他的才能往往发展得越快。这里的目标与我们所说的成就动机是一致的。如果学生在成就动机形成的初期能够确定一个适合自己情况的、较高的起点，往往就会对其以后的发展提供一个良好的基础。在学生年龄小的时候，这种优异目标大多是由家长或教师为其确定的。

例如，一个学生说："我长大要上北大、清华！""我要当博士！"这样的目标与父母、教师从小就对其提出的高标准有着直接关系。因此，一方面教师应努力引导学生形成一种追求成功的意识，这对他们日后的成长和发展将会产生积极的作用；另一方面，学生的成就动机应与自己的实际能力和水平相符合。这主要是因为如果成就动机标准过高，超出了学生的能力和水平，他们可能就会由于受挫而失去追求成功的信心，或产生逃避失败的心理。对于高职学生来说，从小经历的挫折、失败要比学习优秀的学生多，对其确定的目标太高，他可能会认为根本达不到而不去努力。所以，如何帮助高职学生树立自信心，确立适合自己的优异目标至关重要。在为学生确定优异目标时，需要一个渐进的过程，第一次目标定得不能太高，一旦学生达到目标以后，往往就会产生追求成功的自信心。然后，教师再将目标逐步提高，充分发挥目标的激励作用，一步步将学生引向优异。

例如，对于一个大一学烹饪专业的学生来说，如果一下子给他们提出一个当大厨师的高目标，这个目标对他们来说可能是一个"优异过度"的目标，因为这个目标对于学生来说太遥远、太高不可攀了。从而对学生的成就动机发展没有多大作用。

比较合理的做法是，教师可以在这个大目标之下为学生确定许多小目标，分解为一个个近期可以达到的目标，让学生经过自己的不断努力，一步步达到终点。总之，教师在确定学生的优异目标时，应充分考虑每个学生的实际能力和水平。

2. 对学生进行独立训练

独立训练和成就训练是培养学生成就动机不可缺少的两种方式。独立训练的目的是培养学生自己处理事情的能力，而成就训练的目的主要是培养学生巧妙地把事情做好的能力。这两种能力是高职院校在培养技能型人才时所必须重点强调的。高职教育强调学生的理论知识以"够用"为准,但对其技能训练则有很高的要求,学生在每学期要有一定的实训时间。按照麦克利兰的成就动机理论,在实训期间运用理论解决实际问题的过程中,教师对学生实施独立训练和成就训练对其将来的成就水平发展起着重要的推动作用。一般而言,高职院校在第一学期就应开始对学生进行这方面的训练。

独立训练的方法很多,例如,鼓励学生独立做实验、自己撰写实训报告、自己处理与同学的关系等。在教育过程中,学生能够自己做的事情就尽量让他自己去做,而不再是传统的教师讲、学生记的"满堂灌",从而真正做到以学生为主体,努力培养其独立性。例如,学导游的同学要能够独立带团出去旅游;学烹饪的同学必须做到独立地选料、加工以及烹制出营养丰富、美味可口的饭菜;学机电的同学,如果电机出了问题,必须能够迅速、准确地找出原因并修理好。

3. 实施鼓励性教育

麦克利兰在比较高成就动机与低成就动机的学生之间的差别时发现,学生的成就动机水平如何,与教师对其学习行为和学习结果的评价有着密切的关系。一般来说,如果教师对学生的学习行为和学习结果给予了较高的评价,或者说经常对学生进行表扬和肯定,那么这部分学生的成就动机水平往往较高。这主要是因为教师的鼓励性评价,可以促使学生树立学习上的自信心,形成"天生我材必有用"的信念,从而发挥了评价的发展性功能和激励性功能,促进了学生的发展。既然教师对学生的鼓励性评价有助于提高学生的成就动机水平,这就要求在高职教育中应对学生多一些表扬、鼓励,培养学生不断追求、开拓进取的自信心,开启其成功的第一步。

4. 实现由外在的成就动机向内在的成就动机的转化

外在的成就动机是一种由他人推动学生追求成功的动机,例如,学生为了达到父母和老师的要求或者为了得到他人的表扬而努力学习。这种外在的成就动机的被动性较强,学生在学习过程中也经常需要外力的不断推动,一旦外界的推动力量不存在了,学生就可能会中止自己的某种行为。

内在的成就动机是一种学生自觉追求成功的动机,具有这种动机的学生往往能够为自己确立一个奋斗目标,激励自己不断努力达到目标。在这一过程中,学生无须别人的监督、鼓励,能够持之以恒地通过自己的努力达到目标。这种内在的成就动机具有稳定性和持久性,特别是具有较强的自我约束力和自我激励作用。例如,许多学习优秀的学生的一个主要特点是他们能够主动地、自觉地去学习,而不是被人逼着学、赶着学,这种学习的自觉性主要就是来自于内在的成就动机。

3.3 过程激励理论

3.3.1 弗鲁姆的期望理论

1. 期望理论的基本观点

期望理论（expectancy theory）又称作"效价—手段—期望理论"，由美国著名心理学家和行为科学家维克托·弗鲁姆（Victor H.Vroom）于 1964 年在《工作与激励》一书中提出来。

期望理论是以三个因素反映需要与目标之间的关系的，要激励员工，就必须让员工明确：①工作能提供给他们真正需要的东西；②他们欲求的东西是和绩效联系在一起的；③只要努力工作就能提高他们的绩效。

激励（motivation）取决于行动结果的价值评价（即"效价"valence）和其对应的期望值（expectancy）的乘积：

$$M=V \times E$$

式中：

M——激发力量，是指调动一个人的积极性，激发人内部潜力的强度。

V——目标价值（效价），这是一个心理学概念，是指达到目标对满足其个人需要的价值。同一目标，由于每个人所处的环境不同，需求不同，其需要的目标价值也就不同。同一个目标对每一个人可能有三种效价：正、零、负。效价越高，激励力量就越大。某一客体如金钱、地位、汽车等，如果个体不喜欢、不愿意获取，目标效价就低，对人的行为的拉动力量就小。举个简单的例子，幼儿对糖果的目标效价就要大于对金钱的目标效价。

E——期望值，是人们根据过去经验判断自己达到某种目标的可能性是大还是小，即能够达到目标的概率。目标价值大小直接反映人的需要动机强弱，期望概率的大小反映人实现需要和动机的信心强弱。如果个体相信通过努力肯定会取得优秀成绩，期望值就高。

这个公式说明：假如一个人把某种目标的价值看得很大，估计能实现的概率也很高，那么这个目标激发动机的力量越强烈。

经发展后，期望公式表示为：动机=效价×期望值×工具性。其中：工具性是指能帮助个人实现的非个人因素，如环境、快捷方式、任务工具等。例如，战争环境下，效价和期望值再高，也无法正常提高人的动机性；再如，外资企业良好的办公环境、设备、文化制度，都是吸引人才的重要因素。

对于应该怎样使激发力量达到最大值这个问题，弗鲁姆提出了人的期望模型：个人努力—个人绩效—组织奖励—个人需要（见图3-4）。

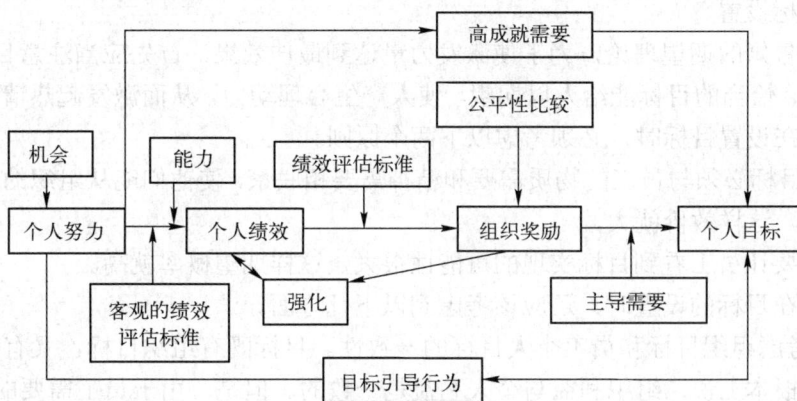

图3-4　期望模型

在这个期望模型中的四个因素，需要兼顾几个方面的关系。

① 个人努力和个人绩效的关系。这两者的关系取决于个体对目标的期望值。期望值又取决于目标是否合适个人的认识、态度、信仰等个性倾向，以及个人的社会地位，别人对他的期望等社会因素。即由目标本身和个人的主客观条件决定。

② 个人绩效与组织奖励的关系。人们总是期望在达到预期成绩后，能够得到适当的合理奖励，如奖金、晋升、提级、表扬等。组织的目标，如果没有相应的、有效的物质和精神奖励来强化，时间一长，积极性就会消失。

③ 组织奖励和个人需要的关系。奖励什么要适合个人的不同需要，要考虑效价。要采取多种形式的奖励，满足各种需要，最大限度地挖掘人的潜力，最有效地提高工作效率。

④ 需要的满足与新的行为动力之间的关系。当一个人的需求得到满足之后，他会产生新的需要和追求新的期望目标。需要得到满足的心理会促使他产生新的行为动力，并对实现新的期望目标产生更高的热情。

2. 期望理论的实际意义

弗鲁姆的期望理论，对有效地调动人的积极性、做好人的思想政治工作，具有一定的启发和借鉴意义。因为期望理论是在目标尚未实现的情况下研究目标对人的动机的影响。一个好的管理者，应当研究在什么情况下使期望大于现实，在什么情况下使期望等于现实，以更好地调动人的积极性。

在思想政治工作中，应该充分地研究目标的设置、效价和期望概率对激发力量的影响。因为不同的人有不同的目标，同一个目标，对不同的人也会有不同的价值。只有具体问题具体分析，才能真正调动起每个员工的积极性。

（1）目标设置

根据弗鲁姆的期望理论，为了使激发力量达到最佳效果，首先应当注意目标的设置。心理学认为，恰当的目标能给人以期望，使人产生心理动力，从而激发起热情产生积极行为。为此，在设置目标时，必须考虑以下两个原则。

第一，目标必须与员工的物质需要和精神需要相联系，使他们能从组织的目标中看到自己的利益，这样效价就大。

第二，要让员工看到目标实现的可能性很大，这样期望概率就高。

此外，在目标的设置时，还应该考虑到以下几方面。

① 要考虑组织目标和员工个人目标的一致性。目标既有组织目标，又有个人所追求的目标。从根本上说，组织利益与个人利益是一致的。但是，由于员工需要的个别差异，个人往往会有自己的具体目标，因此组织目标与员工个人目标既有一致性，又有差异性。管理者要善于使员工的个人目标与组织目标结合起来，使组织目标能够包含员工更多的共同需求，使更多的员工能在组织目标中看到自己的切身利益，从而把组织目标的完成看成是与自己休戚相关的事。

② 要考虑目标的科学性。一般来说，目标应该带有挑战性，适当地高于个人的能力。但要注意，切不可使目标过高，以免造成心理上的挫折，失去取胜的信心；也不可使目标过低，以免鼓不起干劲，失去内部的动力。

③ 要考虑目标的阶段性。组织的总目标往往让员工感到"遥远"，应该将总目标分成若干个阶段性的小目标。一方面，小目标易于实现，从而提高员工的期望概率；另一方面，小目标便于通过信息反馈检查落实，从而实行有效的定向控制，逐步将员工导向既定的总体目标。

④ 要考虑目标的可变性。目标设立以后，一方面要认真执行，另一方面要根据情境的变化，对目标作适当的修正或调整，使之更加符合变化后的主客观条件，更好地激励人们的积极进取。当然，也应注意不要轻易地、频繁地调整目标。因为过于频繁的变化，容易降低目标在人们心目中的效价和期望值。所以，在一般情况下，应该维护目标的稳定性和严肃性。

（2）效价的作用

前面已经指出，同样的目标在不同人的心目中往往会有不同的效价，这主要是由各人的理想、信念、价值观不同造成的，同时也与人的文化水平、道德观念、知识能力、兴趣爱好及个性特点有关。因此要全面地理解"效价"的作用和意义。企业和员工不能单纯地只看目标的价值"对自己有没有好处"或"对企业本身有没有好处"，还应该看到目标的价值对社会有多少贡献。如果对效价的理解，仅仅局限于"对自己有没有好处"，很容易使人走上追逐个人名利的邪路，如果对效价的理解只是"对企业本身有没有好处"，就会把企业引向歧途。

即使是在资本主义国家，企业的目标效价，也不能单纯地从企业的利益出发，而不考虑国家的利益。例如，日本的"住友"银行在一次招收新职员的考试中，总裁财团出了一道试题："当住友银行与国家利益发生冲突时，你认为如何去办才合适？"许多人答道："应从住友的利益着想。"财团对这些人的评语是："不能录取。"另有许多人答道："应以国家的利益为重。"财团认为这个答案及格，但不足以录用。只有少数几个人的回答是："对于国家利益和住友利益不能双方兼顾的事，住友决不染指。"财团认为这几个人卓有见识，把他们录用了。一个资本主义国家的财团在考虑效价的时候，尚且能首先考虑到国家的利益，在社会主义国家的企业，就更应该以国家利益为重了。

（3）期望值的估计

期望值的估计，是指对实现目标可能性大小的估计。对期望值的估计应该恰当。估计过高会盲目乐观，实现不了，容易受到心理挫折；估计过低，容易悲观泄气，影响信心，放松努力。

对期望值的估计，人与人之间也存在着很大的差异，这主要与一个人的兴趣、愿望、知识、能力和生活经验等因素有关。一般来说，如果目标符合社会发展规律，又不脱离当前的实际，达到的可能性就大，在这种情况下，就要设法提高员工的"期望值"，鼓舞士气，增强信心。相反，如果目标违背社会发展规律，就要劝说和引导员工降低"期望值"，直至最终放弃这个目标。

为了实现组织目标，作为管理者或领导者，既要设法提高目标在员工心目中的效价，又要设法提高员工对目标的期望值，除此之外，还应该采取切实可行的措施，建立有效的保障体系，只有这样，才能从总体上提高实现目标的最大可能性。

3．期望理论的运用价值

弗鲁姆提出的期望理论在人事管理中的实际价值如下。

① 管理者应该同时注意提高期望概率和效价。仅仅重视激励是片面的，应该注意提高工作人员的素质，包括提高他们的思想素质和业务能力，通过提高他们对自身的期望概率从而提高激励水平，创造较高的绩效目标。

② 管理者应该重视对绩效与报酬关联性的认识，将绩效与报酬紧密结合起来。绩效与报酬的联系越紧密，拟实现的目标能够满足受激励者需要的程度就相对提高，目标对受激励者的吸引力也就相对加大，激励的水平也就相对提高。

③ 管理者应该将物质奖励与精神奖励结合起来。期望理论表明，目标的吸引力与个人的需要有关。价值观的差异会产生需要的差异。因此，管理者应该了解自己的管理对象，

在可能的情况下，有针对性地采取多元化的奖励形式，使组织的报酬在一定程度上与工作人员的愿望相吻合。

案例3-3　期望理论在具体岗位中的运用

期望理论作为一种很有影响的激励理论，具有很强的实践意义，它不仅适用于企业管理，也适用于具体岗位工作激励。在具体岗位工作激励中应用期望理论，要注意以下几个问题。

第一，目标能够激励人心。

首先应确定恰当的目标。"恰当的目标会给人以期望，使人产生心理动力，激发热情，引导行为，因此目标的确定是一个重要环节"。根据激励理论，在确立激励所要达到的目标时，特别应考虑两点。一是目标要与具体岗位人员的物质需要和精神需要相联系，使他们能从组织目标中看到自身的利益，从而将组织期望目标与个人追求目标统一起来；二是要让具体岗位人员认为目标是可能实现的，使他们觉得目标是理想而非空想，从而将目标的可能性与现实希望性统一起来。目标达到了这两个统一，就能激励人心，调动具体岗位人员的积极性，为实现目标而努力。

第二，效价兼顾组织与个人。

目标相同，但在人们心目中的效价可能不同，可以是正值、零值、负值，还会有大小、高低之别。这些不同，是每个人的价值观、需要与动机，以及文化水平、道德观念、知识能力、个性特点所决定的。要全面地评价效价，必须将社会意义与个人意义结合起来。在对具体岗位工作的激励中，某个目标价值的大小，即效价高还是低，评价的标准既应包括对社会的贡献，又应考虑具体岗位人员的利益，二者兼顾或统一和谐效价就高，反之，效价就低。

第三，期望值恰当估计。

在对具体岗位人员的激励中，对期望值的估计要高低得当，这才有利于激励活动的正常开展，并取得良好的激励效果。期望值过高或过低，都不利于激励活动的正常开展，也难以产生激励作用。对期望估计过高，难以实现，易受心理挫折，对期望估计过低，会因悲观而泄气，影响信心。两种情况都不利于调动人们的积极性，都达不到激励效果。

3.3.2　亚当斯的公平理论

1. 公平理论的基本观点

亚当斯的公平理论由美国心理学家约翰·斯塔希·亚当斯（John Stacey Adams）于1965年提出：员工的激励程度来源于对自己和参照对象（referents）的报酬和投入的比例

的主观比较感觉。

公平理论的基本观点是：当一个人做出成绩并取得报酬以后，他不仅关心自己的所得报酬的绝对量，而且关心自己所得报酬的相对量。因此，他要进行种种比较来确定自己所获报酬是否合理，比较的结果将直接影响今后工作的积极性。比较有两种，一种比较称为横向比较，另一种比较称为纵向比较。

（1）横向比较

所谓横向比较，指一个人要将自己获得的"报偿"（包括金钱、工作安排及获得的赏识等）与自己的"投入"（包括教育程度、所作努力、用于工作的时间、精力和其他无形损耗等）的比值与组织内其他人作社会比较，只有相等时他才认为公平，如下式所示：

$$OP/IP=OC/IC$$

式中：OP——自己对所获报酬的感觉；

　　　OC——自己对他人所获报酬的感觉；

　　　IP——自己对个人所作投入的感觉；

　　　IC——自己对他人所作投入的感觉。

当上式为不等式时，可能出现以下两种情况。

① 前者 OP/IP 小于后者 OC/IC。第一种办法是他可能要求增加自己的收入或减少自己今后的努力程度，以便使等式左方增大，趋于相等；第二种办法是他可能要求组织减少比较对象的收入或让其今后增大努力程度以便使等式右方减少，趋于相等。此外，他还可能另外找人作为比较对象以便达到心理上的平衡。

② 前者 OP/IP 大于后者 OC/IC。他可能要求减少自己的报酬或在开始时自动多做些工作，久而久之他会重新估计自己的技术和工作情况，终于觉得他确实应当得到那么高的待遇，于是产量又会回到过去的水平。

（2）纵向比较

所谓纵向比较，即把自己目前投入的努力与目前所获得报偿的比值，同自己过去投入的努力与过去所获报偿的比值进行比较，只有相等时他才认为公平，如下式所示：

$$OP/IP=OH/IH$$

式中：OH——自己对过去所获报酬的感觉；

　　　IH——自己对个人过去投入的感觉。

当上式为不等式时，人也会有不公平的感觉，这可能导致工作积极性下降。当出现这种情况时，人不会因此产生不公平的感觉，但也不会感觉自己多拿了报偿而主动多做些工作。调查和实验的结果表明，不公平感的产生绝大多数是由于经过比较认为自己目前的报酬过低而产生的；但在少数情况下也会由于经过比较认为自己的报酬过高而产生。

2. 公平理论的借鉴作用

公平理论研究的成果之一在于公平感的维度及各个维度影响的差异性。对于公平感的内在结构研究，有单因素论、双因素论、三因素论和四因素论。其中双因素论认为公平感存在分配公平和程序公平两个维度。三因素论认为公平由分配公平、程序公平和互动公平组成。四因素论把公平的维度拓展成分配公平、程序公平、人际公平和信息公平。分配公平主要影响具体的、以个人为参照的效果变量；程序公平主要影响与组织有关的效果变量；互动公平主要影响与上司有关的效果变量。

然而公平理论也有很多不足，缺陷之一是忽视了个体差异性。例如研究指出管理人员倾向于大公无私，而大公无私的员工对内在公平（如成长需要、工作丰富化）更敏感，自私自利的员工对外在结果更在意。忽视个体差异性的研究使得公平理论的研究对管理实践的作用大打折扣。不同的个体差异，如自尊、核心自我评价、自我概念的清晰性，会对公平的感知上有什么差别？这些差别对管理实践的应用价值如何？这些将是有价值的研究。而亚当斯的公平理论关于这些个体差异的研究成果较多，公平理论可以借鉴这些关于个体特征的研究。

公平理论另一有待研究的主题是社会比较对象的选择对公平感的作用机制。社会比较是公平感的重要来源之一，在这一过程中比较对象的选择很重要。例如 Goodman 指出中国员工与外国员工相比，会产生薪酬不公平的观点，但是如果与国内员工相比薪酬差距不太大，这种不公平的情绪会大大减少。可见，比较对象的选取直接影响员工的公平感体验。亚当斯的公平理论在个体差异的基础上，较多地研究了上行比较、下行比较和平行比较，并取得了丰富的成果，这对公平理论的研究有很大的指导作用。

个体由于自我成就、自尊、核心自我评价等比较动力的推动，通过自尊、核心自我评价等内部调节变量和领导关系、任务难易等外部调节变量的作用，产生了认知、情感、行为等社会比较结果。社会比较的结果之一就是形成公平感。公平感的研究与社会比较研究联系紧密。

公平理论相对亚当斯的公平理论来说是一个更为具体的研究问题，因此把亚当斯的公平理论的研究进展推广到公平理论研究中，不仅是对公平理论研究的推动，也会有更大的现实指导意义。

亚当斯的公平理论从核心自我评价、自我确定性等个体角度，以及虚拟工作团队、绩效考核等组织角度来研究各种特征对社会比较效果变量的影响。亚当斯的公平理论的研究可以体现在个体和组织两个层面上。其联系如图 3-5 所示。

3. 对公平理论的评价

公平理论提出的基本观点是客观存在的，但公平本身却是一个相当复杂的问题，这主要是由于以下几个原因。

① 它与个人的主观判断有关。从公式 OP/IP=OH/IH 中可以看到，无论是自己的或他人

的投入和报偿都是个人感觉，而一般人总是对自己的投入估计过高，对别人的投入估计过低。

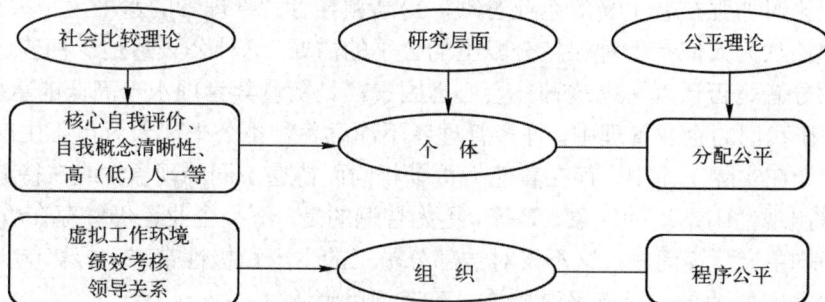

图 3-5　社会比较理论与公平理论

② 它与个人所持的公平标准有关。上面的公平标准采取的是贡献率，也有采取需要率、平均率的。例如有人认为助学金应改为奖学金才合理，有人认为应平均分配才公平，也有人认为按经济困难程度分配才适当。

③ 它与绩效的评定有关。我们主张按绩效支付报酬，并且各人之间应相对均衡。但如何评定绩效？是以工作成果的数量和质量，还是按工作中的努力程度和付出的劳动量？是按工作的复杂、困难程度，还是按工作能力、技能、资历和学历？不同的评定办法会得到不同的结果。最好是按工作成果的数量和质量，用明确、客观、易于核实的标准来度量，但这在实际工作中往往难以做到，有时不得不采用其他的方法。

④ 它与评定人有关。绩效由谁来评定，是领导者评定还是群众评定或自我评定，不同的评定人会得出不同的结果。由于同一组织内往往不是由同一个人评定，因此会出现松紧不一、回避矛盾、姑息迁就、抱有成见等现象。

然而，公平理论对我们有着重要的启示：首先，影响激励效果的不仅有报酬的绝对值，还有报酬的相对值。其次，激励时应力求公平，使等式在客观上成立，尽管有主观判断的误差，也不致造成严重的不公平感。最后，在激励过程中应注意对被激励者公平心理的引导，使其树立正确的公平观，一是要认识到绝对的公平是不存在的，二是不要盲目攀比，三是不要按酬付劳，按酬付劳是在公平问题上造成恶性循环的主要杀手。

为了避免员工产生不公平的感觉，企业往往采取各种手段营造一种公平、合理的气氛，使员工产生一种主观上的公平感。如有的企业采用保密工资的办法，使员工相互不了解彼此的收入，避免员工互相比较而产生不公平感。

4．公平理论的实践意义

目前公平理论在国外非常流行，国外企业为了笼络人心，往往打着公平、合理的幌子，想方设法采取各种手段，在企业中造成"公平合理"的气氛，使员工产生一种主观上的公平感，这带有一定的欺骗性。但是，这并不是说，公平理论对我们没有借鉴价值，实践证明，公平理论对加强社会主义的企业管理，提高领导者、管理者的水平，是大有裨益的。因为公平理论认为人们有一种保持分配上的公平的需要，这种公平感是一种普遍存在的心理现象，领导者是否认真考虑这种社会心理因素，是衡量其管理水平高低的重要标志。

目前，在我们的企业管理中，许多管理者不注意各种不公平现象对员工生产积极性的负面影响。如在实际工作中，存在着能力贡献相同而待遇不同的现象，或在待遇相同的情况下又经常出现忙闲不均的现象，等等。更为普遍的是，不少企业还仍然存在着"大锅饭"和"绝对平均主义"等问题，这不仅对一部分员工的生产积极性带来消极影响，还严重影响了人与人之间的关系，亟待采取措施，迅速加以消除。

5. 公平理论对管理实践的启示

公平理论向我们揭示了这样一个现实：对于组织中的大多数员工来说，激励不仅受到他们自己绝对报酬多少的影响，同时也受到他们对相对报酬关注的影响，而且报酬过高所带来的不公平对员工的行为影响不大，人们倾向于使报酬过高合理化。公平理论为更好地理解组织中的工作行为提供了很好的理论框架，也是管理者所应该了解的一种激励过程。

对于组织中的管理者来说，应该关注员工有关公平与不公平的社会比较过程，从而不断地改变激励模式并保证其有效性。

首先，最重要的是管理者要尽可能公平地对待每一个员工。作为员工来说，他不仅关心自己所得到的绝对报酬，也关心自己的报酬的相对性。如果员工总认为受到不公平的对待时，他们就会试图采取前面提到的行为方式来改变境况，减轻不公平的感觉。例如，可能会经常缺勤、上班迟到、不按时完成工作任务、降低工作质量，等等。此时，管理者应该尽量通过改变员工的工作来改善投入和收益的平衡性，以此作为激励员工提高工作绩效的手段。

其次，注意对有不公平感觉的员工进行心理疏导。一般来说，并不是所有的人都对公平很敏感，只有当人们将自己的投入和收益与他人进行比较以后，他们才开始关心公平。同时，他们所选择的比较对象受主观影响较大，比如说，参照对象不是同一组织中的员工、两人所承担的工作任务的复杂程度不同，等等。作为管理者，在遇到这种情况时，由于不可能控制其他组织的报酬发放，因而对组织内部由此产生不公平感的员工就只能从心理上进行疏导，帮助他们树立正确的公平观，选择客观的公平标准，走出不公平感的阴影。

最后，管理者应该制定一个能够让员工感到公平并且乐于参与和保持的报酬分配制度。公平感与个人所持有的公平标准有关，而不同的人有着不同的公平标准。因此，在制定分配制度时，管理者应该尽可能了解组织中员工们所持有的公平标准是什么——是基于平均原则、贡献大小，还是所承担的社会责任大小进行分配才最能够让员工产生公平感。在客观调查的基础上，选择在最大程度上能够让员工产生公平的分配原则，这样，才能让员工受到激励，并且产生良好的工作绩效。

案例 3-5　公平理论在薪酬设计中的运用

公平理论认为，当一个人作出成绩并取得了报酬以后，他不仅关心自己所得报酬的绝对量，而且关心自己所得报酬的相对量。因此，他要进行种种比较来确定自己所获报酬是否合理，比较的结果会有三种：一种是当自我比率小于别人的比率时，极易导致员工对组织或管理人员的不满；二是当自我比率等于别人的比率时，员工感到组织的公平，会得到强有力的激励；三是当自我比率大于别人的比率时，个人可能会满足一段时间，但一段时间后，由于满足于侥幸的心理，工作又恢复原样。

将公平理论应用于薪酬制度，可以得到三种公平的表现形式：内部公平、外部公平和员工个人公平。员工对于企业的不满主要表现为上述三方面的原因，其中内部公平和外部公平是薪酬设计的关键考虑因素，个人公平虽然难以从外部表现来衡量，但对员工积极性的影响也是实实在在的。

1. 内部公平的应用

所谓内部公平就是公司的职位与职位之间的等级必须保持相对公平，就是薪酬政策中的内部一致性。在设计薪酬制度的时候，工资结构的制定就是为了解决内部公平性。结构工资制是指基于工资的不同功能划分为若干相对独立的工资单元，各单元又规定不同的结构系数，组成有质的区分和量的比例关系的工资结构。据此，应该进行基本的工作分析和职位评估，依据各种工作对组织整体目标实现的相对贡献大小来支付报酬。完成某一工作所需要的知识和技能越多，得到的报酬也越多；从事这种工作时所处的环境越不好，这种工作得到的报酬也应该越高；工作中对实现组织整体目标的贡献越大，这种工作得到的报酬也应该越多。目前，国际上企业的薪水趋势是，高层员工和普通员工之间的薪金距离在加大，例如在美国，高层职员的薪金是低层职员的 12 倍。这种由职务差带来的收入差，中国也在效仿。但中国的绝大多数国有企业，职务差所对应的薪酬差仍然不大，总体水平偏低，激励力度不够。

2. 外部公平的应用

所谓外部公平，即公司的整体薪酬水平必须充分考虑市场的整体薪酬水平和薪酬实践趋势。它所强调的是本企业薪酬水平同其他组织的薪酬水平相比较时的竞争力，这种外部竞争力关注的是组织之间薪酬水平的相对高低。

获取外部公平的方法主要是获取外部市场薪酬调查数据，通过各种调研方法搜集市场上其他竞争对手薪酬水平的信息，并通过对这些信息的比较分析来确定本企业员工的薪酬水平，从而判断公司的整体薪酬水平与外部市场相比的整体竞争力如何。

从市场的角度来看，一个企业选择工资水平可以采用领先、滞后、跟随、混合的方法，这要根据企业的发展战略及薪酬观念来决定。

一是领先政策，即一个企业比其他同行业竞争者支付更高的工资水平。高工资能从外部劳动力市场吸引到更多优秀人才。从人力资本的角度来看，高工资不一定是高成本，因为优秀员工的市场效率更高。从经济投入产出比来看，高工资不一定降低了企业的利润，人才不能简单地作为人工成本。领先政策有利于增强员工的公平感。

二是滞后政策，即一个企业比其他同行业竞争者支付较低的工资。这样一来，员工很容易感到不公平，从而对企业的运作造成影响。

三是跟随政策，即支付同行业竞争者相当的工资水平。许多企业都采用工资跟随政策，这在维持员工公平感，减少员工不满意程度和员工离职方面会有一定作用。但由于与竞争对手相比没有优势，因此在实际过程中还是会遇到一些困难的。

四是混合政策，即在现实情况下，企业以各类岗位的社会平均工资为基础，对供过于求的人员相应降低工资水平，而对社会紧缺人才采取高于社会平均工资水平的政策。

3. 个人公平的应用

所谓个人公平，就是指员工薪酬的一部分应该与公司、部门或个人绩效结合起来，体现绩效文化。获取个人公平的方法是将员工绩效和该员工的薪酬结合起来，从而保证个人绩效越好的员工，其报酬也越高。每个员工对收入的评价都首先基于个人的能力；同时，员工还会比较个人的收入和公司的收入之间的关系。

在实际薪酬设计时，员工个人公平是一个必须遵循的重要原则，对同一个组织中从事相同工作的员工的薪酬，进行相互比较时公平性是必须考虑的。

要保证个人公平，首先是量才而用，并为有才能者创造脱颖而出的机会。拿我国著名企业海尔为例，其人才观是"赛马不相马"，说的并不是不需要量才而用，而是说不以领导对个人的评价作为竞争评价标准，而是以一套公正透明的人才选拔机制，用个人在工作中的实际绩效作为评价机制和评价标准。

要保证个人公平，还需要事先说明规则，建立制度的契约或心理的契约，目的是双方都明白相互的权利和义务。重要且比较容易判断其对公司贡献的岗位宜采用业绩导向的薪酬，常见的有销售人员、市场人员及独立核算单位的负责人等。但是，对于创业团队来说，建立一个比较清晰的制度契约往往是不可能的，这时候更需要一种心理的契约，创业领头人的个人诚信便十分重要。

4. 在公平的过程中实现公平

研究表明，过程公平相对结果公平来讲，更容易影响员工的组织承诺度、对管理者的信任和流动意图。如果张三看到公司的薪酬政策制定的程序非常公平，即使他比李四每月少拿 200 元，虽然有些不满意，但他可能会以积极的态度对待管理者和企业，可能会反观自我找出一些自己在经验、能力或者业绩等方面与李四的差距，从而来安慰自己。如果张三认为公司的薪酬政策制定的程序不公平，那么他与李四每月 200 元的工资差距就会导致他对管理者产生不信任感，感觉自己受到歧视，这时，张三往往就会采取消极甚至辞职的方式来表达自己的不满。

　　企业的人力资源管理体系应以使员工感到内部公平、外部公平和过程公平为目标。

3.4　行为型激励理论

3.4.1　强化理论

1. 强化理论的基本内容

　　强化理论（reinforcement theory）是由美国哈佛大学心理学教授斯金纳提出的。斯金纳在巴甫洛夫条件反射理论的基础上，提出了"操作条件反射理论"，也称为强化理论。他认为人类（或动物）为了达到某种目标，本身就会采取行为作用于环境。当行为的结果有利时，这种行为会重复出现；当行为的结果不利时，这种行为就会减弱或消失。人们可以运用正强化或负强化的办法，来影响行为的效果，从而引导、控制和改造其行为，更好地为组织目标服务。斯金纳认为，只要刺激控制人的外部环境中的两个条件，就能控制引导人的行为。这两个条件是：第一，在行为产生前确定一个具有刺激作用的客观目标；第二，在行为产生后根据工作绩效给予奖或惩，或既不奖也不惩。利用强化的手段改造行为，一般有以下 4 种方式。

　　① 正强化。它是指在期望的行为发生后提供令人快乐的结果，即对期望的行为进行奖励。但应注意，正强化不等同于奖励。奖励是个体希望得到令自己快乐的结果，而对个体来说，奖励是不是强化物是一种主观感受。因此，判断奖励是不是正强化物，取决于它能否增加先于它的行为频率。

　　② 负强化。当某种不符合要求的行为有了改变时，减少或消除施加于其身的某种不愉快的刺激（批评、惩罚等），从而使其改变后的行为再现和增加。

　　③ 消退。消退有两种方式：一是对某种行为不予理睬，以表示对该行为的轻视或某种程度的否定，使其自然消退；二是对原来用正强化建立起来的、认为是好的行为，由于疏忽或情况改变，不再给予正强化，使其出现的可能性下降，最终完全消失。

④ 惩罚。惩罚产生于一个令人不愉快或不如意的事件出现之后，并使这种行为在以后尽可能少发生。

2. 强化理论的运用

强化理论较多地强调外在因素或环境刺激对行为的影响，忽略人的内在因素和主观能动性对环境的反作用，具有机械论的色彩。但是强化理论的一些具体做法对实践还是有用的。要使强化机制协调运转并产生整体效应该注意以下 6 个方面。

① 应以正强化方式为主。在强化手段的运用上，应以"正强化"为主，也就是常说的"奖一定重于罚"。在企业中设置鼓舞人心的安全生产目标，是一种正强化方法，但要注意将企业的整体目标和员工个人目标、最终目标及阶段目标等相结合，并对在完成个人目标或阶段目标中做出明显绩效或贡献者，给予及时的物质和精神奖励（强化物），以求充分发挥强化作用。

② 采用负强化手段要慎重。负强化应用得当会促进安全生产，应用不当则会带来一些消极影响，可能使人由于不愉快的感受而出现悲观、恐惧等心理反应，甚至发生对抗性消极行为。因此，在运用负强化时，应尊重事实，讲究方式、方法，处罚依据准确、公正，这样可以尽量消除其副作用。将负强化与正强化结合应用一般能取得更好的效果。

③ 奖励与惩罚相结合。对正确的行为和对有成绩的个人或群体给予适当的奖励；同时，对不良行为和对一切不利于组织工作的行为则要给予处罚。大量实践证明，奖惩结合的方法优于只奖不罚或只罚不奖的方法。

④ 及时而正确强化。采用强化的时间点对于强化的效果有较大的影响。一般而言，强化应及时，及时强化可提高安全行为的强化反应程度，但须注意及时强化并不意味着随时都要进行强化。不定期的、非预料的间断性强化，往往可以取得更好的效果。

⑤ 因人制宜采用强化方式。人们的年龄、性别、职业、学历、经历不同，需要就不同，强化方式也应该不一样。例如，有的人更重视物质奖励，有的人更重视精神奖励，因此应该区分情况，采取不同的强化措施。

⑥ 利用信息反馈增强强化的效果。信息反馈是强化人的行为的一种重要手段，尤其在用安全目标进行强化时，定期反馈可以使员工了解自己参加安全生产活动的绩效及其结果，既可使员工得到鼓励，增强信心，又有利于及时发现问题，分析原因，修正所为。

3. 对强化理论的评价

强化理论有助于对人们行为的理解和引导。因为，一种行为必然会有后果，而这些后果在一定程度上会决定这种行为是否重复发生。管理人员的职责就在于通过正、负强化手段去控制和影响员工的自愿行为。为此，管理人员为使某种行为重复出现，就应采取正强化的办法反复加以控制。如果要消除某些不利行为，就应采取负强化的办法使之削弱。这种控制和改造员工的行为，并不是对员工进行操纵，相反，它使员工有一个最好的机会在各种明确规定的备择方案中进行选择。但是，强化理论所说的控制，主要是指从外部加给人的环境因素。至于这种外部因素如何通过人的认识和心理而起作用，强化理论则没有着重地加以说明。

案例3-6 生活中的正强化和负强化

正强化举例：教室的地板上有一片小纸屑，小林主动地把纸屑捡起来放到垃圾桶内，这时教师恰好看在眼里，立刻对这一行为进行赞赏："小林的卫生习惯真好，大家都看到了，小林主动地把地上的纸屑扔到垃圾桶内了！"这样，小林下一次遇到地上留有纸屑，捡起来的概率会大大增加。

负强化举例：一个小孩很喜欢看天文学方面的书，但是他的爸妈不希望他向这方面发展，所以不给他钱买天文学方面的书。如果通过某种途径让他爸妈想通后给他看这方面的书，他会对天文学越来越感兴趣，会喜欢看更多这方面的书。

分析：他爸妈不给他钱买天文学方面的书是不愉快的刺激（条件），某种途径让他的爸妈想通后给他看这方面的书消除或中止不能看天文学书这个不愉快的刺激（条件），之后他会看更多有关这方面的书，增加了他看天文学书的概率。

3.4.2 归因理论

1. 归因理论的基本内容

归因理论是说明和分析人们活动因果关系的理论，人们用它来解释、控制和预测相关的环境，以及随这种环境而出现的行为，因而也称"认知理论"，即通过改变人们的自我感觉、自我认识来改变和调整人的行为的理论。

归因理论是在美国心理学家海德的社会认知理论和人际关系理论的基础上，经过美国斯坦福大学教授罗斯和澳大利亚心理学家安德鲁斯等人的推动而发展壮大起来的，是关于知觉者推断和解释他人和自己行为原因的社会心理学理论。

美国社会心理学家 F.海德在其 1958 年出版的《人际关系心理学》中首先提出归因理论。以后一些学者在此基础上陆续提出一些新理论，如 B.维纳、L.Y.阿布拉姆森、H.H.凯利、E.E.琼斯等人。20 世纪 70 年代归因研究成为美国社会心理学研究的中心课题。

（1）海德的朴素归因理论

海德重视对人的知觉的研究，认为对人的知觉的研究实质就是考察一般人处理有关他人和自己的信息的方式。一个观察者对被观察者行动为何如此感兴趣，他像一个"朴素心理学家"那样去寻求对行为的因果解释。在海德看来，行为的原因或者在于环境，或者在于个人。如果在于环境，则行动者对其行为不负什么责任；如果在于个人，则行动者就要对其行为结果负责。环境原因包括他人、奖惩、运气、工作难易等；个人原因包括人格、动机、情绪、态度、能力、努力等。例如，一个学生考试不及格，可能由于个人原因：如他不聪明、不努力等；也可能由于环境原因，如课程太难、考试不合理等。海德关于环境与个人、外因与内因的归因理论成为后来归因研究的基础。他认为，对人的知觉在人际交往上的作用就在于使观察者能预测和控制他人的行为。

（2）维纳的归因理论

维纳及其同事在 1972 年发展了海德的归因理论。维纳认为，"内因—外因"只是归因判断的一个方面，还应当增加另一个方面，即"暂时—稳定"，这两个方面都是重要的，而且是彼此独立的。"暂时—稳定"方面在形成期望、预测未来的成败上至关重要。例如，如果我们认为甲工作做得出色是由于他的能力强或任务容易等稳定因素造成的，那么就可以期望，如果将来给予同样的任务他还会做得出色；如果我们认为其成功的原因是他心情好或机遇好等暂时因素造成的，那么就不会期望他将来还会做得出色。

人们可以把行为归因于许多因素，但无论什么因素大都可以纳入"内因—外因""暂时—稳定"这两个方面的 4 大类中。

（3）阿布拉姆森等的归因理论

阿布拉姆森、M.E.P.塞利格曼和 T.D.提斯达尔等人于 1978 年进一步发展了维纳的理论。他们依据习得的无能为力的研究对失败的归因作了补充，提出了第 3 个方面，即"普遍—特殊"。如一个学生由于数学老师的偏见在数学考试上总是取不到好的分数，于是他放弃对数学的努力，这是习得的无能为力的表现。他的这种无能为力如果只表现在数学一门课程上就属于特殊方面，如果也扩散到其他课程上，则属于普遍方面。

如果一个学生数学考试失败了，我们应看其原因属于表 3-2 中的哪一栏，如果属于"内部—稳定—普遍"一栏，就可以预测他将来在各门课程考试上都不会好；如果属于"内部—稳定—特殊"一栏，则只能预测他将来在数学考试上不会好。

表 3-2　阿布拉姆森等的归因理论

	内部		外部	
	稳定	暂时	稳定	暂时
普遍	一个重复出现的内部原因扩散到其他情境	一个非重复出现的内部原因扩散到其他情境	一个重复出现的外部原因扩散到其他情境	一个非重复出现的外部原因扩散到其他情境
特殊	一个重复出现的内部原因不扩散到其他情境	一个非重复出现的内部原因不扩散到其他情境	一个重复出现的外部原因不扩散到其他情境	一个非重复出现的外部原因不扩散到其他情境

（4）凯利的归因理论

凯利在 1973 年提出三度归因理论，可以使用 3 种不同的解释说明行为的原因：①归因于从事该行为的行动者；②归因于行动者的对手；③归因于行为产生的环境。

以教授甲批评学生乙一事为例，我们既可归因于学生乙，如学生乙懒惰；也可归因于教授甲，如教授甲是个爱批评人的人；又可归因于环境，如环境使教授甲误解了学生乙。这 3 个原因都是可能的，问题在于要找出一个真正的原因。

凯利认为，要找出真正的原因主要使用 3 种信息：一致性、一贯性和特异性。

一致性是指该行为是否与其他人的行为相一致，如果每个教授都批评学生乙，则教授的行为是一致性高的。

一贯性指行动者的行为是否一贯，如教授甲是否总是批评学生乙，如果是的，则一贯性高。

特异性指行动者的行为在不同情况下对不同的人是否相同，如教授甲是否在一定情况下对学生乙如此，而对其他学生则不如此，如果是的，则特异性高。

凯利从这里引出结论说，如果一致性低、一贯性高、特异性低，则应归因于行动者。这就是说，其他教授都不批评学生乙，教授甲总是批评学生乙，教授甲对其他学生也如此，此时应归因于教授甲。

如果一致性高、一贯性高、特异性高，则应归因于对手。这就是说，每个教授都批评学生乙，教授甲总是批评学生乙，教授甲不批评其他学生，此时应归因于学生乙。

如果一致性低、一贯性低、特异性高，则应归因于环境。这就是说，其他教授都不批评学生乙，教授甲也不总是批评学生乙，教授甲只是在一定情况下批评了学生乙，对其他学生未加批评，此时应归因于环境。

凯利强调了三种信息的重要性，所以他的理论又称为三度理论。该理论是一个理想化的模型，人们实际上往往得不到这个模型所要求的全部信息。在这种情况下，人们如何解释行为呢？凯利提出了因果图式的概念。

人们在生活经验中形成某种看法，即图式，以此解释特定的行为。例如父亲拥抱儿子这个动作，可能有几个原因，一个是父亲是个热情的人，另一个是儿子做了什么好事。如果我们知道儿子没做什么好事，那么我们会认为父亲是个热情的人。如果我们知道父亲不是个热情的人，那么我们会认为儿子做了什么好事。

（5）琼斯和戴维斯的归因理论

琼斯（Jones）和 K.E.戴维斯（Davis）1965 年提出的归因理论也称为对应推论理论。该理论主张，当人们进行个人归因时，要从行为及其结果推导出行为的意图和动机。

推导出的行为意图和动机与所观察到的行为及其结果相对应，即对应推论。一个人关于行为和行为原因所拥有的信息越多，他对该行为所作出的推论的对应性就越高。一个行为越是异乎寻常，则观察者对其原因推论的对应性就越大。

影响对应推论的因素主要有以下 3 个。

① 非共同性结果：指所选行动方案有不同于其他行动方案的特点。例如，一个人站起来，走去关上窗户，穿上毛衣，此时我们可以推断他感到凉了。单是关上窗户的行动也可能表示防止窗外噪声，而穿上毛衣这个非共同性结果就可以使人推断这个行动是由于凉。

② 社会期望：一个人表现出符合社会期望的行动时，我们很难推断他的真实态度。例如一个参加晚会的人在离开时对主人说对晚会很感兴趣，这是符合社会期望的说法，从这个行动很难推断其真实态度。但是当一个人行为不符合社会期望或不为社会所公认时，该行为很可能与其真实态度相对应。如上述参加晚会的人在离开时对主人说晚会很糟糕，这是不符合社会期望的行为，它很可能反映出行动者的真实态度。

③ 选择自由：如果我们知道某人从事某行动是自由选择的，我们便倾向于认为这个行为与某人的态度是对应的；如果不是自由选择的，则难以作出对应推论。

2．归因理论常见的错误

（1）基本归因错误

这种错误是指人们在评估他人的行为时，即使有充分的证据支持，但仍总是倾向于低估外部因素的影响，而高估内部或个人因素的影响。

（2）自我服务偏见

这种错误是指个体倾向于把成功归因于内部因素（如能力或努力），而把失败归因于外部因素（如运气）。

（3）判断他人时常走的捷径

① 选择性知觉，指观察者依据自己的兴趣、背景、经验和态度进行的主动选择。

② 晕轮效应，指根据个体的某一种特征（如智力、社会活动力、外貌），从而形成总体印象。

③ 对比效应，指对一个人的评价并不是孤立进行的，它常常受到最近接触到的其他

人的影响。

④ 定型效应，指人们在头脑中把形成的对某些知觉对象的形象固定下来，并对以后有关该类对象的知觉产生强烈影响的效应。

⑤ 第一印象效应（首因效应），人对人的知觉中留下的第一印象能够以同样的性质影响着人们再一次发生的知觉。

3. 归因理论在实际工作中的运用

由于人力资本专用性的可增强性及其供给的不确定性决定了外部市场契约只能对人力资本的作用作一般性的规定，而细节则要等到进入企业再说，即人力资本所有者与企业家之间形成了一种不完全契约。契约中的一些权利和义务尚未确定，需要根据人力资本进入企业后视其能力的高低及对企业贡献的大小不断进行修订和完善。这里我们主要探讨企业家与人力资本的长期契约。

在市场经济下，长期契约本身具有灵活性和再交易性。虽然合约的某些细节事前具有非契约性，但事后客观情况一旦确定，双方就可以进行讨价还价和重订契约。企业家与人力资本之间的关系不过是一种普通的市场交易关系，是对人力资本的管理、指导和任务分配过程。

人力资本的使用细节并不完全由行政权威单边决定，行政命令在人力资本配置上的交易成本并不为零。正常情况下，人力资本所有者对企业的贡献越大，他所期望的报酬也越高。如果企业家仍按照最初的契约支付报酬，则人力资本所有者就会采取消极的态度，或者满腹牢骚，或者索性偷懒，甚至另谋高就。因此企业内进行人力资源管理实质上就是企业家与人力资本交易契约不断修订、不断完善，最终达到两全其美的反反复复的过程。由于企业家的主要职能是委托各种各样的人力资本去实现其所期望的目标，即通过别人把事情办好，因而他直接监控的是人力资本而不是物质资本。当然人力资本交易并不能完全取代和消除物质资本交易，企业还必须进行诸如资金筹措、物资和产品供销等一系列物质资本交易。这些交易主要发生在企业外部，而不是在企业内部，他们通常不是由企业的物质资本所有者直接进行的，而是由企业中的劳动者，即形形色色的人力资本来完成的，企业家通过人力资本来控制物质资本。因此物质资本交易是建立在人力资本交易的基础之上的。只有人力资本的交易如鱼得水，物质资本的交易费用才有可能获得节约。由此我们可以得出结论：人力资本交易是企业内部交易的主要内容，也是企业内部交易费用产生的根源。企业对市场的替代从根本上来说就是人力资本交易对物质资本交易的替代，企业内部的经营管理就是一系列人力资本交易过程，即人力资本契约的不断签订和实现过程。

人力资源管理是一项管理人的行为的活动。因此，作为解释人的行为原因的归因理论必然可以广泛地运用到人力资源管理的各个环节。

案例 3-7

案例 1：这是一节五年级的体育课，正在进行的教学内容是 50 米快速跑。教师将全班学生分成了男女各两组进行分组练习，同时为了激发学生的学习兴趣，调动学生学习积极性，教师在练习前提出了要求，即男女两队中没有战胜各自对手的，要做立卧撑五个。练习的一开始学生还为了比赛的胜负争论，如谁抢跑了，谁跑的时候脚踩线了，等等。练习了几次后，学生中开始出现不协调的声音，"老师，太不公平了，我要求换人"。寻声望去，一名男生指着身旁的同学叫嚷着，一脸的懊丧，他的叫嚷得到全班大多数"失败者"的附和，原来与一他同跑的是校田径队的集训队员，他虽几经努力都以失败而告终，自信心受到不小的打击。教师问道："你认为与谁比，公平？""我要和他比。"面对教师的提问，学生迅速作出了回答与选择，指着身后一名小胖子，脸上并带着一丝"坏笑"，于是"失败者们"纷纷提出换人要求，一时间队伍就乱作了一团，教师很快使学生安定了下来，对学生们说了这么一席话："如果是比赛，你能因为对手的强大而要求调换对手或者是拒绝比赛吗？""不能。"学生的回答是坚决的。"什么是虽败犹荣？相信大家都懂，能与强者同场竞技是一种荣耀，什么是强者，就是困难面前不低头，永不言败，即使明知是失败的结果，也要冲上去与之争个高低，这才是强者。"听完老师的话，那些要求换对手的学生不再言语了，只是接下来的练习更具竞争性。最开始要求换人的，那名学生又一次输了，他一边做立卧撑一边说："我就不信赢不了你。"

案例 2："都是你害的""害人精"说者是群情激奋，被说的一脸无奈，好不懊丧。这是一次迎面接力游戏，游戏中这组学生输了，原因是该组中的一名组员是全班中跑得最慢的。于是，教师组织学生进行小组讨论，讨论的主题是：接力比赛中获胜的因素有哪些？教师参加了刚才有矛盾的那组学生的讨论。讨论过程中学生各抒己见，有的同学认为组里拥有个"超级跑得慢的人"是失败的主要原因，如果将其换掉就能获胜；有的则不然，认为失败的因素是组里的同学不团结，配合不默契所致。教师对于持这一观点的同学给予了肯定，同时还给同学讲了"田忌赛马"的故事，同学们听后大喜，迅速作出反应。游戏重新开始，结果出来，出乎其他各组所料，拥有全班"超级跑得慢的人"的小组居然获得了第一名。教师在总结讲评中揭开了谜底：首先引导各组观察这一组有什么变化，学生发现这组人的排队的顺序和一开始不同了。然后，请该组的成员介绍为什么这样组合，当学生讲到"田忌赛马"时，大家惊呼"哎呀，我们怎么没想到"。最后，教师告诉学生：在集体中要相信自己的同伴，相信同伴和你一样会为了同一个目标而全力以赴去奋斗的，要做到物尽其用，人尽其才。通过这节课，学生在以后的体育课中比以往显得更团结了，同学与同学之间的关系更加密切与和谐了，班级的凝聚力得到了加强，体育成绩也大幅度得到了提高。

分析：

从上述两个教学片段中不难发现，因为学生在课中的竞争而产生出思想认识上偏差，即成败归因的问题，由于教师及时的引导使得学生的主体地位得到充分体现，学生的个性、自信心非但没有因受到挫折而低落，相反却激起了学生更大的学习热情。其中教师的"导"起到了关键作用。

自我效能是个人对自己能否成功地进行某种成就行为的主观判断。它是个体自身潜能的最有影响力的主导因素，对控制与调节个体的成就行为，尤其是在个体面对困难时的态度和坚持性，以及策略的采用方面有着重要的作用——激发个体为达到目标付出持久的努力、勇于面对各种挑战，不怕困难和挫折，力图实现成就目标。班杜拉（Albert Bandura）认为个人自身行为的成败经验是影响其自我效能感高低的最重要因素。一般来说，成功经验会增强自我效能感，反复的失败会降低自我效能感。

在案例 1 中：学生把失败的原因归结于对手的强大，自己付出了努力，仍无法实现目标，就此出现了"老师，太不公平了，我要求换人"的声音，其认为要想获得胜利只要换个对手就行，于是随之而来的是"我要和他比"（身后的小胖子）的想法；这时教师向他指出：个体间的竞争胜负只是表面的，并不重要，重要的是任务的完成与否；争胜主要是靠自己的能力，而不是通过不择手段地伤害他人来达到。有了这样的思想认识，也就为其找到一个新的目标，有了目标，就有了最后的一句话"我就不信赢不了你"。从"老师，太不公平了，我要求换人"到"我就不信赢不了你"，虽然说学生的能力没有多大的变化，但其思想境界却有了个质的飞跃。

在案例 2 中："都是你害的""害人精"这是小组集体竞赛中典型的胜负归因，当成功时应多作稳定归因，而失败时要多作不稳定归因，才有利于个体保持积极的行为动力。如果总是将失败归因于一时较难改变的能力缺乏，个体可能就不会努力去尝试解决类似的问题了。所以，当学生在学习上受到挫折时，教师要及时引导学生从失败情境中寻求可以改进的因素，教师通过参与学生小组的讨论得出小组竞赛中获胜的关键是团结、相信同伴。同时，教师通过讲述"田忌赛马"的故事，提示学生通过重新组合来挖掘小组的合力，帮助小组最终取得胜利。

综上所述，在体育教学中运用成败归因原理进行教学对帮助学生对学习中的成败作出恰当的分析很有必要，可以使他们提高认识水平，自信地接受失败的考验，从而维持和增强其学习的"韧劲"。

3.5 激励理论与文化背景

3.5.1 激励理论与文化背景的概述

激励理论具有很强的文化差异性。大部分激励理论是由美国研究人员针对美国员工进行研究得出的结果，因此，将这些理论的建议应用于其他文化时，应当谨慎小心。在这些理论中最为明显的美国化特征是强调个人主义和生命质量因素。例如，亚当斯的公平理论和期望理论都强调目标成就和理性的个体思考，那么，这些文化偏见是如何影响本章介绍过的激励理论的呢？马斯洛的需要层次理论认为，人们开始于生理需要，然后依次是安全需要、情感和归属需要、尊重需要和自我实现需要。这种层次划分对于强调生活质量的国家，如丹麦、瑞典、挪威、荷兰和芬兰，顶端的可能是社会需要，在这些国家，群体工作可能更能激发员工的工作动力。另一个具有鲜明国家文化特点的激励概念是成就需要。高成就需要成为内在促进因素的观点做了两点假设：即愿意接受一定程度冒险（排除了具有高度不确定性规避特征的国家）和关系绩效（仅对信奉高度生命数量的国家适用）。这种特性的组合出现在美国、加拿大和英国这样的英美国家，而在智利、葡萄牙等国家很少见。目标设定理论同样有文化背景。该理论假设员工相当的独立（在高权力距离国家不多见），管理者和员工追寻有挑战性的目标（在不确定性规避特征明显的国家很少见），他们都很关注绩效（在强调生命数量的国家很多见）。目标设定理论的建议对具有相反特征的国家如法国、葡萄牙和智利等不可能增加员工的工作动力。

3.5.2 中国文化背景下的激励理论运用

中国文化所具有的集体主义的特性，与美国文化所强调的个人主义有很大的差异。因此，主要基于美国文化背景所发展起来的西方激励理论，在中国的文化环境下应用，必然具有一系列不同的特点。

1. 身先士卒——管理者的表率作用

中国古代的思想家从上行下效这一心理现象出发，要求管理者正己修身，为被管理者树立榜样，成为被管理者的表率和典范，进而激励被管理者积极进取，勤勉工作。儒家思想强调道德修养的教化作用，并提出"修己以安人"的思想。孔子曰："不能正其身，如正人和？"儒家提出的"内圣外王"之说，对君子的要求是仁、智、勇、恭、敬、惠、义、达、艺，侧重于德。这样看来，我们把选派管理者或领导干部的标准定为"德才兼备"也就不足为奇了。在中国文化背景下，激励的第一个特点，就是要求管理者首先具备良好的个人素质和道德修养，用个人魅力去感染和激励下属努力工作、积极向上。

2．用人所长，扬长避短

几乎所有的激励理论都认为每个员工都是一个独特的个人，他们的需要、态度、个性和能力等各不相同。用人所长是中国人才思想的精华之一。中国古代就有"人无完人，金无足赤"的说法，强调要用人所长。著名政治家晏子云："任人之长，不强其短；任人之工，不强其拙，此任人之大略也。"《抱朴子·务正》认为："役其所长，则事无废功；避其所短，则世无弃材矣。"意思是说：发挥一个人的长处，做事情就不会徒劳无益；避开一个人的短处，世界上就没有用不上的人才。用人之长、扬长避短是激励员工工作热情的重要方式，避开员工的缺点，让员工的优点尽可能得到发挥，就会使员工对自己的能力更加充满信心。相反，如果员工在工作中暴露的缺点太多，管理者不满意，员工本人也不满意，这样会挫伤员工的工作积极性。

3．设定目标

目标设定理论认为，管理者应确保员工有一定年度的具体目标，并对他们的完成情况进行反馈，合理的目标设置是实现理想激励效果的关键环节。目前情况下，我国的市场经济还不完善，各种经济成分并存，管理者更应经常与下属沟通，帮助其合理制订个人目标，理解个人目标与组织目标之间的关系。因为只有那些看到组织目标与个人目标有直接联系的员工，才更容易产生强烈的工作欲望，这种欲望转化为工作的积极性，会促进组织目标的实现。

4．确保公平

中国传统文化中"不患寡而患不均，不患贫而患不安"的思想，深刻影响着中国人对于公平的感知。如何在组织中尽量确保公平呢？一方面，针对部分员工由于主观判断而产生的不公平的错觉，要通过思想教育工作，改变员工看问题的方式，避免过分低估他人的努力和成绩而过高估计自己的劳动和取得的成绩。另一方面，针对由于奖励制度不完善而引起的客观的不公平感，要逐步改革现有的奖励制度，真正体现多劳多得的原则，提高员工的公平感。

5．适当采用感情激励

中国传统文化非常注重"人情"。在现代社会里，能够合理地利用人情感应来影响人的行为，是现代管理的高明之处。一方面，它可以满足人们的心理和社会需要，提高人们对组织的认同感、责任感；另一方面，可以使组织具有较强的自我管理功能。因为在人情的调控机制下，组织中的个体之间可以通过心意感通实现人际互动，这就是组织的自我组织和自我调控。与美国的理性主义管理相比较，中国传统的人情主义管理体现了较高的管理艺术。

6. 荣誉激励

"面子"文化是中国管理激励的基本假设之一。中国人非常爱面子，这使得中国人十分重视自己的名誉，适当给优秀者以荣誉，表扬先进，树立楷模，是调动优秀者积极性的一种非常有效的激励办法。管理者在给下属分配任务时，多次重复下属的优点、长处和过去获得的荣誉，通常会激励下属满怀信心地接受重大艰巨的任务，与纯粹的金钱奖励相比，荣誉是一种称号，是一个人能力的象征，它对人的精神激励作用更大。

7. 地位激励

几千年官本位思想的影响，在大部分中国人的眼中，地位是权力和财富的象征，人们总是希望获得更高的地位，逐级晋升意味着将会慢慢拥有一切。因此，对于中国的员工来说，职位的晋升是一种重要的激励手段。

课 后 习 题

一、简答题

1. 早期动机理论有哪些？
2. 什么是强化理论？
3. 什么是公平理论？
4. 期望理论的关键内容是什么？

二、案例分析

案例分析 1：恃强凌弱的上司

刚过去的周末卡拉一直在计算机前工作，她已经产生了恶心的感觉：她的上司已经把她加为 Facebook 的好友。卡拉并不觉得与该上司特别亲近，她也不喜欢把自己的社会生活和工作混在一起。但是，这是她的上司。卡拉只能勉强接受她的上司成为她的 Facebook 好友。她并不知道她的麻烦才刚刚开始。很快，卡拉的上司就利用她的在线信息来操纵她的工作和生活。最开始是不恰当地影射她的 Facebook 照片。最后，上司操纵了她的工作时间，在 Facebook 线上或下线之后都让她无法躲避，而且不停地打卡拉的手机询问她在哪里。"我的上司是一个八卦、强势和做作的自大狂，当她利用 Facebook 去刺探别人时，她的这种恶劣行为就会显著加剧。"卡拉说。最终，卡拉不得不辞去工作。"我感觉我重新获得了自由，我又能够呼吸了。"她说。尽管很多人只能回忆起小学时代恃强凌弱的例子，但是有些人正意识到工作场所中也存在恃强凌弱的现象。一项民意测验显示，37% 的员工表示他们是恃强凌弱的上司的受害者。这些恃强凌弱的上司不仅欺负群体中最弱的成员，所有下属都有可能成为牺牲者。正如卡拉发现的那样，恃强凌弱者不仅仅局限于男性；40%的恃强凌弱者是女性，而且在 70%的时间里，女性是她们欺负的对象。恃强凌弱行为会影响员工的工作动机和行为吗？令人感到惊讶的是，尽管受害者会觉得每天都没有动力去工作，但他们能够继续履行相关的工作职责。但是一些人没有动力履行额外的角色或组织个人行为。作为恃强凌弱的结果，帮助他人、对组织的肯定言论和超越职责要求的行为减少了。根据北卡罗来纳大学贝内特•泰珀（Bennett Tepper）博士的观点，害怕可能是员工继续履行工作的原因。而且不是所有的人都会减少组织个人行为。一些人会继续扮演额外的角色，让自己看起来比同事更出色。如果你的上司欺负你，你会怎么做？不要期待别人的帮助。正如埃米里斯•埃林德里（Molise Aleandri）所说的："有些人害怕做任何事。但是其他人根本不在意发生了什么，因为他们对我的工作虎视眈眈。"埃米里斯是来自纽约的演员和制片人，被人欺负后，她就辞去了工作。在肯塔基大学米歇尔•达菲（Michelle Duffy）教授看来，合作者甚至会经常责怪受害人，以减轻自己的负罪感。"他们减轻自己负罪感的方式是：声称这个人是讨人厌的或者懒惰的，或者做了某件罪有应得的事情，也许就应该得到这样的下场。"她说。

【问题】

1．工作场所中的恃强凌弱行为说明缺乏三种组织公平中的哪一种？

答：缺乏三种组织公平中的分配公平。工作场所的恃强凌弱是试图影响工作场所奖励的分配。

2．工作场所中的恃强凌弱行为会对动机的哪些方面产生消极影响？比如说，会不会对自我效能产生影响？如果会的话，这些影响是什么？

答：工作场所的恃强凌弱行为会降低个体的激励水平，让个体达不到一个超过最低可接受的绩效水平。那些深受恃强凌弱行为之害的员工会削弱他们的自我效能，在心里给他们所工作的组织降级，不再行使组织个人行为。这些反应在长期来看会影响一个人的自我价值。

3．如果你是工作场所中恃强凌弱行为的受害者，你会采取什么办法来减少它的发生？什么策略是最有效的？什么是最无效的？如果你的某个同事是受害者，你会怎么办？

答：可以采取和老板沟通的方式或者告诉人力资源部门，由他们出面协调。

4．你认为什么因素导致了工作场所中的恃强凌弱行为？这种行为是情境的产物，还是源于人们的性格缺陷？什么情境和什么性格因素会导致恃强凌弱行为的出现？

答：这些因素包括工作经历（模仿他的前任主管）、缺乏合适的管理培训和发展、低自尊、不安全感、缺乏足够的工作知识。

案例分析 2：感谢不需要理由

得到来自雇主的表扬和认可会对员工产生激励作用，这也许是显而易见的事情。但遗憾的是，当需要对员工说"谢谢"时，很多公司却做不到这一点。根据盖洛普公司全球实践部负责人科特·科夫曼（Curt Coffman）的观点，71%的美国工人"不敬业"，本质上意味着他们对组织关心甚少。随着美国经济从产业资本向知识资本的转型，员工认可方案变得越来越流行，这种方案是激励员工并让他们感觉到自身价值的一种有效方法。但是，在科夫曼看来，员工认可方案在很多情况下被搞砸了，变成"弊大于利"。50 岁的塔克曾经是加利福尼亚州一家网络公司的员工。这家公司高调地制定了一项奖励方案来激励员工。工作做得好会有什么奖励呢？会得到一个上面写有"做得很棒"的徽章，每年还可以获得一件作为年度认可标记的 T 恤。一旦某个员工得到 10 个徽章，就可以交换一种更大、更好的物品镇纸。塔克说她宁可要加薪。"公司现在的这种做法只是在装腔作势。除此之外，没有其他任何深层次的意义。"她说，更糟糕的是，徽章的发放非常随意，并且与绩效无关。那么 T 恤呢？塔克说该公司具有严格的着装规定，以至于即使员工想要穿这种 T 恤都不行。毋庸置疑，这个员工认可方案只是一个空架子，并不具有激励作用。即便是那些给员工提供高价值奖赏的认可方案也会适得其反，尤其当并非真诚地提供奖赏时。埃里克是一家卡车运输公司的员工，他回忆起本公司一名副总裁实现一个重大财务目标时的情景。这位副总裁就在埃里克隔壁的办公室办公，他得到了一辆凯迪拉克作为自己的办公用车，同时还获赠一块价值 10 000 美元的劳力士腕表。这两件礼物都很贵重，但是公司颁发这两件礼物的方式却让这位副总裁感到一丝酸涩。他走进办公室，发现劳力士表被装在一个廉价的纸盒里，静静地放在他的办公桌上，还附有一段简短的留言，告诉他说他将会收到一张纳税申报表，以便他缴纳这块手表的税款。埃里克这样描述这位副总裁："他走进我的办公室，说'你能相信这件事吗？'"两个月后，那位副总裁就卖掉了那块表。"那表对他完全没有意义。"这样的经历得到了很多员工的共鸣。他们认为，真诚地拍拍后背比从管理层那里收到没有意义或者不能传递尊敬与真诚的礼物更有价值。但是，真诚地拍拍后背也很难实现。盖洛普的一项调查发现，61%的员工声称自己在过去一年中都没有从管理层那里获得一句真诚的"谢谢你"。这样的发现令人不解，因为言语奖励不需要公司付出什么，并且也能迅速而方便地实现。当然，言语奖励有时候也需要与员工重视的物质利益相互配合。除此之外，当表扬员工工作做得好时，管理者要确保这种赞扬是针对具体成绩的。通过这种方式，员工不仅能感觉到组织对他们的重视，而且也将知道什么行为会获得奖励。

【问题】

1. 如果表扬员工工作做得好是一种显而易见、相当容易实现的激励工具，你认为公司和管理者为什么不经常使用这种方式呢？

答：管理者从社会化期待的角度，总是要求人们表现出好的绩效。管理者认为，员工是花钱雇来工作的，他们不需要被感谢。这通常和公司文化中的积极感谢员工这一条不相一致。

2. 作为一名管理者，当你发现员工表现很好时，你会采取哪些措施来激励他们？

答：在工作时可以采取的激励政策有很多。（1）晋升提拔，升职是对员工最直接的激励措施；（2）提升工作环境，可以给予员工最大化利用办公设备的条件，足够的办公空间，舒适的桌椅，合适的桌子尺寸等；（3）给予更多关注，给予员工更多的关注与指导，会传递一种关注感，让员工认为自己是受到重视的，从而形成有效的激励。

3. 给员工太多的言语表扬有不利的一面吗？具体会有什么缺点？作为一名管理者，你将如何减少这些不利影响？

答：唯一的缺点是，当员工成功完成某项工作任务后，他会期待得到感谢和认可。如果管理人员已经开始实施感谢，那么就没有停止的时候。作为管理者，表扬员工的同时也可以采用其他的激励政策。

4. 作为一名管理者，你如何确保员工认可的公平性和公正性？

答：可以采用制度化管理措施，确保员工认可的公平性和公正性。制度作为公正的体现不但要求其形式是公正的，更要求其内容是公正的，要使制度约束下各直接参与者的利益得到平衡，体现权利与义务的对称。制度在其形式上是对人的利益的制约。既然是制约，相对人来说就有一定的心理承受限度，决定这种承受限度的是制度的公正、公平性。同时，制度制约下的每一个成员既是受约束者，又是监督者，如果制度的内容是不公正的，就不能得到全员的认可。

项目四　群　　体

导入案例　刘宇哲的故事

　　刘宇哲在大学毕业后，在一家银行找到一份工作。这家银行设有三个贷款办公室。他被分配到第一贷款办公室担任贷款员。第一贷款办公室算上刘宇哲共有 8 名员工，男职员 5 名，女职员 3 名。除刘宇哲是新员工外，其余 7 人都是 10 年前建行时第一批招聘来的。这 7 位贷款员很喜欢刘宇哲，很快就接纳他为他们群体中的一员，帮助他熟悉银行的情况和贷款业务。在中午休息时，大家一起吃午饭，经常与刘宇哲谈论银行行长吴春生先生的雄心壮志、银行的工资、奖励制度，以及他们小群体的规范准则等问题。杨扬是第一贷款办公室的负责人。他很关心刘宇哲，并跟他讲了第一贷款办公室的任务——贷款目标的情况。每一位贷款员每月要贷 10 万元，第一贷款办公室的月贷款目标是 100 万元。每位贷款员每月如果贷出款额超过 10 万元，就可得到一定数额的奖励；如果整个办公室月贷款额超过 100 万元，还有集体奖，大家还可以再分。对奖金的事，若杨扬不告诉他，他真不知道。在工作期间，群体是建立在"友谊竞争"的基础上，大家互相帮助、相互协作。如果一个人完成了自己的 10 万元贷款任务，接下来的贷款就会写其他人的名字，直到其他贷款员都满 10 万元为止。杨扬解释说："我们要互相帮忙。这样，第一贷款办公室每月都可以拿到集体奖，每人也可拿到个人奖。"就这样，在其他同事的帮助下刘宇哲第一个月就拿到了 1 500 元的个人奖金，整个群体也拿到了集体奖。刘宇哲整整花了 6 个月时间才使每月的贷款额开始超过 10 万元，并且把超额部分写在别人的名下。大家对刘宇哲自始至终都很帮忙。有一天，杨扬把刘宇哲叫到办公室，宣布说："经过我们的培训，你已成为我们的第八位优秀的贷款员了。行长也知道这一点。因此，他还给你发了年终的特别鼓励奖金以促进你为银行多做贡献。"此时，刘宇哲很自豪自己能加入银行第一贷款办公室，并暗下决心：一定要忠于第一贷款办公室，并努力提高自己的业绩。因为刚参加工作的刘宇哲感受到了工作群体成员间互相帮助、共同发展的和谐而积极的氛围，所以他在这样的工作环境中工作，心情愉快，各种才能也能够发挥到极致。群体受到个体心理与行为的影响，同时也影响着个体的心理与行为。群体是个体与组织之间的桥梁，是举足轻重的组织行为学研究层次。

4.1　群体的概述

4.1.1　群体的概念与功能

1. 群体的概念与特征

对于群体的概念，目前还很难提出一个公认的统一的定义。不同的研究者在给群体下定义时，都各自强调不同的侧面。群体问题研究的创始人之一勒温认为，群体成员的彼此相互依存是群体的本质特征。他认为，决定两个人是属于同一群体还是属于不同群体的，并非他们是否具有相似性，而是他们的相互作用或其他类型的相互依存。给一个群体下的最好的定义，不是在相似性基础上，而是在相互依存基础上的动态整体。

父亲、母亲和孩子从性别和年龄来看都很少有相似性，但他们由于具有相互依存关系而成为一个家庭，即一个自然群体。同样，一个具有高度凝聚力的班组或车间，其成员也可能极少有相似性。

另一些研究群体的理论家则更加强调群体成员相互依存的一个方面，即相互作用。他们认为，群体成员之间的相互作用是群体的本质特征。所谓相互作用，是指群体中一个人的行为会直接影响到另一个人的行为。霍曼斯认为，群体成员之间的相互作用是群体存在的唯一标准。他指出：一个群体是由其成员的相互作用确定的。这一定义不仅指出群体的本质特征是其成员间经常的相互作用，而且指出群体成员具有心理上的认同感，即认为他们都属于同一群体。

迈尔顿则进一步指出，应按三个标准确定群体的特征：第一，群体成员有经常的相互作用；第二，相互作用的人把自己确定为群体的成员；第三，其他人会把这些发生相互作用的人看成是属于同一群体。由此可见，迈尔顿不仅指出了群体成员对属于同一群体的认同感，而且指出从其他人的角度来看，也认为他们属于同一群体。这样描述群体既指出了群体的表层特征，也指出了群体的心理特征。

社会心理学家纽科姆认为，一个群体的独特之处至少在于其成员具有某些共同的规范。共同规范至少应符合群体成员的共同利益。还有一些研究者侧重于群体的社会功能，例如史密斯认为群体具有团结一致的集体知觉，并具有以统一方式采取行动以应付环境的能力或趋向。这在一定意义上明确指出了群体存在的主要功能，在于使群体成员团结一致以应付环境的威胁。

综上所述，我们对群体的描述如下：群体是两人或两人以上的集合体，他们遵守共同的行为规范，在心理上相互作用，在情感上相互依赖，在思想上相互影响，在利益上相互联系、相互依存，而且有着共同的奋斗目标。

也就是说，群体具有以下特征。

① 心理上的认知性。在心理感受上，群体中的每个成员都认为他们是本群体中的一员。群体外的其他人也认为他们属于同一群体。

② 行为上的联系性。群体成员彼此之间在情感、思想等方面有频繁的相互影响、相互作用。这就要求群体成员应遵守共同行为规范，从而协调统一人们的行为。

③ 利益上的依存性。一般来说，群体的人数不多，其成员之间都经常面对面地接触，彼此在行为和利益上相互影响、相互依存。任何一个群体都有其共同的利益，个体利益存在于群体利益之中，个人利益的实现是建立在群体利益得以实现的基础上的。

④ 目标的共同性。群体都有一个为大多数成员共同接受的目标，这个目标要依靠群体成员的共同努力才能实现。这是维系群体存在的基本保障条件。

⑤ 组织上的结构性。群体的存在是为了对付外界环境的挑战，从某种意义上来说，群体就是一个组织，是组织就有一定的结构，每个成员在其中都充当一定的角色，执行一定的任务，为完成共同的目标而分工协作，贡献自己的力量。

2. 群体的功能

通过对群体概念和特征的分析不难发现，群体具有一定的现实功能，主要体现在以下几个方面。

（1）完成组织的目标

群体是组织与个体发生联系的桥梁与纽带，是组织正常的工作机制。组织由群体组成，组织的任务目标，要靠它所拥有的群体来完成。一个组织要实现其目标，必须遵循分工协作的组织原则，把总目标层层分解为若干子目标，并分派给下属的群体去完成。完成组织交给的任务，是群体的主要作用与功能。

（2）满足组织成员个体的心理需要

对个人来说，不同的群体为他提供了不同的利益，能够满足他的不同需要。具体来说，群体可满足人们以下心理需要。

① 安全需要。一个人生存在社会上，总会遇到多种困难和危险，包括自然的和社会的困难与威胁。只有当一个人加入到一个群体中，大家相互依赖、相互帮助，个体才能够减少独处时的孤立与恐惧，感到自己更有安全感，从而增强信心和力量。

② 归属需要。归属需要是指每个人都希望被自己所期望的一个组织所接纳，成为群体中的一员，并以成为这个群体中的一员而感到自豪。这是人的一种基本需要。群体可以满足成员的归属需要，在群体中成员形成了一定的人际关系，满足了人们的社交需要，同时群体成员也有了依靠与"着落"，个体会有感到被别人承认的满足感。

③ 尊重需要。尊重需要包括自尊与受他人尊重。群体成员的身份除了能够使群体外面的人认识到群体成员的地位以外，还能使群体成员感受到自己存在的价值。也只有在群体活动中，群体中的个体才能感受到群体内或群体外的人的尊重的程度。

④ 成就需要。成就需要是人的最高级需要。一般来说，个人成就靠单个人的力量是无法得以实现的，总是需要多个人的鼓励与帮助，集合众人的智慧和力量才能实现。同时，个人成就也需要别人的认可，才具有现实价值。在群体当中，通过成员们的共同努力，个

体可以得到成就需要的满足。规范群体成员的行为，协调人际关系群体是为了实现组织目标而产生的，为了实现组织的目标任务，任何群体都要用一定的规范协调群体内成员的行为与相互关系，以形成具有"战斗力"的群体。只有把群体建设好了，对组织以及社会才会产生积极意义。

4.1.2 群体的分类

1. 按群体是否真实存在来分类

按群体是否真实存在，可分为假设群体和实际群体。假设群体，是名义上存在而实际上并不存在的群体，人们只是为了研究和分析的需要而划分出来的群体，也称为统计群体。这些群体的人可能并不生活、工作在一起，彼此不认识，也没有往来，只是由于他们在某些方面有着共同的特征，如年龄、性别、职业等，才把他们划分为一个群体。实际群体是真实存在着的群体。

2. 按群体规模的大小来分类

按群体规模的大小，可分为大型群体和小型群体。社会心理学家提出的标准是看群体成员彼此之间是否有直接的、面对面的接触和联系。凡是群体成员彼此之间有直接的、面对面的接触和联系的群体称为小型群体。一般来说，小型群体少于 30 人，是组织行为学的群体研究范畴。群体成员之间是以间接的方式联结在一起的，比如是通过群体目标和各级组织机构产生联系的，这类群体称为大型群体。像大型企业、民族群体、阶级群体等。

3. 按群体在人们心目中的形象和群体之间的相互作用来分类

按群体在人们心目中的形象和群体之间的相互作用，可分为一般群体和榜样群体。榜样群体又称为参照群体或标准群体，它的行为、目标等可成为其他群体学习与模仿的标准与对象。一般群体则是不具有榜样群体功能的群体。

4. 按群体成员间相互关系的密切程度或群体发展的水平来分类

按群体成员间相互关系的密切程度或群体发展的水平，可分为松散群体和紧密群体。松散群体是指群体成员之间的关系不密切，来往不多，没有太多的共同目标和共同活动，在群体内也没有形成约束力很强的行为规范。一般刚组建的群体、临时性的群体都属于这类群体。紧密群体是指群体成员间关系密切，目标与行动协调一致，具有鲜明的组织性和心理上的统一性的群体。这是一种发展水平较高的群体。

5. 按群体的作用来分类

按群体的作用，可分为工作群体和社会交往群体。工作群体是以工作为核心组成的群体。社会交往群体是为了满足人们的社交娱乐活动的需要而组成的群体。工作群体与工作团队有着本质上的差异。工作群体中的成员通过相互作用、相互影响来共享信息，做出决策，帮助每个成员更好地承担起自己的责任，其工作的绩效仅仅是每个成员个人贡献的总和。而工作团队通过其成员的共同努力能够产生积极协同作用，其团队成员努力的结果使团队的绩效水平远大于个体成员绩效的总和。因此，在实际工作中，许多组织围绕工作团队重新组织工作过程，目的也就是通过工作团队积极的协同作用，提高组织的绩效。

6. 按群体构成的原则与方式来分类

按群体构成的原则与方式，可分为正式群体与非正式群体。正式群体（formal group）是指由组织正式设立并有正式文件规定的一种有固定编制，有完善的规章制度和明确的职责权限的群体。正式群体中的成员有固定的编制和组织形式，有明确的职责分工，有规定的权利和义务。非正式群体（informal group）是从 20 世纪 20 年代的霍桑实验开始引起注意的。它是指人们在相互交往中，由于心理相容而自然形成的没有组织程序和明文规定的群体。因此，人们自愿加入或组成非正式群体，主要是源于共同的利益或是情感交流的需要。正式群体是由组织正式文件明文规定的，群体的成员有固定的编制，有规定的权利和义务，有明确的职责分工。人们加入正式组织时更多关注自己的职位，领导人物往往是组织的管理代表，享有组织规定的权威并承担相应的责任。成员的行为受到组织正式的、书面的、明文规定的准则的约束，并且群体会采取相应的报酬激励与惩罚方式来控制自己的成员。工厂的车间、班组、科室，学校的班级、教研室，以及党团组织、行政组织等都是正式群体。非正式群体是组织中没有正式规定的群体，成员间可能因为住得近、有共同的兴趣爱好，或互相满足需要而形成群体，成员之间的相互关系带有明显的情感色彩。在正式群体以外存在着各种各样的非正式群体。非正式群体没有明文规定的规章制度、行为标准，加入和退出群体是成员在考虑个人需要的基础上自愿形成的。它没有明确的目标和任务，领导人物的权力是在活动过程中自然形成的，不是由组织正式委任的，领导人物在群体中的权威是群体给予的，更多的是依靠个人的独特魅力和有效的人际技能。

7. 按群体成员的组成成分来分类

按群体成员的组成成分，可分为同质性群体与异质性群体。同质性群体是指群体的成员在年龄结构、能力结构、知识结构、专业结构、性格结构及观点、信念结构等方面相差不大，比较接近。异质性群体是指群体的成员在上述方面差距较大，迥然不同。那群体究竟应为同质结构还是异质结构呢？这要以工作的性质及完成的任务而定。

通常在下述三种情况下，同质结构的群体可能达到最高的工作效率。①工作比较单纯，不需要复杂的知识和技能。②当完成一项工作需大家紧密配合时，同质群体较为有效。

③如果一个工作群体成员从事连锁性的工作，如流水线作业，则同质群体较好。所以，一般来说，工作组织中的基层群体应为同质结构。

在下述三种条件下，异质结构的群体可能达到最高的工作效率。①完成较为复杂的工作。因为在这类群体中，需要有各种能力、知识和见解的人，才能集思广益，完成群体任务。②当做出决策太快可能产生不利后果时。③凡是需要有创造力的工作。所以，一般来说，各类组织的领导班子应为异质群体。

4.1.3　群体的形成和发展

群体的发展经历了五阶段模型。

第一阶段：形成阶段（forming），它以群体在目的、结构、领导方面存在着大量的不确定性为特点。当群体成员把自己视为群体的一分子思考问题时，这一阶段就结束了。

第二阶段：震荡阶段（storming），群体成员虽然接受了群体的存在，但却抵制着群体对个体所施加的控制，而且，在谁掌握领导权这个问题上存在冲突。这一阶段结束时，群体内部出现了比较明朗的领导层级，群体成员在发展方向上也达成了共识。

第三阶段：规范阶段（norming），群体进一步发展了密切的群内关系，同时也表现出了内聚力。当群体结构比较稳定，群体成员也对那些正确的成员行为达成共识时，这一阶段就结束了。

第四阶段：执行阶段（performing），此时群体的结构发挥着最大作用，并得到广泛认同，群体的主要精力从互相了解认识进入到了完成当前的工作任务上。

第五阶段：解体阶段（admourning），存在于临时群体，解散阶段，人们不再关心工作业绩而是重视善后事宜。

4.2　非正式群体

4.2.1　非正式群体的概念

非正式群体是人们在活动中自发形成的，未经任何权力机构承认或批准而形成的群体。非正式群体的存在是基于人们社会交往的需要。在正式群体中，由于人们社会交往的特殊需要，依照好恶感，心理相容与不相容等情感性因素，就会出现非正式群体。这种群体没有定员编制，没有固定的条文规范，因而往往不具有固定的形式。由共同利益偶然结合在一起的人们、同院的伙伴、工厂或学校中存在的一些"小集团""小圈子"都属于非正式群体。

4.2.2　非正式群体的分类

1．按非正式群体的形成原因划分

① 利益型。因其成员利益上的一致而形成，凝聚力最强，作用明显，是否是非正式群体也容易判定。

② 信仰型。因其成员共同的信仰和观点而形成，凝聚力较强，但由于是思想上的结合，除与信仰、观点有关问题外，群体作用并不十分明显。

③ 目的型。因其成员要达到一定的目的而形成，这种目的的动机可能各不相同，一旦达到目的，群体也就可能解体。

④ "需要互补"型。因其成员在某些方面，譬如品质、性格有相似、相近之处，"同类相求"，或虽不相同，但能互补而形成。这样的非正式群体比较松散。

⑤ "压力组合"型。因外驱力或压力作用而形成，如果外力消失或改变，群体本身也就可能发生变化。

⑥ "家族亲朋"型。因其成员有家庭亲朋关系而形成，凝聚力强，内部相互帮助和对外自卫的作用明显。

⑦ "娱乐"型。因兴趣爱好相同而形成，凝聚力不是很强，群体作用也不明显。

2．按非正式群体的作用性质划分

① 积极型。对组织目标、正式群体的建设及成员成长起积极作用，如技术人员自发形成的攻关小组、技术能手小组等。

② 消极型。对组织目标、正式群体的建设及成员的成长有着消极的影响，如有的非正式群体经常聚在一起发牢骚之类。

③ 中间型。对组织及正式群体，都没有明显的积极作用或消极作用，如业余诗词协会、篮球队等。

④ 破坏型。对组织目标和任务及正式群体的建设有明显的破坏、干扰作用，如有些非正式群体鼓励成员怠工、破坏工具、赌博、打架等。

4.2.3　非正式群体的作用

心理学研究表明，群体有两项基本功能，即工作性功能和维持性功能。任何组织都有自己的工作目标和特定任务，要实现目标、完成任务，必须通过群体动员，组织其成员积极努力工作，这种组织生产工作并取得成果的活动，称为群体的工作性功能。对于非正式群体来说，它的工作性功能不是很强，但它在满足个人心理需要的维持性功能方面，却有独特的作用。

每个人都有自己的个性和需要结构，人的需要是多种多样的，有物质的，也有精神的；有社会的，也有心理的。有些需要可以通过工作性的活动得以满足，例如，通过工作取得成绩，获得报酬，可以满足人的某些物质需要、成就需要及自我表现的需要等。但是人的有些需要，如社会交往、尊重、亲和等需要，则是通过群体内人际之间的相互作用、相互交流得以满足的。这种需要的满足可以维持群体的存在和正常运转。群体满足人们的合理需要、协调人际关系、维持自身团结和健康发展的活动，称为群体的维持性功能。

群体的维持性功能是通过满足人的心理性和社会性需要得以实现的。研究证明，群体可以满足个人的下列需要。

① 安全需要。求得安全是人的基本需要之一，一个人参加并属于某一群体时，就能避免孤独恐惧感，从而获得心理上的安全感。

② 合群的需要。广交朋友，建立友谊，获得他人对自己的支持、帮助，这是人的社会交往的需要。谁都需要朋友和友谊。在群体中可以保持与他人之间的联系，获得择友的机会，满足人的社会交往的需要。

③ 尊重的需要。自尊是每个人都有的基本心理需要。谁都希望别人尊重自己、承认自己，并在群体中占有一定的地位，包括职务上的地位和心理上的地位。受到别人的尊重和赞许，可以满足人尊重的需要。

④ 增强自信心。在群体中，对某些问题可以通过讨论，充分交换意见，得出一致的结论，使个人不明确、拿不准的看法获得支持或订正，从而增强个人的自信心。

⑤ 增强力量感。群体可作为个人的后盾和一种可依靠的力量，使其成员不会感到孤单，并增加力量感。

⑥ 自我确认的需要。个人参加并属于某一群体，不但使个人体味到自己是社会的一分子，而且能认识个人在社会中的地位。

⑦ 其他需要。如遇到困难时得到帮助，苦恼时得到安慰，失败时得到鼓励，等等。

以上这些非正式群体的作用是正式群体无法代替的。因此，管理者应正确对待非正式群体，使它们充分发挥其应有的作用。

4.2.4 正确对待非正式群体

正确对待非正式群体，利用其积极作用，防止和克服其消极影响，是领导者的职责。

1. 一分为二

非正式群体的出现，有它的必然性。人是有感情的，当正式群体和组织不能完全满足个人的需要时，必然有非正式群体的出现。不能把非正式群体和日常所说的小集团、小圈子、小宗派等同起来，更不要和非法组织混为一谈。对非正式群体的作用要一分为二，它有消极作用，但也有积极作用。关键是如何引导，以及怎样处理领导与非正式群体的关系。引导得法它将是正式群体的必要补充和支持。因此对非正式群体不宜采取消极限制的态度。

2．无害支持

非正式群体只要不是非法组织、流氓集团，不要采取取缔或限制的办法。疏导胜于防堵，防堵可能引起反抗或不满。只要不妨碍组织目标，不仅允许存在，而且一般不要伤害非正式群体的利益。总的原则是无害支持。

3．目标结合

领导的主要精力应放在正式群体上，但要使正式群体的利益尽量和非正式群体的利益结合起来。正式群体越能满足个人的需要，非正式群体就越少。但正式组织难以满足员工多种多样的需要，在这方面非正式群体可以互补。领导者可以根据个人的需要，有意识地组织各种非正式群体，如球队、集邮协会、美术小组等。

4．为我所用

对非正式群体要加以疏导利用，使其行为符合组织规范。要团结非正式群体的领袖发挥其作用、采纳非正式群体的合理意见，允许参与，以便促使非正式群体改变态度。对个别不利于组织目标的非正式群体，在说服引导无效后应采取措施拆散。

4.3 群体决策

4.3.1 群体决策的概念

群体决策（group decision）是指由群体中的多数人共同进行决策，它一般是由集体中的个人先提出方案，而后从若干方案中进行优选。参与群体决策的成员可能包括组织的领导者、有关专家和员工代表。不同国家习惯于不同的决策模式，如美国很少谈群体决策，而重视个人决策，日本是比较喜欢采用群体决策的国度，中国则介于两者之间。产生这种现象的原因在于每个国家的文化传统不同。

4.3.2 群体决策的技术

群体决策的最常见形式发生在面对面的互动群体中。互动群体会对群体成员个人形成压力，迫使他们达成从众的意见。头脑风暴法、名义群体法、德尔菲法及电子会议法是一些能够减少传统的互动群体法固有问题的有效方法。

1. 头脑风暴法

头脑风暴法力求克服互动群体中产生的妨碍创造性方案形成的从众压力。其方法是，利用产生观念的过程，创造一种进行决策的程序，在这个程序中，群体成员只管畅所欲言，不许别人对这些观点加以评论。在典型的头脑风暴法讨论中，6~12 人围坐在一张桌子旁，群体领导用清楚明了的方式把问题说明白，让每个人都了解。然后，在给定的时间内，大家可以自由发言，尽可能地想出各种解决问题的方案。在这段时间内，无论是受到别人启发的观点或稀奇古怪的观点，任何人都不得对发言者加以评价。所有方案都记录在案，直到没有新的方案出现才允许群体成员来分析这些建议和方案。需要注意的是，头脑风暴法仅仅只是创造观念的一种程序。最后，方案的达成还需要借助其他方法。

2. 名义群体法

名义群体法是指在决策过程中对群体成员的讨论或人际沟通加以限制的一种决策方法。像召开传统会议一样，群体成员都出席会议，但群体成员首先进行个体决策。其具体方法如下：①每个成员书面化自己对问题的解决方案和见解；②每一位成员依次阐述自己的观点，由会议秘书记录下所有的观点建议，不允许讨论；③群体开始讨论每个人的观点，并进一步阐述和评价这些观点；④每个群体成员独自对这些观点进行排序，最终决策结果是排序最靠前、选择最集中的那个观点。

名义群体法的主要优点是，允许群体成员正式地聚在一起，但是又不像互动群体那样限制个体的思维。

3. 德尔菲法

德尔菲法是一种更为复杂、更费时间的方法，又称专家意见法。除不需要群体成员见面这一点之外，它与名义群体法相似。德尔菲法的工作步骤如下：①在问题明确之后，要求群体成员通过填写精心设计的问卷，以提出能解决问题的方案；②每个群体成员匿名并独立地完成第一份问卷；③把第一次问卷调查的结果在另一个中心地点整理出来；④把整理和调整的结果匿名分发给每个人一份；⑤在群体成员看完整理结果之后，要求他们再次提出解决问题的方案，结果通常是启发出新的解决办法，或使原有方案得到改善；⑥在没有形成最终方案之前重复步骤④和步骤⑤，直到找到大家意见一致的解决方案为止。就像名义群体法一样，德尔菲法能够保证群体成员免于他人的不利影响。由于德尔菲法并不需要群体成员相互见面，因而它可以使地理位置分散的群体成员参与到同一个决策当中。当然，德尔菲法也有其不足，例如需要占用大量时间，虽然可能最终形成比较完善的方案，但是极有可能已经错过了解决问题的最佳时机。

4. 电子会议法

电子会议法是一种比较新颖的群体决策方法,是名义群体法与复杂的计算机技术的混合。它的具体操作步骤是:①参与决策的人员坐在联网的计算机终端前;②问题通过计算机屏幕呈现给参与者,要求他们把自己的意见输入面前的计算机终端;③个人的意见和投票都显示在会议室中的投影屏幕上或者是传递到其他人的计算机屏幕上。电子会议法的主要优点包括匿名、可靠、迅速。与会者可以采用匿名形式把自己想表达的任何想法表达出来,而不用担心受到惩罚。参与者一旦使用键盘输入自己的想法,所有的人都可以在屏幕上看到。而且采用这种决策方法决策迅速,因为没有闲聊,讨论不会偏离主题。但这一方法也并非完美无缺,例如那些打字速度快的人相比于表达能力强但打字速度慢的人来说能够更好地表达自己的观点,还有那些想出最好建议的人无法得到自己应有的奖励,而且这样做得到的信息也不如面对面的沟通所能得到的信息丰富。

通过上面的描述我们可以发现每一种群体决策方法在财务成本、社会压力、决策速度等各方面都有其优缺点,我们可以从表 4-1 对比发现。

表 4-1　群体决策方法的优缺点

效果标准	互动群体法	头脑风暴法	名义群体法	德尔菲法	电子会议法
观点的数量	低	中等	高	高	高
观点的质量	低	中等	高	高	高
社会压力	高	低	中等	低	低
财务成本	低	低	低	低	高
决策速度	中等	中等	中等	低	高
任务导向	低	高	高	高	高
潜在的人际冲突	高	低	中等	低	低
成就感	从高到低	高	高	中等	高
对决策结果的承诺	高	不适用	中等	低	中等
群体凝聚力	高	高	中等	低	低

4.3.3　个体决策与群体决策的比较

"三个臭皮匠,顶个诸葛亮"这一中国家喻户晓的谚语道出了群体决策相对于个体决策的优点。北美和其他国家法律体系的一个基础信念是:两人智慧胜一人,通过这些国家的陪审团制度可以从中观察到这一点。现在,这种观念已经拓展到一个新的领域,而组织中的许多决策是由群体、团队或委员会做出的。

1. 群体决策的优点

群体决策相比于个体决策有其自身的优点。

① 更完全的信息和知识。由于每个群体成员所掌握的信息都不相同，而且没有一个成员具备做出决策的完备信息，因此通过多名群体成员的参与可以提高决策信息的丰富程度，从而提高决策质量。

② 增加观点的多样性。群体成员的共同参与能够给决策过程带来异质性。这就为多种方法和多种方案的讨论提供了机会。

③ 提高决策的可接受性。许多决策的夭折并不是因为决策本身的正确性问题，而是因为决策在执行环节出了问题。那么，为什么决策的执行总是不到位呢？原因在于决策方案的被接受程度。所以群体决策的一大好处就在于通过群体成员的共同参与所形成的决策方案具有较高的接受程度，而且执行决策的成员的满意度也会提高。

④ 提高风险的承担程度。在群体决策的情况下，许多人都比个人决策时更敢于承担更大的风险。

2. 群体决策的缺点

群体决策机制并非完美无缺，它的主要缺点如下。

① 浪费时间。组织一个群体需要时间。群体产生之后，群体成员之间的相互作用往往是低效率的，这样一来，群体决策的决策周期就会比较长，从而就限制了管理人员在必要时做出快速反应的能力。

② 从众压力。由于受到从众压力的影响，在进行群体决策的时候，个体成员的意见会受到压抑，从而使得许多独到的见解和创新的建议无法表达出来。

③ 少数人控制。群体讨论可能会被一两个人控制，如果这种控制是由低水平的成员所致，群体的运行效率就会受到不利影响。

④ 责任的推诿。由于群体决策的结果是由整个群体来负责的，因此会导致责任的不合理扩散，大家都认为结果不该由自己来负责。那么一旦出现问题，责任的不清晰就会导致彼此互相推卸责任。

⑤ 更关心个人目标。不同部门的管理者可能会从不同角度对不同的问题进行定义，管理者更倾向于对本部门相关的问题更敏感。因此，如果处理不当，就很可能发生决策目标偏离组织目标而偏向个人目标的情况。

总的来看，群体决策更为准确，因此群体决策比个体决策的质量要高。但是，个体决策比群体决策所花费的时间要少，所以个体决策比群体决策更有效率。因此可以得出结论，在不同的情况下要采用不同的决策方式。例如，企业要考虑一项重大投资决策，这时采用群体决策方式能够提高决策的有效性，但是在处理突发事件的时候，往往个体决策更有效。

4.4　影响群体行为因素

4.4.1　群体压力

群体成员的行为常受到群体压力的影响，当一个人在群体中与多数人不一样时，他会感觉到群体压力，这种压力会导致从众性（conformity）和去个性化（deindividuation）。

1. 从众性

社会心理学中把在群体情境下，个人受到群体压力，而在知觉、判断与行为上和群体中多数人趋于一致的倾向称为群体从众性。有时群体压力非常大，会迫使群体的成员违背自己的意愿产生完全相反的行为。群体压力与权威命令的作用不同，群体压力不是由上而下的明文规定的强制改变个体的行为反应。群体压力没有强制执行的性质，但个体在心理上往往难以违抗，因此它改变个体行为的效果，有时反而强于权威命令。

2. 去个性化

群体中另一种经常出现的现象是去个性化。去个性化是指个人在群体压力或群体意识影响下，导致自我导向功能的削弱或责任感的丧失，产生一些个人单独活动时不会出现的行为。例如，集体起哄、相互打闹追逐，甚至成群结伙地故意破坏公物、打架斗殴，集体宿舍楼出现乱倒污水垃圾等，都属于去个性化现象。

值得注意的是，去个性化既可能导致反常或消极的行为，也可能导致建设性或创造性行为，如促进自我提升、增强群体凝聚力、推动网络助人行为等，不能仅把去个性化当成消极的现象对待。另外，除了个体对道德责任的回避外，还有大量因素影响去个性化，如群体规模、情绪的激发水平、情境不明确时的新奇感、群体中的独特刺激（如毒品或酒精等）、参与群体活动的程度等因素。

4.4.2　群体士气

群体士气是指群体中存在的一种齐心协力、高效率地进行活动的精神状态。群体士气的高低对群体绩效（group performance）水平的高低具有非常重要的影响。心理学家克瑞奇（D.Krech）等人于 1962 年在《群体中的成员》一书中提出，士气高昂的群体应该具有以下 7 个特征：

①　群体的团结来自内部的凝聚力，而不是来自外部的压力；

② 群体成员中没有分裂为互相敌对的小群体（micro-community）的倾向；

③ 群体本身具有适应外部变化的能力和处理内部冲突的能力；

④ 各成员间具有强烈的认同感与归属感；

⑤ 每一成员都明确掌握群体的共同目标；

⑥ 各成员对群体的目标及领导者持肯定、支持的态度；

⑦ 各成员承认群体的存在价值，并具有维护此群体继续存在的倾向。

从理论上讲，一个群体如果完全符合士气高昂的 7 个特征，那么这个群体的工作效率必然会很高。心理学家戴维斯（K.Davis）研究了生产效率与员工士气之间的关系，并提出了三种情况：一是士气高而效率低，二是士气和效率都高，三是士气低而效率高。"士气高而效率低"反映出这样一个特点，即士气不是用在工作上，士气指向之处与群体目标不一致，"南辕北辙"这个成语反映的就是这样一种状态。"士气和效率都高"是一种理想的群体状态，是群体努力的方向。"士气低而效率高"的状态极有可能是因为群体在严格的管理和控制之下获得了短时间的高工作效率，这种短期状态难以持久，不利于群体长期目标的实现。

4.4.3 群体凝聚力

群体凝聚力是指群体与成员之间彼此的吸引，以及成员与群体目标的一致程度。群体对成员的吸引力和成员对群体的向心力共同构成了群体凝聚力，群体凝聚力主要表现在成员对群体的忠诚、对工作的责任感等方面。

1. 群体凝聚力的影响因素

群体成员相处时间、进入群体的难度、群体规模、群体中的性别构成、外部威胁，以及历史上的成功是影响群体凝聚力的主要因素。

（1）群体成员相处时间

群体成员在一起的时间长短会影响相互之间的凝聚力的大小。如果他们在一起的时间比较多，就比较容易形成较为亲密的关系。他们会相互了解，增进友谊，并进行其他交往活动。通过这些相互作用，他们往往能够比较容易发现大家共同的兴趣所在，从而增强相互之间的吸引力。此外，群体成员之间的物理距离对他们相处的时间也有重要影响。

（2）进入群体的难度

获得某一个群体的成员身份越困难，这个群体的凝聚力就可能越强。这主要是因为群体成员在加入这一群体之前都具有一些共同的经历，这种过程越困难，这种经历就越为印象深刻。而这种共同的经历增强了群体成员之间的相似性，因而能够为他们彼此之间的沟通提供最好的话题素材，从而在他们之间建立起良好的对话平台，所以共同的经历将有助于增强他们之间的凝聚力。

（3）群体规模

群体规模越大，群体内部的关系网络就越趋于复杂，群体成员之间进行相互作用就越难。此外，随着群体规模的扩大，小集团从群体内部滋生的可能性也相应增大。由于小集团的目标往往与群体目标不一致，因而会影响其成员偏离群体目标，使得群体成员保持共同目标的能力减弱，所以小集团的产生通常会降低群体内部的凝聚力。

（4）群体中的性别构成

有研究表明，群体成员全部为男性的群体的凝聚力要比群体成员全部为女性，或者群体成员既有男性又有女性的群体的凝聚力要低。目前，人们对这一现象还很难做出令人信服的解释，但是相对而言，一个比较合理的假设是，与男性相比，女性的竞争性较弱，而合作性较强，这样就有助于增强女性群体和混合群体的凝聚力。

（5）外部威胁

一般来说，在群体受到外部攻击的时候，群体的凝聚力往往会增强。因为这时候，群体与外部矛盾的激烈程度超出了群体内部矛盾的激烈程度，群体内部的成员很容易在群体领导的号召下团结起来。这也是为什么企业管理者或组织在应付不了企业或组织内部矛盾纷争时会通过引入外部矛盾来分散成员的注意力，转移矛盾焦点，以求暂时的息事宁人。例如，在被列入美国"实体名单"后，华为全体员工团结一心，共同努力，呈现出强大的凝聚力来面对外部威胁。

（6）历史上的成功

如果某个群体有非常成功的历史，它不仅容易建立起群体合作精神来团结现有的群体成员，同时对于群体外的人员也具有很强的吸引力和诱惑力。一般来说，与不成功的企业相比，成功的企业更容易得到新员工的青睐，因此成功企业对新进人员的选择面更广，这将使其能够优先从中挑选到优秀的人员，由此群体的成功将进入一个良性循环的轨道。

2. 增加群体凝聚力的方法

（1）培养共同的群体意识

人要依靠集体才能生存，要在集体中生活就必须处理好人与人之间的各种关系，从而形成用以处理这些关系的各种规范。这些规范制约着群体成员行动的方向、方式，规定成员个体的权利和义务、角色和角色之间的关系。群体意识包括群体内大多数成员所认同的价值观、道德观、行为规范、群体心理等。有了共同的群体意识，群体凝聚力就会增强。

（2）培养共同的目标

人们的活动是有其自觉的目标的，对实现目标的追求是驱使人们行动的精神力量，不同的群体由于其社会地位、生活条件、利益关系的不同而形成不同甚至相互冲突的目标；同一个群体中的不同个体，由于其局部利益、社会角色、生活条件、主观认知等的差别，也会形成不同的目标。目标一致，就会促使群体朝一个方向奋进，从而整合群体的行动，增加群体凝聚力。

（3）给予适度的压力

在一定限度内，群体凝聚力的大小与所受外部压力的大小成正比。群体成员受到外部压力时，求生的本能会使群体成员之间频繁沟通、交往，从而增强关系、上下一致、同心协力、共度时艰。

（4）保持经常沟通

沟通会使群体成员增强了解、消除隔阂、密切关系。就基层群体而言，领导与普通员工沟通是交流思想、密切关系、增强凝聚力的重要途径。例如，被评为"全国思想政治工作先进企业"的广州市东山百货大楼在企业内部建立了领导与员工的对话制度，领导每月抽两个半天作为与员工的对话日，增强了员工的归属意识，员工说："东百就是我们的家，在这里能享受到家庭般的温暖。"

4.4.4 群体发展

群体发展的过程是从不熟悉到熟悉、从松散到紧密的一个过程，不仅受到组成群体成员的个性特征的影响，还受到来自文化、习俗的影响。关于群体发展过程的研究成果如下。

1. 群体动力模型

"群体动力"最早由社会心理学家库尔特·勒温（Kurt Lewin）提出，他指出个体的行为是个体与环境中各种相关因素作用的结果，可以用下列函数来表示：

$$B = f(P, E)$$

式中：B——个体行为的方向和强度；

$\quad$ P——个体的内部动力与特征；

$\quad$ E——个体所处的群体环境。

勒温认为，群体并不是一成不变的，而是在相互适应中不断变化的。在群体中，个体的行为可以通过互补而增长，也可以通过抵消而降低。

2．群体发展五阶段模型

塔克曼和詹森（Tuckman & Jensen，1977）认为群体的发展要经过五个不同的阶段，即形成阶段、震荡阶段、规范化阶段、完成阶段和休止阶段。

（1）形成阶段

这是群体发展的初始阶段，主要涉及群体成员间的相互认识，包括了解其他成员的性格、优点和行为。成员们要在这一阶段确定加入该群体能否满足他们的需要。这一阶段的最后，他们开始确定群体的领导。

（2）震荡阶段

在初步形成之后，群体必须面对一些十分重要的问题。首先，群体必须确定出其目标体系及各目标的优先次序。其次，应安排成员间进行相互交流，进行相互影响。这一阶段的核心问题是各人应扮演什么样的角色。

（3）规范化阶段

在规范化阶段，群体制定出一套规则和角色（含蓄的或明晰的）以协调群体活动，同时促进群体目标的实现。在这一阶段，群体成员间的关系开始亲密起来，群体也表现出一定的凝聚力。

（4）完成阶段

在这一阶段，群体成员明白了群体的目标和各自的角色，并制定出用于指导工作的规则。群体在这一阶段完成其绝大部分实质性的工作。

（5）休止阶段

一旦群体做出了决定，它常常会中止或解散。休止的原因可能是群体作用影响决策的时间期限已经到了，也可能是群体所关注的问题发生了急剧的改变，或者是群体运作无效及关键成员的离去，又或者是群体实现了其目标，已无继续存在下去的必要。在这一阶段，群体开始做解散的准备，注意力放到了群体的收尾工作上，高绩效不再是大家关注的焦点。

一般人们都认为：群体从第一阶段发展到第四阶段，群体会变得越来越有效，群体的绩效水平会提高。似乎随着群体成员熟悉程度的提高，彼此之间的合作和协调会更有效率，但是使群体有效的因素远比这个模型所涉及的因素更复杂。在某些条件下，高水平的冲突有可能会导致较高的群体绩效。群体在第三阶段和第四阶段的绩效水平相比于第二阶段来说下降了。此外，群体并不总是明确地从上一个阶段发展到下一个阶段。在有些情况下，由于冲突的存在，群体常常在这些阶段之间来回移动，然后随着冲突的解决，群体又开始按照顺序向下一个阶段移动。因此，群体发展的各个阶段之间的界限并不是非常严格和清晰可辨。

4.4.5 群体互动

1. 群体互动的概念

对群体互动的研究包括群体内的互动和群体间的互动两大部分。在群体内的互动中，最常出现的现象是从众效应和社会惰化。除此之外，还有几种群体互动过程中经常会出现的现象。

（1）协同效应

协同效应（synergy effect）是一个生物学术语，它是指由两种以上的物质相互作用所产生的效果不同于单一物质作用的总和，简单来说就是"1+1>2"。例如，复杂的工作任务往往采用多功能团队的形式去完成，因为这种方式可以利用团队成员的多种技能和知识，从事个人成员所无法单独从事的一些活动。在这种情况下，群体活动的绩效水平将大于个体绩效水平的简单加总，这时就可以说协同效应出现了。这种现象与"社会惰化"现象的表现正好相反，"社会惰化"现象所代表的是负协同效应，群体互动的结果小于个体努力累加之和。

（2）社会促进效应

社会促进效应（social facilitation effect）是指当个人与其他人一起工作时，他人的在场激发了自己的工作动机，由此引发的绩效水平提高的倾向。那么社会促进效应在怎样的情况下才会出现呢？当活动者的工作效率与其工作激情的变动方向一致，并且随着旁观者的增多而有所提高时，社会促进效应就会出现。讲演、艺术表演及竞技运动等活动都具有很明显的社会促进效应，这些活动的结果与参与者的自身激情之间具有强烈的正相关关系。

（3）社会致弱效应

与社会促进效应相反，社会致弱效应是指个体在群体中所取得的工作成效比其单独开展工作时要差得多的情况。当活动者的绩效水平与工作激情的变动呈负相关关系时，社会致弱效应就会出现。例如，医生动手术、科学家进行实验时就不宜有观众在现场观看，因为在这种情境中，工作者可能会由于其他人的在场而刻意表现自己，从而分散了他应该真正关注的问题方面的注意力。

（4）社会标准化效应

社会标准化效应是指成员在群体共同活动中对事物的知觉和判断，以及工作的速度和效率趋于同一化的倾向。社会标准化效应的出现是群体中的成员在相互作用和相互影响的过程中，产生模仿、感染、暗示和遵从等心理过程，从而形成群体的行为常模，并进一步形成群体的标准导致的。这种行为标准一方面起到了引导各成员行为的作用，另一方面发挥着评价尺度的功能。

2. 群体间互动的表现形式及影响因素

两个或多个群体之间的互动是群体互动过程的一种表现形式，它与群体内部互动过程不一样，群体内部互动过程反映的是群体内部成员个体之间的行为特征，而群体间互动集中反映的是组织中群体与群体之间相互作用的行为特性。所以，群体间互动是不同工作群体之间的相互影响和相互依赖关系的体现，它表现的是不同群体间的交互作用过程。

群体之间的互动并不总是积极的，当群体之间是合作态度时，群体间互动将表现为建设性的积极互动；当群体之间存在利益冲突时，群体间互动将表现为破坏性的消极互动。

群体间互动的影响因素主要包括以下 8 个方面。

（1）目标

群体是实现组织目标的基本单位，但是同时，每个组织中的群体又都拥有自己的目标。群体间的互动也就表现为多目标间的碰撞。群体间良好的互动关系来自各群体目标的融合。当某一群体在实现自身目标的同时能够为其他群体创造实现自身目标的有利条件时，群体间的互动才有建设性。

（2）群体间的依赖程度

组织中的群体是相互影响、相互依赖的。这种依赖关系可以分为三种：一是联营式依赖关系，这种关系存在于功能相对独立、但是它们的共同产品会为组织的目标做出贡献的两个群体之间；二是顺序式依赖关系，这是指一个群体依赖于另一个群体的投入，而且这种依赖关系是单向的、不可逆的；三是互惠式依赖关系，这种关系表明两个群体间必须通过交换投入和产出才能使得各自的目标得以实现，任何单方面的不合作损害的都是双方的利益。通常，群体间的互动较多地发生在依赖程度较高的群体之间。

（3）任务及环境的不确定性

任务及环境的不确定性带来的是群体间互动的大量需求，但同时又给群体间的互动造成相当大的困难。低不确定性的任务是规范的，低不确定性的环境是稳定的，所以在稳定的环境中从事规范性工作的群体可以不必与其他群体进行很多相互作用，即使需要一些互动，这种互动过程也应该是流畅的。反过来说，在不稳定的环境中从事规范性低的工作的群体需要获得更多的信息，从而需要与其他群体进行更多的互动，但是这种互动过程需要克服大量的障碍。

（4）时间

不同的群体对于工作时间取向上的认识是各不相同的，这种认识上的不同往往导致不同群体间互动过程的不协调和不配合。例如，生产部门的人员关注的可能是当天的生产安排和本周的生产率等短期目标，研发人员则可能更为关注长期目标，因为研发的周期很长，所以研发人员考虑的可能是五年之后客户在使用什么样的产品。这种时间取向上的差异主要是来自专业化的分工和群体成员专业背景的差异。

（5）群体行为的选择性

群体行为的自由度和固化程度的高低体现出群体行为的可选择性的大小。如果一个群体在完成工作任务目标时，所拥有的资源范围越广，服务的对象越多，那么它的行为自由度就比较大，固化程度比就较低。这样的群体在完成工作任务的过程中就必须与其他群体进行更多的互动，这样的群体也就应该具有更强的互动能力，即对互动过程的把握和控制能力更强。与这样的群体互动，互动过程应该更为有效。

（6）资源配置

减少群体间冲突，促使群体互动向积极的方向发展的一个关键因素是组织资源的合理、有效的配置。组织资源的配置偏离了组织发展的要求，必将引起群体间的不合作，冲突在所难免。

（7）相对地位

在组织中，并非每个群体的地位都一样重要，因此在群体间的互动过程中就会出现地位差异。这种地位差异的大小取决于互动过程中，一方相对于另一方的影响力的大小，即互动权力的大小。互动权力的大小集中表现为权力的强度大小、权力的范围大小以及权力的影响程度高低。

（8）组织文化氛围

组织文化氛围对组织中的群体间的互动过程起着关键性的作用。在相互信任、彼此关心、开放、灵活、负责的组织文化氛围中，群体间的互动过程更为积极、有效，而在消极的文化氛围中，群体间的互动过程也会变得消极、被动。

3. 群体间互动的管理方法

对群体间的互动过程进行有效的管理可以降低冲突水平，推进组织目标的实现，从而使得群体间的互动行为及过程对组织产生建设性或积极的作用。群体间互动主要有以下6种管理方法。

（1）制定规则与工作程序

构建一套正规的规则与工作程序是管理群体间互动过程的最简单、最经济的方法。规则和工作程序可以有效地约束群体行为，使群体间的互动行为在规定的框架之内进行。另外，明确的规则和工作程序将有助于降低部门或工作群体之间的信息流动和相互作用的需求，以降低冲突发生的概率。

（2）划分等级层次

在规则和工作程序不足以解决群体间互动过程时，划分等级层次就成为首选的办法。这种办法旨在通过一种上下级的关系来明确各自的工作权限，从而可以提供在两个群体发生矛盾不能解决时的一种求助方式。

（3）明确任务计划

规则和工作程序所确立的只是组织内部信息流动的方向和顺序，以及相应的权力分配。例如，谁向谁汇报，谁归谁领导等问题。但是遇到具体的问题时往往还需要建立明确的任务计划体系来帮助具体项目的运转。通过明确任务计划使得参与项目的各个群体明白自己处于项目执行链的哪一个环节，上游群体是谁，下游群体是谁，应该如何和他们进行工作对接等细节问题，进而可以降低发生责任推诿、互相扯皮等现象的概率。

（4）建立有效沟通机制

为了能够增进群体间的相互了解，培养群体间相互信任、相互支持的氛围，建立有效沟通机制是必不可少的措施之一。通过建立有效的沟通机制可以减少群体间的误会和摩擦，降低冲突水平，形成积极的互动。组织中纵向沟通渠道的畅通还可以使组织高层管理者洞察和掌握群体间的互动过程是否处于良好的状态。

（5）联合型团队

针对群体之间经常发生的问题，可以通过设立联合型团队的方式加以解决，这时的团队成员扮演着群体间桥梁的作用。这些成员的存在将有助于抛弃部门本位主义思想，有助于增进不同部门人员之间的理解和合作。

（6）综合部门

当群体间的关系过于复杂，以至于通过上述方法都不能得以有效解决时，组织就应该考虑设立包含这些群体的一个综合性的部门。共同完成任务的两个或多个群体构成这个部门的成员。这种方法所需要付出的代价是高昂的，但是当这些群体之间的正常互动关系对组织来讲至关重要时，采用这种方法就是必需的。

4.5　团队

我们大多数人都参加过某种团队，比如运动队、辩论队或是专门组建起来解决某一问题的小组。组织内的很多工作兼具复杂性与分工协调性的特色，仅仅依靠个人的力量根本无法完成，只有依赖员工组成团队，集合团队中每个人的能力与特色，团队成员同心协力才能完成。因此，如何让组织中的员工组成团队，在团队中相互合作，不但能发挥个人专长及工作潜能，也能与其他员工愉快合作，相互学习能充分发挥团队的精神与力量，已成为组织成功的关键所在，团队管理的概念也应运而生。

4.5.1　团队的含义

团队是指一种为了实现某一目标而由相互协作的个体所组成的正式群体。团队是由成员和管理层组成的一个共同体，它合理地利用每一个成员的知识和技能协同工作，解决问题，达到共同的目标。团队和群体有着根本性的区别，群体可以向团队过渡。一般根据团队存在的目的和拥有自主权的大小将团队分为三种类型：问题解决型团队、自我管理型团队和多功能型团队。

4.5.2　团队的特征

通过上述团队的含义可以看出团队主要具有以下特征。

（1）团队规模有限制

一般来说，团队人员规模应当为2～25人，最好为8～12人。限制人员规模的目的是确保所有成员之间都能够充分了解并且互相发生影响；同时，这也保证了团队结构的简单化和组织目标的纯正——团队人员规模过大，就不可避免地会出现分化，出现等级，最后出现"目标替代"，使得团队的目标被上层精英的个人目标所替代。

团队成员具有不同的技能、知识或经验，每个成员都能对这个团队做出不同的贡献。成员能了解彼此的角色、特长及重要性，他们在团队中分工合作，分享信息，交换信息，并相互接纳，能够认识到每个成员缺一不可，少了任何一个成员，团队的目标将无法顺利达成。

（2）团队成员共同承担团队成败的责任

团队成员的责任分担可以从两个层面来加以分析。一是团队成员在平常的团队运作过程中或团队会议中共同分摊团队的工作、团队的领导角色（team leadership）或团队的各项任务指派。二是针对团队的最后成果而言。团队的存在都有其特定任务，能否达成此任务便有成败责任归属问题，而团队的特色之一，即在顺利完成团队的目标时，团队全体成员将分享此成果，共同接受组织的激励与奖励。同样，当群体无法顺利完成特定任务时，团队全体成员将共同承担失败的责任，而非仅由团队的领导者或管理者来承担失败的责任。

（3）团队的建立以完成团队的共同目标为主要任务

当人们为了共同的目标在一起工作时，信任和承诺会随之而来，因此，拥有强烈集体使命感的团队必将作为一个集体，为了团队的业绩表现共同承担责任。这种集体责任感常常可以产生丰厚的集体成果作为激励，组织的工作成果又反馈强化了这种集体责任感。相反，单纯为了改进工作、交流、组织效率而组建的集体很难成为高效率的团队。只有当设定了适当的目标及实现目标的方式之后，或者在团队成员一起共同承担责任之后，才有可能建成一支高效的团队。团队集结了各种不同技能、专业知识和经验的人员，一起为组织解决问题，团队在组织中的功能上优于个人。

结合团队的特点，我们可以这样理解团队：一小群具有不同技能的人相互依存地在一起工作。这群人认同某一共同目标，为了达成这一目标，他们扮演好自己的角色，贡献自己的能力，彼此分工合作，沟通协调，为完成目标而齐心协力，并为此目标的实现与否共同享受成果与承担责任。

4.5.3　团队的构成要素

通过对团队的大量分析，目前工人的团队构成要素主要有 5 个方面（即 5P）。

1．目标（purpose）

团队应该有一个既定的目标，为团队成员导航，使团队成员知道要向何处去，没有目标，这个团队就没有存在的价值。

小知识：自然界中有一种昆虫很喜欢吃三叶草（也叫鸡公叶），这种昆虫在吃食物的时候都是成群结队的，第一只趴在第二只的身上，第二只趴在第三只的身上，由一只昆虫带队去寻找食物，这些昆虫连接起来就像一节一节的火车车厢。管理学家做了一个实验，把这些像火车车厢一样的昆虫连在一起，组成一个圆圈，然后在圆圈中放了它们喜欢吃的三叶草，结果它们爬得精疲力竭也吃不到这些草。这个例子说明团队中失去目标后，团队成员就不知道向何处去，最后的结果可能是饿死，这个团队存在的价值可能就要打折扣。

团队的目标必须跟组织的目标一致，此外还可以把大目标分成小目标具体分到各个团队成员身上，大家合力实现这个共同的目标。同时，目标还应该有效地向大众传播，让团队内外的成员都知道这些目标，有时甚至可以把目标贴在团队成员的办公桌上、会议室里，以此激励所有的成员为这个目标去工作。

2．人（people）

人是构成团队最核心的力量。3 个（包含 3 个）以上的人就可以构成团队。目标是通过人员具体实现的，所以人员的选择是团队中非常重要的一个部分。在一个团队中可能需要有人出主意，有人订计划，有人实施，有人协调不同的人一起去工作，还有人去监督团队工作的进展，评价团队最终的贡献。不同的人通过分工来共同完成团队的目标，在人员选择方面要考虑人员的能力如何，技能是否互补，人员的经验如何。

3. 团队的定位（place）

团队的定位包含以下两层含义。

① 团队自身的定位，团队在发展过程中处于什么位置，由谁选择和决定团队的成员，团队最终应对谁负责，团队采取什么方式激励成员？

② 团队成员的定位，作为成员在团队中扮演什么角色？是订计划还是具体实施，或评估？

4. 权限（power）

团队当中领导人的权利大小跟团队的不同发展阶段相关，一般来说，团队越成熟领导者所拥有的权利相应越小，在团队发展的初期阶段领导权是相对比较集中。

团队权限关系有以下两个方面。

① 整个团队在组织中拥有什么样的决定权？如财务决定权、人事决定权、信息决定权等。

② 组织的基本特征，如组织的规模大小，团队的数量多少，组织对团队的授权大小，团队的业务等类型。

5. 计划（plan）

计划有以下两个层面的含义。

① 目标最终的实现，需要一系列具体的行动方案，可以把计划理解成目标的具体工作的程序。

② 提前按计划进行可以保证团队的进度顺利。只有在计划的操作下团队才会一步一步地贴近目标，从而最终实现目标。

4.5.4 团队与群体

在现实生活中，人们往往把团队与群体混淆在一起，其实团队与群体不尽相同。团队是指一种为了实现某一目标而相互协作的个体所组成的正式群体；群体是指组织中由若干相互联系、相互作用、相互依赖的人组成的，具有目标导向的人群集合体。可以说，所有的工作团队都是群体，但只有正式群体才有可能成为工作团队。在人们的印象中，团队体现了团结、合作和共同目标等精神特征。提到团队，人们就会想起运动员在接力赛中的景象，想起足球队的所有球员在球场上密切配合争取胜利的形象。在群体中每个人本身是独立的，他们的目标各不相同，有着不同的活动。而一个团队中的人是有共同目标的，他们相互依赖、相互支持，共同承担最后的结果。

团队与群体的区别主要体现在以下几个方面。

① 领导方面。作为群体应该有明确的领导人；团队可能就不一样，尤其团队发展到成熟阶段，成员共享决策权。

② 目标方面。群体的目标必须跟组织保持一致，但团队中除了这点之外，还可以产生自己的目标。

③ 协作方面。协作性是群体和团队最根本的差异，群体的协作性可能是中等程度的，有时成员还有些消极、有些对立；但在团队中则是一种齐心协力的气氛。

④ 责任方面。群体的领导者要负很大责任，而团队中除了领导者要负责之外，每一个团队的成员也要负责，甚至要一起相互作用，共同负责。

⑤ 技能方面。群体成员的技能可能是不同的，也可能是相同的，而团队成员的技能是相互补充的，把不同知识、技能和经验的人综合在一起，形成角色互补，从而达到整个团队的有效组合。

⑥ 结果方面。群体的绩效是每一个个体的绩效相加之和，团队的结果或绩效是由大家共同合作完成的产品。

为了说明团队与群体之间的差别，举个简单的例子。在一个班级内一起上课的人可以说是一个群体，老师扮演着领导者的角色，学生看重的都是个人的成绩表现，老师评价学生的表现也是以个人的成绩为主。这个班级的目标也与学校的使命相同，但这个班级的学生中，并不具有不同知识、技能或经验，也就是不具相互依存性，因此这个班级只能被称为群体，而不能被称为团队。

4.5.5 团队的类型

1. 按照团队存在的目的和形态进行分类

如果按照团队存在的目的和形态进行分类，一般可以将团队划分成问题解决型团队、自我管理型团队、多功能团队和虚拟团队。

（1）问题解决型团队（problem-solving team）

这类团队常常是为了解决组织中的某些专门问题而设立的。团队的成员通常每周利用几个小时讨论改进工作程序和工作方法的问题，例如他们讨论如何提高产品质量、生产效率和改善工作环境等并提出建议，但他们通常没有权力根据这些建议单方面地采取行动。

（2）自我管理型团队（self-management team）

自我管理型团队是与传统的工作群体相对的一种团队形式。传统的工作群体通常是由领导者来决策，群体成员遵循领导的指令。而自我管理型团队则承担了很多过去由他们的领导来承担的职责，例如进行工作分配、决定工作节奏、决定团队的质量如何评估，甚至决定谁可以加入到团队中来等。自我管理型团队与传统的工作群体的主要区别如表 4-2 所示。

表 4-2 自我管理型团队与传统的工作群体的主要区别

自我管理型团队	传统的工作群体
多种技能的团队成员	一群独立的专业人员
信息得到广泛的分享	信息有限
很少的管理层次	管理层次多
覆盖完整的业务过程	业务过程中的一种功能
目标共享	目标割裂
看上去混乱	看上去组织有序
强调达到目标	强调问题解决
高员工承诺	高管理者承诺
自我控制	管理者控制
以价值观/原则为基础	以政策/程序为基础

自我管理型团队能够很好地提高员工的满意度，但是有人发现与传统组织比较起来，自我管理型团队的离职率和流动率较高。

【案例】

美国德州一汽公司因为推行自我管理型团队而获得国家质量奖。美国最大的金融和保险机构路得教友互动会，因为推行自我管理型团队在 4 年的时间中减员 15%，而业务量增加了 50%，主要的原因是提高了员工的满意度，推行了自我管理型的团队。麦当劳成立了一个能源管理小组，成员来自于各连锁店的不同部门，他们对怎样降低能源问题提供自己鉴定的方案，解决这一环节对企业的成本控制非常有帮助。能源管理小组把所有的电源开关用红、蓝、黄等不同颜色标出，红色是开店的时候开，关店的时候关；蓝色是开店的时候开直到最后完全打烊后关掉。通过这种色点系统他们就可以确定，什么时候开关最节约能源，同时又能满足顾客的需要。这种能源管理小组其实也是一个自我管理型团队，能够真正起到降低运营成本的作用。

（3）多功能团队（cross-functional team）

有的团队是由来自于组织内部同一层次、不同部门或工作领域的员工组成的，他们合作完成包含多样化任务的一个大型项目，这样的团队就是多功能团队，也称为跨职能型团队。多功能团队打破了部门之间的界限，使得来自不同领域的员工能够交流，有利于激发出新观点，协调解决复杂的问题。

近年来，越来越多的组织采用这种跨越部门界限的横向小组。早在 20 世纪 60 年代，IBM 公司就组建了一个大型的特别任务工作组，它的成员来自公司的各个部门，用于开发后来十分成功的 360 系统。这个特别任务工作组就是一个临时性的多功能团队。实际工作中被广泛采用的委员会也是一种多功能团队。

【案例】

麦当劳有一个危机管理队伍，责任就是应对重大的危机，由来自于营运部、训练部、采购部、政府关系部等部门的一些资深人员组成，他们平时共同接受关于危机管理的训练，甚至模拟当危机到来时怎样快速应对，比如广告牌被风吹倒，砸伤了行人，这时该怎么处理？一些人员考虑是否把被砸伤的人送到医院，如何回答新闻媒体的采访，当家属询问或提出质疑时如何对待？另外一些人要考虑的是如何对这个受伤者负责，保险谁来出，怎样确定保险？所有这些都要求团队成员能够在复杂问题面前做出快速行动，并且进行一些专业化的处理。

虽然这种危机管理的团队究竟在一年当中有多少时候能用得上还是个问题，但对于跨国公司来说是养兵千日，用兵一时，因为一旦问题发生就不是一个小问题。在面临危机的时候，如果做出快速而且专业的反应，危机会变成生机，问题会得到解决，而且还会给顾客及周围的人留下很专业的印象。

（4）虚拟团队（virtual team）

前面的三种团队形式都是基于传统理解的，即团队的活动是面对面进行的。由于现代科技的发展，如互联网、可视电话会议等的应用，使得协同性的工作并不需要面对面进行。这种利用计算机和网络技术把实际上分散的成员联系起来，以实现一个共同目标的工作团队，即为虚拟团队。

虚拟团队同样可以完成传统团队能够完成的所有工作任务，如分享信息、做出决策和完成任务等。与传统团队形式相比，虚拟团队表现出以下几方面的特征：

① 缺少副语言和非言语沟通线索；

② 有限的社会背景；

③ 克服了时间和空间上的制约。

这些特点既创造了虚拟团队的工作优势，也带来了一些新的问题，如情感问题等。

2. 按照团队在组织中的功能进行分类

按照团队在组织中的功能进行划分，可以将团队分成生产服务团队、行动磋商团队、计划发展团队、建议参与团队。

（1）生产服务团队

生产服务团队通常由专职人员组成，从事的工作是按部就班的，很大程度上是自我管理的。例如生产线上的装配团队、民航客机的机组人员、计算机数据处理团队等。

（2）行动磋商团队

行动磋商团队由一些拥有较高技能的人员组成，共同参与专门的活动，每个人的作用都有明确的界定。这种团队以任务为中心，具有不同专门技能的团队成员都对成功完成任务做出贡献。团队面临的任务十分复杂，有时是不可预测的。例如医疗团队、乐队、谈判团队、运动团队。

（3）计划发展团队

计划发展团队由技术十分娴熟的科技人员或专业人员组成，并且团队人员来自不同的专业。这类团队的工作时间跨度一般较长。他们可能需要很多年才能完成一项发展计划，例如设计一种新型汽车，他们也可能是组织中承担研究工作的永久团队。常见的计划发展团队有科研团队、生产研发团队等。

（4）建议参与团队

建议参与团队主要是提供组织性建议和决策的团队。大多数建议参与团队的工作范围都比较窄，不占用大量的工作时间，成员在该组织中还有其他任务。例如董事会、人事或财务的专业顾问团队、质量控制小组。

4.5.6 团队的凝聚力

团队凝聚力（team cohesion）是指团队对成员的吸引力和人们想成为或继续作为该团队成员的动力。这是团队的一个特点，这包括团队成员被团队吸引的程度，他们对团队目标或任务承担责任的程度，以及感受到的团队自豪感的程度。因此，团队凝聚力是一种情感的体验，而不仅仅是通过留下或离开团队来衡量的。当团队成员把团队看成他们社会身份的一部分时，团队凝聚力即存在。

团队凝聚力也与团队成长相关，团队成员把建立团队身份看成团队成长过程的一部分。

1．影响团队凝聚力的因素

有几个因素会对团队凝聚力构成影响：团队成员的相似性、团队规模、成员间的互动、准入难度、团队的成功以及外部的竞争或挑战。这些因素大体上反映了与团队相关的个人社会身份，也反映了团队成员对团队关系将如何满足个人需求的一种信念。

（1）团队成员的相似性

研究表明，人们容易被与他们相似的人所吸引。相似相吸效应之所以存在是因为人们会认为看起来与自己相似或者有相似背景的人更值得信任，对方也更有可能接受自己，因此当团队成员彼此相似时，团队能拥有更高的凝聚力或者凝聚得更迅速。

（2）团队规模

较小的团队会比较大的团队拥有更强的凝聚力，因为小团队更容易在目标和互助的工作活动中达成一致。然而，当小团队没有足够的人手去应对工作任务时，其凝聚力又会弱一些。

（3）成员间的互动

当团队成员经常互动时，团队将会有更强的凝聚力。当团队成员一起执行高度相关的任务，以及在相同的环境中工作时，这种频繁紧密的互动会提升团队凝聚力。

（4）准入难度

当进入团队需要经过严格限制时，这个团队会倾向于有更高的凝聚力。越精英的团队越能给它的成员带来威信，这样一来，它的成员也会更珍惜他们作为成员的资格。但是在起始阶段过于严苛会产生负面作用，会削弱团队的凝聚力。

（5）团队的成功

团队凝聚力随着团队成功程度的提高而增强。团队成员会对满足他们需要和目标的团队更加忠诚。

（6）外部的竞争或挑战

当团队成员面对外部竞争或者受到挑战时，团队成员往往更加紧密地联系在一起，以应对外界的竞争和挑战，当团队战胜竞争和挑战之后，成员会更加珍惜其团队关系，使得团队凝聚力提升。然而，当外部竞争和挑战十分严峻时，团队的凝聚力也可能会被瓦解，因为这些竞争和挑战给团队带来了巨大的压力，也令团队做出了一些低效的决策。

2．团队凝聚力的结果

凝聚力高的团队比凝聚力低的团队表现更好。实际上，每个团队都必须拥有最低程度的凝聚力，这样才能维持团队的生存。凝聚力高的团队中的成员会更有动力维系他们的团队关系，也更有动力去协助团队高效运作。与凝聚力低的团队相比，凝聚力高的团队中的成员会花费更多的时间聚在一起，对同伴也更满意。他们在压力环境下，为使功能失调的冲突最小化，会为同伴提供更好的支持。当冲突发生时，凝聚力高的团队中的成员倾向于更快速、有效地解决分歧。

然而，两个因素使凝聚力与绩效之间的关系变得更复杂。第一，当团队任务相互依赖度低时，团队凝聚力对绩效影响小。高凝聚力激励员工和其他人协调并合作。但是当他们的任务很少依赖于其他团队成员（低任务依赖度）时，他们就不需要这么多的协调和合作了，所以当任务依赖度低时，高凝聚力的激励作用与团队的关联度变小。第二，凝聚力是否对团队绩效产生影响还取决于团队规范与组织目标的关系兼容与否。当团队规范与目标兼容时，凝聚力高的团队表现得更好；当团队规范与目标不兼容时，高凝聚力反而降低绩效。这种效应的发生是因为凝聚力会激励成员表现得与团队规范更一致。如果团队规范容忍或鼓励缺席，成员就会更多地无故请假；如果团队规范不鼓励缺席，成员就会避免请假。

4.5.7　团队管理

团队管理的途径大致分为四种：人际关系途径、角色界定途径、价值观途径及任务导向途径。

（1）人际关系途径

这是指在团队成员间形成较高程度的社会意识及个人意识。例如，通过帮助团队成员学会如何互相倾听，或者如何了解团队中其他成员的经历，更好地理解彼此的个性，从而彼此进行有效交流，有助于成员共同工作。

（2）角色界定途径

这界定了团队成员参与团队活动时以什么样的角色出现。目的是明确每个人对自己的期望、整个团体的规范以及不同的团体成员所分担的责任。这意味着团队清楚地意识到自己作为一个工作单位的角色。

（3）价值观途径

这是指要发展成员间的相互理解，其重点是团队成员对其正在做的事情的整体立场，以及他们所采取的价值观，而不是组成团队的个人的性格或者他们所担当的角色。通过确保团队中每个人都拥有共同的价值观，确保团队的工作目的反映这些价值观，团队成员就能够有效地共同工作，并且能够感知到自己的个人行为是如何为团队的共同目标做出贡献，如何反映团队的共同价值观念的。

（4）任务导向途径

这是强调团队的任务及每个团队成员能够对这项任务的完成所做贡献的独特方式。在这一途径中，重点不在于成员个体是什么样子，而是在于成员个体所拥有的技能，以及这些技能如何对整体做出贡献。因此，这一途径十分强调不同团队成员之间的信息交流。它也强调根据完成任务所需的资源、技能及实际步骤对团队的任务进行实际分析。

4.5.8　高绩效团队的特征

高绩效团队是指团队成员之间能力互补性强、沟通顺畅、信任度高、角色分配合理、团队意识强，并表现出活动高效，成员满意度高，被高层管理者给予高度评价的团队。

高绩效团队对组织绩效来说甚是关键，近年来也有一些研究总结了高绩效团队的特征，具体包括以下几个维度：

（1）明确的目标 P（purpose）

高绩效的团队拥有明确的目标，并且指引着团队成员把个人目标升华到团队目标中去。在高绩效的团队中，成员清楚地知道团队希望他们做什么工作，以及他们怎么共同工作以完成共同的团队任务。目标的设定要注意以下四点：

① 每一位团队成员能够描述，并且献身于这个目标；

② 目标十分明确，具有挑战性，符合 SMART 原则；

③ 实现目标的策略非常明确；

④ 面对目标，个人角色十分明确，或团队目标已分解成个人目标。

（2）赋能授权 E（empowerment）

赋能授权指团队已从集权向分权的方向过渡，团队成员感觉个人拥有了某种能力，整个群体也拥有了某些能力。拥有高赋能授权的团队在组织中地位较高，支配权较大，其成员也拥有一定的支配权。

（3）关系和沟通 R（relation and communication）

团队成员之间通过畅通的渠道交流信息，团队领导和团队成员之间有健康的信息反馈机制，并经常进行"深度会谈"。在关系和沟通方面，高绩效的团队表现出的特征如下：

① 成员肯公开而且诚实地表达自己的想法，哪怕是负面的想法；

② 成员会表示温情、了解与接受别人，相互间的关系更融洽；

③ 成员会积极主动地聆听别人的意见；

④ 不同的意见和观点会受到重视。

（4）弹性 F（flexible）

团队成员能够自我调节，以满足变化的需求。团队成员需要执行不同的决策和功能，当某一个角色不在的时候要求有人主动并且有能力去补位，分担团队领导的责任和发展的责任。

（5）最佳的生产力 O（optimal productivity）

团队有了很好的生产力，产出很高，产品品质也已经达到了卓越，团队决策的效果也很好，显然具有了明确问题的解决程序。这样的团队做任何一件事情或处理任何危机都有科学的程序。

（6）认可和赞美 R（recognition）

当个人的贡献受到领导者和其他成员的认可和赞美时，团队成员会感觉到很骄傲；团队的成就涉及所有成员的认可，团队的成员觉得自己受到一种尊重，团队的贡献受到了组织的重视和认可。从个人到团队都受到一种认可，人们的士气就会提升。

（7）士气 M（morale）

每个人都乐于作为团队中的一员，都很有信心，而且士气高昂。如果团队成员都以自己的工作为荣，而且很满足，那么团队的向心力就会很强，士气高昂。

（8）内外部的支持 S（support）

从内部条件来看，高绩效团队应该拥有一个合理的基础结构、一套公平合理的绩效评估系统，以及一个起支持作用的人力资源系统。从外部条件来看，管理层应该给团队提供完成工作所必需的各种资源。

4.5.9　团队面临的挑战

1.“搭便车”现象

“搭便车”（free-riderproblem）现象，又称“偷懒”现象，是指在团队生产中，由于团队成员的个人贡献与所得报酬没有明确的对应关系，或者由于其他激励措施不利，而造成的每个成员都有减少自己的成本支出而坐享他人劳动成果的机会主义倾向的情形。“搭便车”导致团队成员缺乏努力工作的积极性，使团队工作无效率或低产出。实际上，团队面临的一个问题是个体之间相互“搭便车”行为的发生。例如，在团队中有的人在为团队的总绩效来回奔波拼命工作，而有的人坐享其成。虽然由这样的人组成的团队仍然能完成团队的任务，但是长此以往，团队成员的积极性必定会慢慢消退，彼此被同化，积累到一定程度的时候，导致团队瘫痪。

2.难以实施准确的个人绩效考核

绩效评价就是为了客观判断成员的能力、工作状况和适应性，对成员的个性、资质、习惯和态度，以及对组织的相对价值进行有组织的、实事求是的评价。它是人力资源管理的核心工作。团队作为一个整体，也有绩效，但在团队中，传统的个人绩效考核方法常常难以奏效。这是由于团队生产具有高度合作的性质，团队成员具有较强的互补性，团队的产出是团队成员共同努力的结果。由于团队生产的特点，在团队中容易产生较严重的信息不对称现象，使得团队中单个成员的努力水平不可观测，团队绩效表现为团队成员共同努力的结果，单个成员的绩效常常无法被准确地度量。

3. 成员多元化

成员多元化是使成员个人区别于他人的差异化的特征，包括性别、种族、民族、年龄和身体状况等，有时候也包含其他因素，比如婚姻状况、父母情况和宗教信仰等。目前，世界各国的团队成员多元化趋势都在加强。团队的成员个体间在各种因素上都存在着差异，这对团队来说既是机遇又是挑战。一方面，成员多元化给团队增加更多的信息与知识，从而更有益于团队创新，提升团队绩效。另一方面，多元化趋势的发展使得团队中的陈旧观念、歧视思想及小集团主义思想增多，导致被歧视人员的潜力难以正常发挥。存在差异的人群又极易产生人际冲突，影响合作的绩效。如何既尊重个体独一无二的特性和贡献，又提高组织的共同观念，是现代管理的一大难题。在关于成员多元化与组织绩效的关系的研究当中，强烈的身份认同（super ordinate identity）实现了多元化成员的共同价值观调整与再造。这一概念的意思是指组织内部存在人口统计学意义上的多元化，但所有组织成员都能秉承统一的组织理念，有强烈的组织认同感。虽然组织内部成员多元化程度较强，但因逐渐形成了组织群体的共同意识，形成了共同的组织文化，从而很好地减弱了成员多元化的弊端。所以企业应该通过激发员工的组织认同感、重视不同文化的交流融合、招聘经验开放性水平高的员工且有效配置交叉特质员工和建立信息共享的机制与平台等方式，扬长避短，提高组织绩效。

4. 团队职责不明确

在团队建设的过程中，经常会出现各职能部门和成员分工不清、职责不明的情况，这在传统团队中体现得十分明显，而随着移动互联网时代的到来，团队建设也出现了很大的不同，各种新型团队相继出现，比如创业型团队、创新型团队、虚拟团队、自组织型团队等，这些新型团队的出现给团队分工和职责明晰带来了新的冲击和挑战。团队的存在意味承担着具体的职责，而这些职责必然要由团队中的管理者、中层和员工来分担。但问题是，在实际操作时，这些职责无法像数学计算那样通过精密的分配落到每个人的身上，加上可能出现的推脱、拖拉、模糊等现象，导致团队内出现职责不明的现象。这种职责不明的问题，不仅影响到团队内的公平气氛和人际关系，也会导致员工陷入"干好干坏一回事，干多干少差不多"的怪圈中，从而导致团队执行力的迅速降低。

案例分析：微软——有战斗力的团队

当被问及微软公司成功的秘诀时，比尔·盖茨干脆地回答道："微软有成功的团队。"

1. 网罗优秀人才

微软公司是一家由智囊组成、管理良好的公司。能请来这一群人才，盖茨感到很自豪。他在 1992 年曾说："微软和其他公司与众不同的特色就是智囊的深度。把他们称作螺旋桨头脑、数字头脑、齿轮转动头脑或工作狂、用脑狂，还是微软狂都可以。"

盖茨曾多次说道："把我们顶尖的 20 个人挖走，那么微软会变成一家无足轻重的公司。"

盖茨说："这些人绝顶聪明，与公司一起成长。他们组成了一个团队，而领导那群具有'螺旋桨头脑'的聪明人组成了'研究院'。要怎么做，才能当个螺旋桨头脑？方法之一是研读唐纳德·克努特所著的《程序设计艺术》。这套书有三大册，而且陆续会出更多册。如果有人自负到自以为什么事都懂，克努特会帮助他们了解，这个世界既深奥又复杂。"

2. 塑造优势员工

30 岁的执行副总裁史蒂夫·鲍尔默在公司内深受爱戴，从撰写程序设计方面来说，鲍尔默不是专业技术人员，但他大学时主修数学，而且是个精力充沛的商业高手。他不畏惧困难，勇于接受挑战。例如，在 20 世纪 80 年代中期，Windows 项目迟迟无法完成，成为一堆无法收拾的烂摊子时，他挺身而出，承担了开发责任，并成功地将其推向市场。

盖茨把鲍尔默这个在表达观点时猛敲墙壁吼叫的家伙，视为他最亲密的朋友和顾问。

另一位重要人物是麦克·梅普尔斯，在 1988 年到 1995 年间担任公司的执行副总裁。现在他急流勇退，成为公司的顾问，专门针对有关兼并与招聘新人等提出建议。他当初毅然离开 IBM 是因为他看到了微软的巨大发展潜力。进入微软后，他把 IBM 的四项基本准则引入微软。

第一条准则是包括雇用、培训、工资报酬及晋升道路在内的整套人事管理方面的做法；第二条准则是培养中层经理，微软向来缺乏这方面的管理人才；第三条准则是继续设立专项职能，如开发、测试，但是必须保证让员工自由流动以获得更丰富的工作经验；第四条准则是软件公司必须为产品开发确定过程。微软公司就是靠这些出类拔萃的人物和比尔·盖茨合理的管理制度，在竞争中走向成功的。

3. 成功经验

著名管理大师韦尔奇在对微软的经验做分析时，总结了以下的经验。

（1）明确合理的经营目标

目标是把人们凝聚在一起的重要基础，对目标的认同和共识才会形成坚强的组织和团队，才能鼓舞人们团结奋进的斗志。为此要做好以下三点。

　　① 有导向明确、科学合理的目标，有的企业提出"以质量取得顾客信赖，以满足顾客需要去占领市场，努力提高市场占有率，通过扩大市场份额去求效益和发展"。这就比那种单纯销售额增加多少、利润增加多少的目标更明确、更具体，知道劲往哪里使。

　　② 把经营目标、战略、经营观念，融入每个员工头脑中，成为员工的共识。

　　③ 对目标进行分解，使每一个部门、每一个人都知道自己所应承担的责任和应做出的贡献，把每一个部门、每一个人的工作与企业总目标紧密结合为一体。

　　（2）增强领导者自身的影响力

　　领导是组织的核心，一个富有魅力和威望的领导者，自然会把全体员工紧紧团结在自己的周围；反之，就会人心涣散，更谈不上团队精神了。领导者由于其地位和责任而被赋予一定的权力，但凭着权力发号施令，以权压人是形不成凝聚力的。只有靠其威望、影响力令人心服，才会形成一股魅力和吸引力。

　　（3）建立系统科学的管理制度

　　建立与人本管理相适应的一整套科学制度，使管理工作和人的行为制度化、规范化、程序化，是生产经营活动协调、有序、高效运行的重要保证。没有有效的制度和规范，就会出现无序和混乱，就不会产生井然有序、纪律严明、凝聚力很强的团队。

　　（4）良好的沟通和协调

　　沟通主要是通过信息和思想上的交流达到认识上的一致，协调是取得行动的一致，二者都是形成团队的必要条件。认识和意见不一致会让部门内产生误会、猜疑甚至成见，所以沟通工作必须是经常的、大量的。

　　（5）强化激励，形成利益共同体

　　强化激励涉及工资、奖励、福利待遇、晋升等各方面，即，通过建立有效的物质激励体系，形成一种荣辱与共、休戚相关的命运共同体。

　　毋庸置疑，员工需要丰厚的报酬。微软把股票权作为重要的激励手段之一。

　　（6）引导全体员工参与管理

　　每个员工都是团队组织的一员，如果他们都像董事长、总经理那样操心尽力，时刻关切着公司的成长，心往一处想，劲往一处使，管理主客体目标协调，这样的企业肯定会成为优秀的团队。全员参与式管理这种形式，吸引着员工直接参与各种管理活动，使全体员工不仅贡献劳动，而且贡献智慧，直接为企业发展出谋划策，形成更强大的向心力。

（7）开发人的潜能，促进每一成员的成长

管理者必须考虑如何使员工与企业共生共长，如何帮助他们规划人生的道路，发挥他们的才干，开发每个人的潜能，使他们明确人生的目标和意义，引导他们去创造辉煌，实现人生的价值。当每个人的成长与公司命运紧密相连时，当每个人都可以从公司的事业发展进程中创造自己亮丽的一生时，这个团队将坚不可摧，团队精神将得到最大限度的发挥。为此需要认真研究每个员工的才能、志向、潜能、专长，帮助他们规划设计人生之路，并用其所长，使人尽其才，同时为不断提高员工的素质和开发他们的潜在能力做出积极努力。

（8）建立和谐的人际关系

每一个人在工作和生活中，会与许多人交往、打交道，必须有人际关系问题，而且一个人每天甚至更多时间是在工作单位度过的，因而使企业内的人际关系融洽更为重要。同事之间友好、融洽地相处，创造一种和谐、良好的人际关系，会使人心情舒畅、精神焕发，使企业融合为一个友好、和睦的大家庭和团队。

（9）树立全局观念和整体意识

一个团队、一个系统所最终追求的是整体的合力、凝聚力和最佳的整体效益，所以必须树立以大局为重的全局观念，不斤斤计较个人利益和局部利益，自觉地为增强团队整体效益做出贡献。

（10）保持竞争状态

微软内部晋升的竞争非常激烈。微软扩张得非常迅速，几个月就重新组合一次。这意味着在微软谋职的可能性随时都有，经常有职位空缺，最合适的人即被提升，所有这些变化的结果就是微软始终存在晋升机会，但机会并非给予苦苦等待它的人，而只给最适合它的人。

微软公司的内部实行的是独树一帜的达尔文式管理风格："适者生存，不适者淘汰。"微软公司不以论资排辈的方式来决定员工的职位及薪水。员工的提拔升迁取决于员工的个人成就，这一点给员工带来了压力，促使他们更加努力地工作。

4.6 冲突

案例

阿里政委在外界看来一直是个神秘的组织，其设立是因为，2004—2005年阿里的创始人马云和他的团队一直在考虑在公司层级增多、进行跨区域发展的背景下，如何使一线员工依然能保持价值观的传承，同时在业务和人力资源培养方面有快捷的支持。政委体系作为一个巧妙的载体便产生了。阿里政委"搭场子"又是怎么回事呢？阿里的搭场子，是阿里创新的解决管理冲突和团队矛盾、达成共识的一种方法。"搭场子"具体来说就是政委搭建沟通的渠道和平台，让冲突可以得到妥善解决，达成共识。使用这种方式，政委作为问题冲突双方之间的桥梁和见证者，通过"搭场子"去化解矛盾或冲突。且不管是当员工之间、员工与主管之间、员工与经理之间出现矛盾时，还是经理与主管之间、主管与主管之间有了冲突时，政委都有责任去"搭场子"从中调解矛盾。阿里政委的工作就是关心员工的工作和生活，甚至进行一对一的访谈，了解员工的各种情况，包括家庭动态、业务动态、团队成员间的状态等。进行全方位立体化的了解，就是要能够在必要时给予解决方案或者支持。"搭场子"的前提就是信任，只有对团队有足够的了解，在充分信任的状态下，"搭场子"才有效，才能在搭的场子里让大家敞开心扉说出心声，让领导者打破内心的自我惯性，减少员工支支吾吾不敢说真话的尴尬，让大家产生背靠背的信任，积极探讨，不逃避问题，不隐藏自己，呈现真相。同时，政委也有义务提供给团队成员他们不了解的信息或数据，特别是在当事者就意见和理解上存在分歧，而非事实上的分歧时，政委需要考虑让其他利益相关者参与讨论，引进更多观点，以此减缓紧张局势，更好地化解和解决冲突。

4.6.1 冲突的概念和特征

1. 冲突的概念

为了使群体有效地完成组织目标和满足个人需要，必须建立群体成员和群体之间的良好和谐关系，即彼此间应互相支持，行动应协调一致。但是，现实的情况是：冲突在组织或群体内是客观存在的。冲突可以定义为：个人或群体内部、个人与个人之间、个人与群体之间、群体与群体之间互不相容的目标、认识或感情，并引起对立或不一致的相互作用的任何一个状态。

该定义强调了以下三个方面。

① 组织中的冲突是普遍的现象，它可能发生于人与人之间，人与群体之间，群体内部之间，群体与群体之间等。

② 冲突有三种类型：一是目标性冲突，即冲突双方具有不同的目标导向时发生冲突；二是认识性冲突，即不同群体或个人在对待某些问题上由于认识、看法、理念之间的差异而引发的冲突；三是感情性冲突，即人们之间存在情绪与情感上的差异所引

发的冲突。

③ 冲突是双方意见的对立或不一致，以及一定程度的相互作用，它有各种各样的表现形式，如暴力、破坏、挑衅性的身体攻击、言语攻击，轻分歧或误解等。

2. 冲突的特征

（1）客观性。冲突是客观存在的、不可避免的社会现象，是组织的本质特征之一。任何组织只有冲突程度和性质的区别，而不可能不存在冲突。

（2）主观知觉性。客观存在的各种冲突必须由人们自身去感知、内心去体验。当客观存在的分歧、争论、竞争、抵抗等反应成为人们大脑或心理中的内在矛盾斗争，导致人们进入紧张状态时，冲突才被人意识和知觉到，这就是冲突的主观知觉性。

（3）二重性。冲突对于组织、群体或个人既具有建设性、有益性，有产生积极影响的可能，又具有破坏性、有害性，有产生消极影响的可能性，这就是冲突的二重性。

4.6.2　冲突的类型

从不同的角度划分，组织中的冲突有不同的类型。

1. 从产生和变化的过程划分

组织冲突从产生和变化的过程可划分为以下几类。

（1）目标冲突

双方具有不同的目标或预期，导致相互冲突。如企业的目标与员工的愿望相反，就会激起员工的对抗。企业为了增加利润，延长劳动时间，降低员工工资，减少员工福利等引起员工的不满，就属于这一类型。

（2）认知冲突

双方具有不同的看法或观念不相容引发的冲突。如企业内部改革与高速发展中，在涉及大多数人利益时会形成不同的观点，少数人获得较多实惠表示赞成与多数人利益受到伤害表示不赞成，从而形成对立和对抗。

（3）意向冲突

双方的态度和情感不一致引发的冲突。这类冲突不会引发激烈冲突，但是会令人们不愉快和丧失工作热情。态度和情感一致后，冲突随之消失。

（4）行为冲突

双方的行为很难为对方所接受引发的冲突。个体或群体对某种行为的强烈不满导致行为冲突，常常会产生严重后果。如一方不尊重、不友好的行为，会激起对方的反感和对抗。

2．从冲突产生的效果划分

组织冲突根据其产生的效果可划分为建设性冲突和破坏性冲突。

（1）建设性冲突

建设性冲突称积极冲突。这种冲突对其主体（个人、群体或组织）带来积极效果或直接利益。其特点是：

① 双方目标一致，共同关心目标的实现；

② 双方彼此愿意了解和听取对方的观点和意见，交换意见以讨论为主，不伤感情；

③ 双方以争论的问题为中心来互相交流意见，对事不对人。例如对某一方案的不同意见的争论，对某一问题解决方法的不同意见的对立，当经过争论和协调后，会使工作做得更好。

（2）破坏性冲突

破坏性冲突称消极冲突。这种冲突对其主体（个人、群体或组织）产生消极效果或带来损失。例如，由于冲突没有得到很好处理，结果发生暴力事件，毁坏组织财物，或形成重大伤亡。或者是员工不满，产生消极怠工，对工作放弃责任，造成组织的重大损失。

3．从冲突发生的规模划分

组织冲突根据其发生的规模可划分为局部冲突和全局冲突。

（1）局部冲突

小范围内的局部冲突，不影响全局。但是，小范围的局部冲突如果不能及时解决，会引起全局的冲突。

（2）全局冲突

大范围内的全局性的冲突，影响很大，后果严重，必须高度重视，全力以赴尽快合理解决。

4．从冲突产生的原因划分

组织冲突根据其产生原因可划分为利益冲突、观念冲突和角色冲突。

（1）利益冲突

利益冲突是指一方利益损害另一方利益所导致的冲突。这是最常见的冲突，不公正、不公平和不公开是引发利益冲突的主要原因。

（2）观念冲突

观念冲突是指不同的思想、观念产生的冲突。不同的文化背景、生活习惯和性格引起的冲突，主要是内心感受的冲突，一般不会形成行为冲突，也难免在口角之争中引发打架斗殴。所以，做好思想观念的转化工作是避免此类冲突的正确方法。

（3）角色冲突

角色冲突是指双方处于不同的地位和角色引发的冲突。一方对另一方不服和不满，主要原因还是缺乏有效沟通，或提拔晋升有失公允。

5．从冲突发展阶段划分

组织冲突根据其发展阶段可划分为隐性冲突和显性冲突。

（1）隐性冲突

隐性冲突是指潜在的尚未表现出来的冲突。明智的领导要见微知著，做到防微杜渐，未雨绸缪，对潜在的矛盾千万不可掉以轻心。

（2）显性冲突

显性冲突是指表现明显的可知觉、可观察到的冲突。说明冲突已经发生，应引起警惕，及时采取措施予以解决，不能坐视不顾。

6．从冲突主体的层次划分

组织冲突根据其主体的层次可划分以下几类。

（1）个人内心冲突

此种冲突局限在个人的内心，属于心理不平衡，会带来不愉快，如果处理不好，会发展成为行为冲突。

（2）个人与个人的冲突

个人与个人之间因思想、认识、观念、情感和利益引起的冲突，会导致相互对抗甚至引发仇恨。需要提供群体帮助和劝导。

（3）个人与群体的冲突

个人与群体在观念、角色、认知和利益上的不同引发的冲突，群体要耐心解释和沟通，主动关心和帮助个体转变思想观念，服从集体利益。

（4）群体与群体之间的冲突

群体与群体由于观念、角色、利益的不同引发的冲突，需要组织出面耐心做工作，召集双方领导或代表坐下来一起讨论，正确处理。

（5）群体与组织的冲突

组织内部群体与组织的冲突经常发生，需要组织积极主动与群体交换意见，帮助群体提高认识。如果原因在组织，组织要检讨自己的行为，及时更正错误做法。

（6）组织之间的冲突

组织之间利益不一致引发的冲突，主要有贸易冲突、不正当竞争、违约等方面的冲突。一方损害另一方的利益，是经常出现的问题，需要通过仲裁机构或借助法律加以解决。

从以上不同类型的冲突可以看出，发生冲突的原因很多，类型复杂。

矛盾无处不在，各种各样的冲突随时可能发生。组织的领导者需要增强风险意识，具有防范、处理冲突和突发事件的智慧和技巧，根据不同的矛盾冲突，采取积极的措施有效地处理冲突，使冲突对组织的危害降到最低限度。对于一些看似不严重、危害不大的冲突，也不能掉以轻心，不能采取漠视的态度，因为小矛盾会引发大危机。组织领导者只有学会处理各种冲突，才能带领全体成员去实现组织的目标。

4.6.3　冲突管理

随着组织或群体内部分工的日益细化、具体，外部环境的日趋复杂多变，竞争的日趋激烈，技术和信息的日益进步，不同主体之间的相互交往与互动活动日趋频繁，多层次、多类型的冲突现象也十分普遍，冲突问题也越来越突出。冲突已经成为一种十分重要的组织现象和社会现象。因此，一个组织、群体以至个人，能否学习、掌握和提高冲突管理的科学知识和艺术技巧，能否及时、正确、有效地实施冲突管理，趋利避害地驾驭冲突，直接影响自身目标的能否实现，关系组织、群体和个人能否生存与发展。

冲突管理有广义与狭义之分，广义的冲突管理应当包括冲突主体对于冲突问题的发现、认识、分析、处理、解决的全过程和所有相关工作，也就是对"潜在冲突（潜在的对立与不相容阶段）—知觉冲突（认识与个人化阶段）—意向冲突（行为意向阶段）—行为冲突（行为阶段）—结果冲突（结果阶段）"的全过程进行研究管理。狭义的冲突管理则着重把冲突的行为意向和冲突中的实际行为及反应行为作为研究对象，研究冲突在这两个阶段的内在规律、应对策略和方法技巧，以便有效地管理好实际冲突。

冲突管理是有规律可循的，掌握这些规律和基本原则，对于有效地处理冲突可以起到事半功倍的效果。具体而言，冲突管理应遵循以下主要原则。

① 倡导建设性冲突，避免破坏性冲突，将冲突水平控制在适当的水平。西方的现代冲突理论认为，冲突对于组织的影响既有积极的方面，也有消极的方面，冲突水平过高和过低都会给组织和群体带来不利影响。因此，在冲突管理中应当注意，对于引起冲突的各种因素、冲突过程、冲突行为加以正确处理和控制，努力把已出现的冲突引向建设性轨道，尽量避免破坏性冲突的发生和发展，适度地诱发建设性冲突并把冲突维持在适当的水平之内，以便达成"弃其弊而用其利"的冲突管理目标。

② 实行全面系统的冲突管理，而不是局限于事后的冲突控制和处理。传统的冲突管理把工作的重点放在冲突发生后的控制或处理上，因而比较被动。实际上，冲突的形成、发展和影响是一个系统的过程，现代冲突管理理论认为，冲突管理不仅仅是公开冲突发生

后的事情，而应当是潜在冲突、知觉冲突、意向冲突、行为冲突（公开冲突）、结局冲突等所有冲突阶段的事情，必须对冲突产生、发展、变化、结果的全过程，所有因素、矛盾和问题进行全面管理，才能把原则落到实处，尽量减少破坏性冲突的消极作用，充分发挥建设性冲突的积极作用，最大限度地降低冲突管理的成本。

③ 具体问题具体分析，随机制宜处理冲突的原则。不存在一成不变，放之四海而皆准的冲突管理理论和管理方法。必须针对具体的情况，根据所处的环境条件，实事求是地分析问题、认识问题，灵活采用适宜的策略和方法随机应变地处理冲突。

4.7 沟通

> **案例**
>
> 2019年2月25日，陕西西安一女子在西安利之星汽车有限公司4S店签订了分期购车合同，支付20万元首付及1.5万元奔驰金融服务费购买进口奔驰CLS300款轿车。3月27日，该客户去店内提车，签单提车后仅过5分钟，新车还没开出经销店大门，就发现发动机漏油了。该客户发现车辆的发动机存在问题，马上打电话给4S店的销售人员说明情况，对方回应是发动机没油了，并要求女车主把车开回店里加油，但没对新车漏油的具体原因和后续处理方案给出明确回复。之后的一个多月里，该客户持续与奔驰方进行了多次交涉。第一次交涉，奔驰方同意退款，结果没退。第二次交涉，奔驰方以退款不方便为由改为换车，该客户同意了，但没换。第三次交涉，奔驰方以换车不方便为由改为补偿，该客户又同意了，奔驰方却再次失信。第四次交涉，奔驰方表示按照国家三包规定，只能免费更换发动机。最终，该客户情绪爆发，直接坐在新车引擎盖上哭诉并痛斥奔驰方。随后，"奔驰女车主哭诉维权"的视频迅速在网络上热传，受到广泛关注，事件也因此而持续发酵，西安市场监管局更是成立联合调查组调查此事，大众对该维权事件的热议程度更是见涨不见跌。其间，该客户在接受《南方周末》采访时表示："如果再来一次，不会坐上引擎盖，更表示希望以后不会再有女孩子需要通过坐在引擎盖上哭来维护自己的权利，而是能够优雅地解决问题。"

4.7.1 沟通的定义

沟通是不同的行为主体，通过各种载体实现信息的双向流动，形成行为主体的感知，以达到特定目标的行为过程。

在沟通的过程中，行为主体、信息载体和沟通环境都会影响沟通目标的达成。通常情况下，行为主体的状态、知识和经验结构、准备的充分性等因素会影响沟通的效果；信息载体的稳定性、识别度等因素会影响沟通的效果；沟通环境的噪声、氛围等因素也会影响沟通的效果。

需要特别强调的是，沟通是信息双向流动的过程，需要由信息的传递和反馈来共同组成。如果只有信息从发送者到接收者的传递，而没有反馈，通常意义上意味着沟通的失败或无效。

4.7.2　沟通的过程

沟通的过程就是信息的发送者将信息通过选定的渠道传递给接收者的过程，如图 4-1 所示。

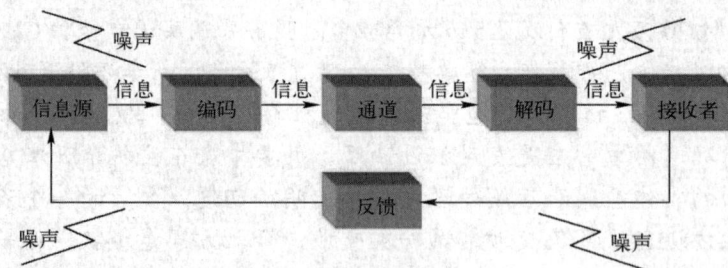

图 4-1　沟通的过程

上述沟通环节最关键的要素有以下 6 项。

（1）编码

编码，就是将信息转换成可以传输的信号的过程，这些信号或符号可以是文字、数字、图画、声音或身体语言。发送者必须将信息编码成接收者可以解码的信号。信息在编码的过程中将受到发送者的技能、态度、知识和社会文化程度的影响。编码信号的清晰度，将会影响接收者对信息的理解。例如，不合时宜地使用专业用语或在非正式的场合使用过于正规的语言等。

（2）通道

通道，就是由发送者选择的、借用传递信息的媒介物。口头交流的通道是声波，书面交流的通道是纸张，面对面交流的通道就是口头语言与身体语言的共同表现。在日常的管理活动中，通道的选择必须尽可能符合信息的性质和传递的有效性。例如，对于十分紧急和重要的信息，显然不宜采用备忘录的传递方式，而员工绩效评估结果的公布，如采用口头表达的形式，就容易表达其严肃性与权威性。因此，正确选用恰当的通道对有效的沟通十分重要。然而，在各种方式的通道中，影响力最大的莫过于最原始的面对面的沟通方式，因为它可以最直接地发出及感受到彼此对信息的态度与情感，所以即使在通信技术高度发达的现代社会，面临新型冠状病毒的危险，法国总统也不辞辛劳地飞往比利时进行面对面沟通，协商未来合作之路。

（3）译码

译码，就是接收者将获得的信息信号解译为可理解的信息的过程。接收者在译码的过程中，需与经验、知识与文化背景相结合，才能将获得的信号转换为正确的信息。如果解译错误，信息就会被误解或曲解。

（4）反馈

反馈，就是将信息返回给发送者，并对信息是否被接受和理解进行核实，它是沟通过程的最后一个环节。发送者根据核实的结果再发出信息，以进一步确认所发出的信息是否已经得到有效的编码、传递与译码，通过反馈，才能真正使双方对沟通的过程和有效性加以正确的把握。在沟通过程中，反馈可以是有意的，也可以是无意的。

（5）背景

背景，就是沟通所面临的总体环境，这种环境可以是物质环境，也可以是非物质环境，而任何形式的沟通，都必然受到各种环境因素的影响。这些因素通常包括：物理背景，如一则小道消息在嘈杂的市场中传递与以电话的方式告知对方的效果截然不同，前者常显示出其随意性，而后者却体现其神秘性；心理背景，如对同一个信息，在心情不同的情形下往往反馈出不同的态度；社会文化背景，这反映在不同的社会角色及文化差异中对同一信息的价值取向的不同，由此要求沟通的双方必须要站在对方的立场上、尊重对方的民族习惯与其进行信息的交流，不能超越社会角色与违背文化差异去进行沟通。

（6）噪声

噪声，就是沟通过程中对信息传递和理解产生干扰的一切因素。噪声存在于沟通过程的各个环节，如难以辨认的字迹，沟通双方都较难听懂的语言，电话中的静电干扰以及生产场所中的设备噪声。固有的成见、身体的不适、对对方的反感等都可以成为沟通过程中的噪声。当噪声对编码产生干扰时，信息就会失真。

4.7.3 沟通的作用

为什么要沟通？这个问题听起来就好像问别人"为什么要吃饭"或"为什么要睡觉"。

吃饭是因为饥饿，睡觉是因为困倦。同样，对于我们来说，沟通是一种自然而然的、必需的、无所不在的活动。

通过沟通可以交流信息和获得感情与思想。在人们工作、娱乐、居家、买卖时，或者希望和一些人的关系更加稳固和持久时，都要通过交流、合作、达成协议来达到目的。

在沟通过程中，人们分享、披露、接收信息。根据沟通信息的内容，沟通可分为事实、情感、价值取向、意见观点。根据沟通的目的沟通，可以分为交流、劝说、教授、谈判、命令等。

归纳起来说，沟通的主要作用有两个，具体如下。

（1）传递和获得信息

信息的采集、传送、整理、交换，无一不是沟通的过程。通过沟通，交换有意义、有价值的各种信息，生活中的大小事务才得以开展。掌握低成本的沟通技巧、了解如何有效地传递信息能提高人的办事效率，而积极地获得信息更会提高人的竞争优势。好的沟通者可以一直保持注意力，随时抓住内容重点，找出所需要的重要信息。他们能更透彻了解信息的内容，拥有最佳的工作效率，并节省时间与精力，获得更高的生产力。

（2）改善人际关系

社会是由人们互相沟通所维持的关系组成的网，人们相互交流是因为需要同周围的社会环境相联系。

沟通与人际关系两者相互促进、相互影响。有效的沟通可以赢得和谐的人际关系，而和谐的人际关系又使沟通更加顺畅。相反，人际关系不良会使沟通难以开展，而不恰当的沟通又会使人际关系变得更坏。

没有充分有效的沟通，组织成员不知道做事的意义，也不明白做事的价值，因而做事的积极性也就不可能高，创造性也就无法发挥出来。进而也就不敢在做事的方式上进行创新，做事墨守成规，按习惯行事，必然效益低下。

相反，如果有比较充分而有效的沟通，组织成员在理解他所做的工作的目标、意义和价值后，工作热情和主动性倍增。人们经常用两个石匠打石头的故事说明工作意义和价值本身对工作者的热情和成效的影响：一个石匠，只是为了打石头而打石头，看不到自己工作的意义，因而感到打石头工作苦不堪言，整天愁眉苦脸，疲惫万分；相反，另一个石匠，知道所打的石头是要用到一个大教堂的建筑上去的，不仅没有感到劳苦，而且一直保持着充沛的精力和高昂的热情，他为自己能参与这样一个千秋工程而自豪。

一个希望有所作为的管理人员，如果明了沟通与管理的关系，也就绝不会轻视管理沟通工作。

只有通过沟通让组织成员明白他的工作目标要求、所要承担的责任、完成工作后的个人利益之后，才能使其明白做什么、做到什么程度，自己选择什么态度去做。

正是从这个意义上讲，有效的沟通是提高组织运行效益的一个重要环节。实现管理沟通规范化，也就是通过把一种高效、科学的沟通技巧和方法作为一种管理人员的具体管理行为规范确立下来，让每个管理人员都遵照执行。

课后习题

一、简答题

1．群体的定义是什么？群体有哪些类型？

2．群体有哪些发展阶段？

3．群体的规范和地位如何影响个体的行为？

4．群体决策（与个人决策相比）有哪些利与弊？

二、案例分析

案例分析 1：如果说"三个臭皮匠顶个诸葛亮"，那么六个臭皮匠是否更厉害？

玛吉·贝克尔（Maggie Becker）是 Ka-VU 连锁店的一名营销经理。该公司是位于俄亥俄州东部的一家小型连锁咖啡店，最近，玛吉的富翁叔叔去世了，留给了玛吉（是他唯一的侄女）100 000 美元的遗产。考虑到现有的工资已经足以应付生计，玛吉准备用这笔钱进行投资，从而使自己以后有点私房钱用来买房。玛吉有个邻居叫布莱恩（Brian），是一名财务顾问。布莱恩告诉玛吉，投资方式很多，因此玛吉让他提供两条好的投资建议以供选择。以下就是布莱恩向玛吉提供的建议。

建立 1：AAA 级的低风险政府债券。根据布莱恩提供的信息，购买这种债券，玛吉在 5 年后几乎没有资金损失的可能，而且预期可以获得大约 7 000 美元的收益。

建立 2：风险适中的共同基金。根据布莱恩提供的信息，如果购买这种基金，玛吉将有 50%的概率获得 40 000 美元的收益，但同时也会有 50%的概率损失 20 000 美元。

以前玛吉总是为自己在选择过程中所体现出的理性和客观感到自豪，但这次她不知道该怎么办。而布莱恩也拒绝帮助她做最后的决定。他告诉玛吉，她已经把自己限制在这两个选择里。在开车去父母家过周末的路上，玛吉发现自己在两个选择之间犹豫不决，而且她的哥哥今天也回来看望父母，所以玛吉决定在晚餐后将家人聚到一起，告诉他们自己所面临的两个选择，然后做出决策。"你知道，古话说得好，三个臭皮匠顶个诸葛亮。"她自言自语道，"那么六个臭皮匠一定更厉害。"

【问题】

1．玛吉在如何制定决策这个问题上，是否做出了一个正确的决策？

答：不是的，将投资选择限定在两个变量上不是明智之选。四个人讨论可能或可能不比一个人思考要好。群体思维也可能会同时产生。

2．你会选择哪种投资方式？为什么？

答：我会选择方式 2。风险适中的共同基金有更多盈利的机会。她才 24 岁，还有很长时间在共同基金的周期中进行投资。共同基金和股票都会比债券表现得好。

3．你认为大部分人会选择哪种投资方式？

答：大部分人会选择方式 2。风险适中的共同基金相对安全，特别是从长期来看。

4．根据你在本章中对群体偏移的了解，你认为玛吉的家人会选择哪种投资方式？

答：（1）群体偏移指的是群体成员在讨论备选方案和制定决策时往往会放大自己最初的立场或观点。事实上，群体偏移或群体极化可以看作群体思维的一种特殊形式。（2）在群体讨论中成员之间越来越熟悉，而随着相处变得融洽，会变得更加勇敢和大胆。群体决策分散了责任，群体决策使得任何人都不必最终独自承担后果，所以他们更为冒险。据此，群体偏移表明玛吉的家人会偏向更冒险的投资，也就是共同基金。

案例分析 2："羊群行为"和房价泡沫（以及泡沫的破裂）

有时候我们很容易以各种方式忘记人和动物并没有什么大不同。经济学家凯恩斯在他的评论中提到了这一点："可能，我们大部分的决策是希望产生一些积极作用，但决策所产生的完整影响需要很长时间才能显现，因而这些决策只能被视为动物精神的结果——也就是一种无意识的、自发的行为冲动，而不是冷静思考，也不是通过定量方式综合权衡利弊之后制定的决策。"这种"动物精神"如果放到群体层面是尤其危险的。一只动物如果决定冲下悬崖，那么结果对于它来说可能是悲剧性的，而放到群体层面上，这个决策可能会导致一群动物都冲下悬崖。你也许会感到惊讶，这对组织行为有什么意义？考虑一下最近的房价泡沫及其破裂。随着房价到达历史高点，人们好像只根据所观察到的他人行为来进行决策，而不考虑风险。房主和投资者蜂拥着购买房产，因为所有人都在这么干。银行都忙着提供不用着急偿还的贷款，同样是因为所有银行都在这么干。"每个银行都不想落后，每个人都降低了自己的承保标准，不管谁都是这样"，地区银行（RegionsBank）的高管人员迈克尔·门克（Michael Menk）说道，"我们是银行家，我们必须随大流。"耶鲁大学经济学家罗伯特·席勒（Robert Shiller）把这称作"羊群行为"（也就是随大流行为），并且通过对以往研究的引用，证明了人们在决定自己应该怎么做时常常依赖群体的行为。近期的一项行为金融学研究证实，投资决策过程中确实存在这种羊群行为。该研究同样还表明，当分析师自己缺乏足够准确或可信的信息时，他们往往会跟随其他分析师的脚步。

【问题】

1．有些研究表明，随着群体规模的增加，羊群行为也会增加，你觉得为什么会这样？

答：在决策上的群体偏移让团队成员对结果持更保守的态度。与羊群行为保持一致会让其中的成员具有更高的社会归属感，他是团队的一员。或者，羊群规模越大，凝聚以巩固团队地位和重要性的愿望越强烈。

2．一位研究者认为，之所以出现"扎堆行为"，是因为它能够带来好处。你认为这种行为有什么好处？

答：扎堆行为与羊群行为一样，会让团队的成员具有更高的社会归属感，他是团队的一员。随着羊群规模越大，人们巩固团队地位和重要性的愿望越来越强烈。

3．席勒认为，羊群行为不仅可以解释房价泡沫的产生，还可以解释房价泡沫的破裂。他认为，"当看到其他人将房价炒到一个低得离谱的水平时，理性的人也会变得极其悲观。"你同意他的观点吗？

答：同意。羊群行为是指投资者过度依赖于舆论（即市场中的压倒多数的观念），而不考虑自己的信息的行为。当其他人把房价炒到一个低得离谱的水平时，由于从众心理，理性的人因为房价过低也会变得极为悲观。

4．组织如何解决羊群行为所导致的问题？

答：羊群行为首先是一个群体。群体指的是为实现特定目标而组合到一起并形成互动和相互依赖关系的两个或更多个体。金融市场中的羊群行为是一种特殊的非理性行为，它是指投资者过度依赖于舆论（即市场中的压倒多数的观念），而不考虑自己的信息的行为。人类的从众本能，人群间的沟通传染、出于对声誉和薪金的需求，信息的不确定性、信息成本过高都可能导致了金融市场中的羊群行为的产生。（1）在解决羊群行为前，首先要了解人们为何组成群体。社会认同理论认为，人们会对自己所属群体的成功或者失败产生情绪，因为他们的自尊同群体的表现是紧密挂钩的。（2）对于投资者而言，由于羊群行为与从众、缺乏创新思想联系在一起，参与羊群行为的人，一般都持有一种保本不亏就可以的态度。他们最多只能获得不超过市场平均水平的收益率。因此，对于投资者而言，要获得超过平均水平的收益率，必须在"人云亦云"的格局中（如市场大涨或者大跌）保持一种独立和创新的精神。要维持独立和创新，需要充分了解所投资的资产，不要轻信道听途说的传闻，在市场极端不稳定，信息极端不确定时，要保持清醒的头脑，充分考虑到各种潜在的风险。

项目五　领导及领导行为

导入案例　苹果的故事

史蒂夫·乔布斯（Steve Jobs，1955—2011）向苹果董事会递交了辞呈，他被称为苹果的灵魂。史蒂夫·乔布斯1955年2月24日出生于美国旧金山，1972年高中毕业后，在波兰的一所大学中只念了一学期的书。1974年，他在一家公司找到设计计算机游戏的工作，两年之后，当时21岁的乔布斯和26岁的沃兹尼艾克在乔布斯家的车库里成立了苹果计算机公司。然而，1984年他却戏剧性地被踢出了公司，直到1997年，他才重返公司并担任首席执行官。绝对没有人能像他那样蝉联21次《福布斯》杂志评选的最佳首席执行官，而每年只象征性地从苹果公司领取一美元工资，却凭借苹果公司给予的股票位列加利福尼亚州年收入最高首席执行官的榜首。他的专制作风和粗暴、不近人情被广为传播，他的抠门儿也被人们津津乐道，人们还常常拿他和比尔·盖茨相比较，认为乔布斯不过是贪婪的资本家，虽然在领导风格等方面存在争议，但另一方面，乔布斯将所有精力致力于创新和发现，战略上深谋远虑。在对待产品上他追求细节上的完美、简单、个性化，注重真正的用户体验。他带领苹果公司创造了诸多辉煌。他辞职了，谁来接任？乔布斯强烈推荐前苹果首席运营官蒂姆·库克（Tim Cook）接任苹果首席执行官一职，他在乔布斯治病期间扛起了重任，但是似乎没有人能继承乔布斯在精神上的效应。他特立独行的个性、锐意创新领导潮流的创举、跌宕起伏的传奇人生经历、坚韧而强悍地力挽狂澜的能力，以及他在计算机界和娱乐界无可匹敌的影响力，使他等同于苹果公司，全球每个角落提起苹果公司或者iPod，都会对应出乔布斯的面孔。乔布斯无疑是成功的，但是他又与其他成功领导者有着太多不同，那么他们有没有一些共有的素质呢？领导风格又会有怎样的影响？某种领导风格会一直发挥效用吗？带着这些疑问，我们将在本章的内容中寻找答案。领导是一个特殊的动态过程，在这一过程中，领导者与被领导者、领导环境共同发挥作用，以实现一定的组织目标。领导者作为个人，其行为特征本可纳入个体行为来研究，而如果领导者是一个集体，也可以纳入群体行为来研究，然而领导者在组织中所处的独特地位，使得要对领导行为进行专门的研究，这构成了组织行为学研究的重要部分。随着管理理论和管理思想的发展，领导理论逐渐丰富，先后大致经历了三个阶段：第一阶段，主要是从领导者特质的角度去理解领导，即优秀的领导者有其不可比拟的天赋和个人品质，由此形成领导特质理论；第二阶段，主要研究领导者的哪些行为会有助于进行有效的领导，由此形成了代表性的领导行为理论；第三阶段，是从组织所处的环境角度出发来对领导活动进行研究，称为领导权变理论。这三种理论都有其片面性，对于领导活动来说，并不存在一种永恒的、永远处于决定性地位的要素。领导既是科学，又是艺术。领导活动取决于很多要素在特定状态下的有机组合。

5.1 领导

5.1.1 领导的概述

领导（leadership）是一种影响力，是对人们施加影响的艺术或过程，从而使人们情愿地、热心地为实现组织或群体的目标而努力。

从这个定义中我们可以发现领导的 3 个要点。

1. 影响力

正是靠着影响力，领导者在组织或群体中实施领导行为；靠着影响力，领导者把组织或群体中的人吸引到他的周围来；靠着影响力，领导者获取组织或群体成员的信任；也正是靠着影响力，组织或群体中的成员心甘情愿地追随领导者。因此，拥有影响力的人才称得上是一位真正的领导者。

2. 领导是一个过程

领导是对人们施加影响的过程；同时，领导不只是一种过程，也是一种艺术。领导者面临千变万化的组织或群体的内外环境，特别是面对着各种各样的人，他们的身份不同，有着各种不同的教育、文化和经历背景，他们进入组织或群体的目的和需要各不相同，而且人们的需要、目的等都处在动态的变化之中。因此，对人的领导与其说是一种过程，不如说是一种艺术。越是高层次的领导行为，因其面对因素的复杂性和不确定性，所以艺术的成分就越多。

3. 领导的目的

领导是一项目的性非常强的行为，它的目的在于使人们情愿、热心地为实现组织或群体的目标而努力。使人们情愿地而非无奈地、热情地而非勉强地为组织或群体的目标而努力，这体现了领导工作的水平，也是领导者追求的目标。在领导工作中，领导者是领导行为的主体，但千万不要把领导者同被领导者对立起来。实际上领导者与被领导者是各自以对方的存在而存在的，没有被领导者当然也就没有领导者了。在领导行为过程中，领导者当然要对被领导者施加影响，但此时被领导者也同样在对领导者施加影响，可见影响是相互的。

因此，领导并不仅仅是单向的，即由领导者对被领导者产生影响，而实际上是一种双向的动态过程，即除了领导者通过指导、激励等影响被领导者，被领导者也给领导者以信息来修正领导者现在和未来的行动。人们的能力、感受与心态是不断演变的，领导者与被领导者的关系也必须不断修正，行动必须持续调节，因此领导是一种动态的过程。

5.1.2　领导与管理

领导的含义之一是领导行为，即特殊的社会活动。在这个层面上，人们一般把管理（management）和领导当成同义语来使用，好像管理者就是领导者，领导过程就是管理过程。实际上管理和领导是两个不同的概念，二者的功能和作用有明显的区别。

（1）职能不同

领导和管理的职能范围不同，管理的职能比领导宽泛。管理包括计划、组织、领导和控制等职能，领导是管理的主要职能之一。管理的对象是人，也可以是物（如生产管理、物流管理、信息管理等）；领导的对象通常是人，通过对他人施加影响从而实现组织的目标。

（2）作用不同

领导和管理在组织中的作用不同。领导的主要作用是做正确的事，确立组织正确的行动方向非常重要，领导者更关注组织的未来；管理强调的是正确地做事，方向一旦确定，如何用最好的途径和方法，如何高效地达到组织目标是管理的重点，管理者更关注组织的现在。

（3）工作重点不同

领导和管理在组织工作中的侧重点不同。领导重在影响和引导，在组织变革的时候制定新的目标，探索新领域；管理重在协调和控制，维持既定秩序，配置资源，提高现有效率，把已经决定的事办好。

此外，人们常常将领导看成一门艺术，必须结合具体问题具体分析，因时因地，因人而异，没有什么万能的领导方法和理论。管理则更科学、正规，人们在不同的组织环境中，使用较为标准化的管理方法和工具。

5.1.3　领导与权力

在组织中，权力和影响是领导者工作的中心。研究认为，领导是引导和影响他人实现一定目标的行为过程。这里强调两点：一是实现一定目标；二是带领和影响他人实现目标。领导行为通常是与目标相连的，没有目标，领导便失去了意义；目标的实现，不是靠自己，而是靠影响他人，这里的他人可能是某个人、某群人，也可能是许多人。领导的核心是研究如何确定目标，制定实现目标的路径、方法与策略，然后鼓动、激励他人满怀热情、心甘情愿地实现目标。这种打动人心的做法，可以借助权威，也可以说是一种能力，达到一定的境界后还可以称为艺术。

领导的本质是一种影响力，但影响力的发挥总是有一定的主体，因此领导与领导者往往紧密联系在一起。领导者是实现领导过程的特定人物。因此，领导应该包括两个要素：第一，具有领导地位的人物，该人物具有一定的地位、身份和使命；第二，实施领导的过程，需要计划、组织、协调、激励。

按照领导的含义，领导影响力（leadership influence）有正式和非正式之分，正式的领导者是管理者，非正式的领导者不是管理者，但同样对他人产生影响。许多有很强影响力的领导者，即使自己不再处于管理岗位，仍然可以产生较大的影响。可见，影响力并非完全通过岗位或行政的权力来发挥作用。但人们更关心的问题是，拥有行政权力的人，如何让人们心甘情愿地接受领导，乐意为实现组织目标而奋斗。同样是达到目标，有时人们是被迫的，有时则是主动的，这两者有着本质的区别：被迫的行为迟早会变得勉强、抗拒；主动的行为则使当事人乐在其中，行动中有快乐、满足、创新，这种行为会长期持续下去，会持久地为组织的发展提供活力和动力。

领导通常是引导和教育下属，依靠个人的魅力和感染力，使下属被感动，主动愿意跟随；领导特别善于勾画愿景和使命，指出组织成员努力的方向和理想，而不仅仅停留在眼前；为了实现愿景和使命，不断尝试新的办法和途径；在组织成员情绪低落的时候，不断树立信心，让整个行为过程变得充满希望和快乐。组织中的领导者在被赋予责任和义务的同时，往往也被赋予了一定的权力。

组织中各级领导者之所以能对下级进行管理，率领和引导组织成员为实现组织目标而努力，正是因为领导者拥有与其职务相对应的权力。这种类型的权力称为正式的权力。这种权力由个人在组织中的职位决定，来源于行政力量，表明了领导者行使权力的合法性及在职权范围内的支配地位。组织中正式的权力包括法定性权力（legitimate power）、强制性权力（coercive power）、奖励性权力（reward power）3 种。

① 法定性权力，其核心是指挥和命令、决定和否定，通常由组织按照一定程序和形式赋予领导者进行命令和指挥的权力。

② 强制性权力是一种对下属在肉体、精神或物质上进行威胁，强迫其服从的权力。这种权力建立在惧怕惩罚的基础上，如果一个组织成员不服从，就有可能产生不利的后果，由于对这种不利后果的恐惧，该成员就对强制性权力做出了反应，其实质上是一种惩罚性权力。

③ 奖励性权力，是决定给予还是取消奖励、报酬的权力，是一种通过对组织成员提供益处进而施加影响的权力。奖励性权利与强制性权力相反，组织成员服从于一个人的愿

望或指示是由于这种服从能够给他们带来益处。在组织中，领导者对奖酬的控制力越大，他对下属的奖酬方面拥有的权力就越大。

组织中还存在另外一些人，他们不一定具有正式的职权，也不一定具有较高的级别，但是看上去似乎比同层级的成员甚至更高级别的成员拥有更多的权力。所以领导者的权力不仅可以来自个人在组织中的正式职位，也可以来自一个人的人格、技巧和能力，与职位无关，这种类型的权力被称为非正式的权力，主要包括专家性权力（expert power）和感召性权力（referent power）。

① 专家性权力。这是由于具有某种专门知识、技能而获得的权力。这种权力是以敬佩和理性崇拜为基础的。领导者本人学识渊博，精通本行业务，或具有某一领域的高级专门知识与技能，即获得一定的专长权。

② 感召性权力。这是因领导者的特殊品格、个性或个人魅力而形成的权力。这种权力建立在下属对领导者的尊重、信赖和感性认同的基础上。组织领导者公正无私，胆略过人，勇于创新，知人善任，富于同情心，具有感召力，善于巧妙运用领导艺术，则易获得下属的尊重和依从。

5.2　领导者的影响力

5.2.1　领导影响力的定义

影响力一般指人在人际交往中影响和改变他人心理与行为的能力。领导影响力就是领导者在领导过程中，有效改变和影响他人心理和行为的一种能力或力量。任何领导活动都是在领导者与被领导者的相互作用中进行的。领导工作的本质就是人与人之间的一种互动关系，在领导过程中，领导者如果不能有效影响或改变被领导者的心理或行为，那他就很难实现领导的功能，组织目标也就无法实现。

领导影响力就是领导者在领导过程中，有效改变和影响他人心理和行为的一种能力或力量。任何领导活动都是在领导者与被领导者的相互作用中进行的。

5.2.2　领导影响力的构成基础

构成领导影响力（或者说权力）的基础有两大方面，一是权力性影响力，二是非权力性影响力。

权力性影响力也称为强制性影响力，它主要源于法律、职位、习惯和武力，等等。权力性影响力对人的影响带有强迫性、不可抗拒性，它是通过外推力的方式发挥其作用。在这种方式作用下，权力性影响力对人的心理和行为的激励是有限的。构成权力性影响力的因素主要有：法律、职位、习惯、暴力。

非权力性影响力也称非强制性影响力，它主要来源于领导者个人的人格魅力，来源于领导者与被领导者之间的相互感召和相互信赖。构成非权力性影响力的因素主要有：品格因素、才能因素、知识因素、情感因素。

5.3　领导特质理论概论

5.3.1　领导特质理论的产生

领导特质理论，也称领导素质理论，主要研究的是领导者应具备的素质。"特质是指一个人的行为中重复发生的规律和趋势"（R.Hogan，1991）。特质理论是所有领导理论中最古老的一种理论，是其他领导理论提出的基础。这种理论着重于研究领导者的人格特性，并且认为这些人格特性是先天决定的。

特质理论是 20 世纪最流行的领导理论，也是最早对领导活动及行为进行系统研究的尝试。其研究依据和方法是从优秀的人物身上寻找共同的东西，人们希望了解：为什么他们能够成为领导？什么是领导力的决定因素？领导者区别于普通人的到底是什么？

特质理论在 20 世纪中期受到质疑。特别是 1948 年斯托格迪尔（Stogdill）提出：领导者与非领导者在特质方面的差异，在各种场合并非固定不变。一个具备领导特质的人，在某种场合可能成为领导者，在另外一种场合却未必能够成为领导者。不同特质领导者却能够在相同情境下取得成功。有人在战争中成为领导，而和平时期却不行。内行未必都是成功领导，外行也未必不能领导内行。不同群体期待不同的领导特质。近几年来发现个性特质与领导知觉确有联系。优秀领导者总是能够发现别人不能发现的问题，能够洞察别人无法感知的现象。领导者在某些方面就是与众不同，重新关注富于想象和具有超凡魅力的领导者。

5.3.2　领导特质理论内容

在心理学中，特质理论是研究人类人格一个主要的方法。特质理论家主要的兴趣在于测量"特质"，这可定义为行为、思想和情绪的习惯性模式。特质从时间的角度而言相对稳定，个体之间是不同的（如有些人是外向，而另一些是害羞的），并会影响行为。

高尔顿·威拉德·奥尔波特是一位特质研究的早期先驱。在他的理论中，"核心特质"对于一个人的人格是基本的，而"次要特质"（secondary traits）是较为外围的。"共同特质"（common traits）是那些在一种文化内部和各种文化之间公认的特质。"首要特质"（cardinal traits）是其中那些使个体能被强烈辨识出来的特质。

几乎有无限数量的、潜在的特质可以用来描述人格。但是，因素分析的统计技术已经证明，特质的特定集群可靠地关联在一起。汉斯·艾森克建议，人格可以归结为三个主要特质。其他研究人员认为，需要更多的因素，以充分描述人的人格。当前许多心理学家认为，五个因素就足够了。

下面主要介绍两个现代具有代表性的领导特质理论。

1. 鲍莫尔的领导特质论

美国普林斯顿大学鲍莫尔（Baumol）教授认为，一个领导者应该具备下述 10 项条件才是合格的。

① 合作精神。善于与人合作，愿与他人共事，对人不是压迫，而是感动和说服。

② 决策才能。具有高瞻远瞩的能力，能根据客观事物而非想象进行决策。

③ 组织能力。能发掘部属的才能，善于组织人力、物力和财力。

④ 精于授权。能大权独揽，小权分散，抓住大事，把握方向。

⑤ 善于应变。能随机应变，机动灵活，善于进取，而不抱残守缺、墨守成规。

⑥ 勇于负责。对上级、下级和消费者及整个社会抱有高度的责任心。

⑦ 敢于求新。对新事物、新环境、新技术和新观念有敏锐的感受力与适应力。

⑧ 敢担风险。敢于承担组织发展不景气的风险，有创造新局面的雄心和信心。

⑨ 尊重他人。重视采纳别人的意见，不狂妄自大，不盛气凌人。

⑩ 品德超人。品德上为社会人士和企业员工所敬仰。

2. 鲍尔的领导特质论

麦肯锡公司创始人之一的鲍尔（Bauer）在他 1997 年出版的《领导的意志》一书中提出了领导者必须养成以下 14 种品质。

① 值得信赖。值得信赖就是行动上的正直。一个想当领导者的人应当说真话，这是赢得信任的良好途径，是通向领导的入场券。

② 公正。公正和可信任是联系在一起的。办事不公正对领导者来说是特别严重的问题，因为可能会为其他人开先例。

③ 谦逊的举止。傲慢、目中无人和自高自大对领导者来说是有害的，它容易使领导

者远离员工，走进故步自封的泥潭；谦逊的举止则可让员工对其产生平易近人的心理感受。

④　倾听意见。领导者在讨论时过早发表自己的意见，会关闭学习的机会。倾听意见时不仅要注意听，也包括简短的、非引导式的提问。这种表示感兴趣和理解的态度，并不一定意味着同意。只有善于倾听，领导者才能在其他人之前获悉人们尚未察觉的问题和机会。

⑤　心胸宽阔。有些领导者心胸不宽阔的原因在很大程度上要归咎于命令加控制的体制。自信是一个优点，但过分自信会导致自我吹嘘，甚至骄傲自大，这势必使其心胸狭隘。

⑥　对人要敏锐。领导者应该养成能够推测人们内心想法的能力。如果了解人们内心的想法，领导者就能更好地说服他们。对人敏锐也意味着领导者对人们的感情是敏锐的，领导者对人要谦和、体贴、理解、谨慎，对人说的话不会令人沮丧，除非是有意的批评。

⑦　对形势要敏锐。这里所说的形势不是经济形势、政治形势等宏观形势，而是指工作中发生的各种各样的情境。领导者要善于对形势进行仔细的分析并做出客观的评价，同时要敏锐地察觉有关人员的情感和态度。

⑧　进取。进取心是任何领导者都应具备的最重要的品质之一。

⑨　卓越的判断力。领导者要能把确定的信息、可疑的信息和直观的推测结合起来，从中得出结论，而日后事情的发展证明这种结论是正确的。行动中的判断力包括：有效地解决问题的能力、制定战略的能力、确定重点以及直观和理性的判断，而最重要的一点是，判断力也包括对合作者和对手的潜力进行评估的能力。

⑩　宽宏大量。领导者要能容忍各种观点，肯宽恕微小的离经叛道行为，还要能不为小事所干扰，肯容忍小的过错，平易近人。

⑪　灵活性和适应性。这是同心胸宽阔、肯倾听意见相联系的。领导者要思想开放，清醒地看到组织运行中的不足，这样他们才能更快地发现需要变化的地方，实施并适应变革。

⑫　稳妥而及时的决策能力。领导者要能把握好决策的速度和质量。

⑬　激励人的能力。领导者要能通过榜样、公正的待遇、尊重、持股、分红等形式让员工获得满足感，从而激励员工采取行动，增强他们的信心。

⑭　紧迫感。领导者有了紧迫感，就能为员工树立榜样。当紧迫感传遍整个组织时，效果和效率就会有很大的不同，必要时也更容易加快速度。这在竞争激烈的环境里是很重要的。

除以上两种领导特质理论外，日本企业界认为，一个领导者要有 10 项品德、10 项能力。10 项品德是指使命感、负责感、信赖感、忍耐感、积极性、进取心、忠诚老实、公平、热情、勇敢；10 项能力是指思维决策能力、规划能力、判断能力、创造能力、洞察能力、劝说能力、对人理解的能力、解决问题的能力、培养下级的能力、激发积极性的能力。

5.4　领导行为理论

领导者的行为理论从研究领导者的内在特征开始转移到外在行为,并个人行为方式可以对领导进行分类。然而,至今还没有一个公认的"最好的"分类。

有效的领导理论除了研究领导者的个性和素质以外,还要研究领导者的工作行为方式。领导者通过一定的工作方式对被领导者施加影响,以实现被领导者组织绩效的领导行为。

领导方式,一般是指领导者在不同的工作环境中如何作出决策和实现目标,以及行使权力和发挥领导影响力的方式。为了进一步理解领导方式,还需要考察领导行为和领导活动的过程。

诺贝尔经济学奖获得者西蒙认为,领导方式大致可分为两类:一是领导者通过培养教育,树立成员对组织的忠诚,培养成员的态度、习惯和精神状态,诱发成员对工作效率的关心,引导成员自觉地执行组织的决定;二是领导者行使权力,进行动员和提供信息,迫使操作人员执行组织的决定。

5.4.1　怀特和李皮特的三种领导方式理论

美国管理学家罗夫·怀特(Ralph K.White)和罗纳德·李皮特(Ronald Lippett)所提出的三种领导方式理论——权威式(Authoritarian)、民主式(Democratic)及放任式(Laissez-faine),为一般人所最熟悉的分类。

(1)权威式领导

所有政策均由领导者决定;所有工作进行的步骤和技术也由领导者发号施令行事;工作分配及组合多由领导者单独决定;领导者与下属较少接触,如有奖惩,往往对人不对事。

(2)民主式领导

主要政策由组织成员集体讨论决定,领导者采取鼓励协助态度;通过讨论,使其他成员对工作全貌有所认识,在所设计的完成计划的途径和范围内,下属人员对进行工作的步骤和所采用的技术,有相应的选择机会。

(3)放任式领导

组织成员或群体有完全的决策权,领导者放任自流,给组织成员提供工作所需的资料条件和咨询，而尽量不参与、也不主动涉及，只偶尔表示意见。工作进行几乎全依赖组织成员、各人自行负责。

这三种领导方式中，一般认为以民主式领导方式的效果较好。

5.4.2　利克特的"工作中心"与"员工中心"理论

美国管理学家利克特（Rensis Likert）的"工作中心"与"员工中心"理论又称利克特的四种领导方式理论。1947 年以后，利克特及密执安大学社会研究所的有关研究人员，进行了一系列的领导研究，其对象包括企业、医院及政府各种组织机构。

1961 年，他们把领导者分为两种基本类型，即"以工作为中心"（job-centered）的领导与"以员工为中心"（employee-centered）的领导。前者的特点是：任务分配结构化、严密监督、工作激励、依照详尽的规定安排。而后者的特点是：重视人员行为反应及问题，利用群体实现目标，给组织成员较大的自由选择的范围。

据此，利克特倡议员工参与管理。他认为有效的领导者是注重于面向下属的，他们依靠信息沟通使所有各个部门像一个整体来行事。群体的所有成员（包括主管人员在内）实行一种相互支持的关系，在这种关系中，他感到在需求价值、愿望、目标与期望方面有真正共同的利益。由于这种领导方式要求对人采取激励方法，因此利克特认为，它是领导一个群体的最为有效的方法。利克特假设了四种领导方法，以此作为研究和阐明他的领导原则。

（1）"利用-命令式"方法

在该领导方法中，主管人员发布指示，决策中有下属参与；主要用恐吓和处分，有时也偶尔用奖赏去激励人们；惯于由上而下地传达信息，把决策权局限于最高层；等等。

（2）"温和-命令式"方法

在该领导方法中，主管人员用奖赏兼某些恐吓及处罚的方法去鼓励下属；允许一些自下而上传递的信息；向下属征求一些想法与意见并允许把某些决策权授予下属，但加以严格的政策控制。

（3）"商议式"方法

在该领导方法中，主管人员在做决策时征求、接受和采用下属的建议；通常试图去酌情利用下属的想法与意见；运用奖赏并偶尔用处罚的办法及让员工参与管理的办法来激励下属；由上级主管部门制定主要的政策和运用于一般情况的决定，但让低一级的主管部门去作出具体的决定，并采用其他一些方法商量着办事。

（4）"集体参与"方法

在该领导方法中，主管人员向下属提出挑战性目标并对他们能够达到目标表示出信心；在诸如制定目标与评价目标所取得的进展方面，让群众参与其中并给予物质奖赏；既使上下级之间的信息畅通，又使同级人员之间的信息畅通；鼓励各级组织作出决定，或者将他们自己与下属合起来作为一个群体从事活动。

利克特发现，那些用"集体参与"方法去从事管理活动的管理人员，一般是极有成就的领导者，以此种方法来管理的组织，在制定目标和实现目标方面是最有成绩的。他把这些主要归之于员工参与管理的程度，以及在实践中相互支持的程度。

5.4.3　阿吉里斯的"不成熟—成熟"连续流

美国管理学家阿吉里斯（Chris Argyris）的"不成熟—成熟"连续流理论，主要集中在个人需求与组织需求的研究。他主张有效的领导者应该帮助人们从不成熟或依赖状态转变到成熟状态，如表 5-1 所示。

表 5-1　阿吉里斯的"不成熟—成熟"连续流

不成熟的特点	成熟的特点
被动性	能动性
依赖性	独立性
办起事来方法少	办起事来方法多
兴趣淡漠	兴趣浓厚
目光短浅	目光长远
从属的职位	显要的职位
缺乏自知之明	有自知之明，能自我控制

他认为如果一个组织不为其成员提供使他们成熟起来的机会，或不提供使他们作为已经成熟的个人来对待的机会，那么其成员就会变得忧虑、沮丧，且将会以违背组织目标的方式行事。

5.4.4　俄亥俄州立大学的二维构面理论

美国俄亥俄州立大学的研究者们从 1945 年起，对领导问题进行了广泛的研究，一般称为"俄亥俄学派理论"或"二维构面理论"（two dimensions theory）。他们发现，领导行为可以用两个构面加以描述：关怀（consideration）和定规（initiating structure）。

所谓"关怀"是指一位领导者对其下属所给予的尊重、信任以及互相了解的程度。从高度关怀到低度关怀，中间可以有无数不同程度的关怀。而所谓"定规"，就是指领导者对下属的地位、角色和工作方式，是否都订有规章或工作程序。这里可有高度的定规和低度的定规。因此，可构成一个领导行为坐标，如图 5-1 所示，大致可分为四个象限或四种领导方式。但在非生产部门内，这种关系恰相反。一般来说，高定规和低关怀的领导方式效果最差。

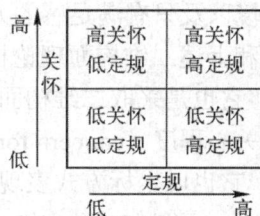

	高关怀 低定规	高关怀 高定规
	低关怀 低定规	低关怀 高定规

图 5-1 俄亥俄州立大学领导行为坐标

虽然其他人的研究未必都支持上述结论，但这些研究激发了日后对于领导问题越来越多的研究和探讨。

5.4.5 布莱克和穆顿的管理方格图

美国管理学家布莱克（Robert R.Blake）和穆顿（Jane Mouton）于 1964 年设计了一个巧妙的管理方格图，醒目地表示了主管人员对生产的关心程度和对人的关心程度（见图 5-2）。

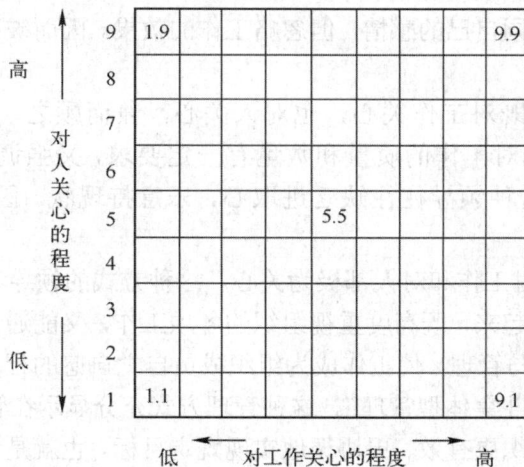

图 5-2 管理方格图

横坐标与纵坐标分别表示对生产的关心程度和对人的关心程度。每个方格就表示"关心生产"和"关心人"这两个基本因素以不同程度相结合的一个领导方式。对生产的关心表示为主管者对各种事物所持的态度，例如政策决定的质量、程度与过程；研究的创造性；职能人员的服务质量、工作效率及产品产量等。人员的关心含义也很广泛，例如个人对实现目标所承担的责任；保持员工的自尊；建立在信任而非顺从基础上的职责；保持良好的工作环境以及只有满足感的人际关系等。

这和上述二维构面理论极为相似。

① 它也是采取二维构面来说明领导方式：对人的关心程度（concern for people）和对工作的关心程度（concern for production）。

② 它也以坐标方式表现上述二维构面的各种组合方式，各有 9 种程度，因此可以有 81 种组合，形成 81 个方格。这就是所谓"管理方格"，其中有 5 种典型的组合，表示典型的领导方式，参见图 5-2。

1.1 型方式：表示对工作和对人都极不关心，这种方式的领导者只做维持自己职务的最低限度的工作，也就是只要不出差错，多一事不如少一事。因而称为"贫乏型的管理"。

9.1 型方式：表示对工作极为关心，但忽略对人的关心，也就是不关心工作人员的需求和满足，并尽可能使后者不致干扰工作的进行。这种方式领导者拥有很大的权力，强调有效地控制下属，努力完成各项工作。因而称为"独裁的、重任务型的管理"。

1.9 型方式：表示对人极为关心，也就是关心工作人员的需求是否获满足，重视搞好关系和强调同事和下级同自己的感情，但忽略工作的效果。因而被称为"乡村俱乐部型的管理"。

5.5 型方式：表示既对工作关心，也对人关心，兼而顾之，程度适中强调适可而止。这种方式的领导既对工作的质量和数量有一定要求，又强调通过引导和激励去使下属完成任务。但是这种领导往往缺乏进取心，乐意持现状。因而被称为"中庸之道型管理"。

9.9 型方式：表示对工作和对人都极为关心。这种方式的领导者能使组织的目标与个人的需求最有效地结合起来，既高度重视组织的各项工作，又能通过沟通和激励、群体合作，使下属人员共同参与管理，使工作成为组织成员自觉自愿的行动，从而获得高的工作效率，因而被称为"战斗集体型管理"。这种管理方式充分显示在管理过程中，指导与领导工作的作用表现使组织更有效、更协调地实现既定目标。也就是说，充分调动组织成员的积极性，把个人与组织目标结合起来，形成人人为组织目标的实现而努力的生动活泼的局面。其关键在于如何协调个人与组织的目标。

应该指出，上述 5 种典型，也仅仅是理论上的描述，都是一种极端的情况。在实际生活中，很难会出现纯之又纯的典型领导方式。

5.5　费德勒的领导权变模型

5.5.1　领导权变理论的产生与发展

领导权变理论是继领导者行为研究之后发展起来的领导学理论。这一理论的出现，标志着现代西方领导学研究进入了一个新的发展阶段。

20世纪以来，西方领导学研究经历了三个发展阶段。首先是领导者特质研究阶段，其研究重点在于认定领导者的素质或特性，从而了解究竟何种人才适合充任领导者，如Birs的早期研究发现用于区别领导人和非领导人的79种特质等。其次为领导者行为研究阶段，其研究旨在描述领导者行为或领导方式，即了解作为一个领导者应该做些什么以及如何做好，如K.Lewin的领导作风理论，R.Blake与Morton的管理方格图等。最后是领导的权变理论研究阶段，其研究目的在于探究领导方式与团体组织效能的关系。

最早对权变理论作出理论性评价的是心理学家费德勒（F.Fiedler）。他于1962年提出了一个"有效领导的权变模式（contingency model of leadership effeveness）"，即费德勒模式。这个模式把领导人的特质研究与领导行为的研究有机地结合起来，并将其与情境分类联系起来研究领导的效果。他通过15年的调查之后，提出：有效的领导行为，依赖于领导者与被领导者相互影响的方式以及情境给予领导者的控制和影响程度的一致性。

继费德勒的权变理论之后，20世纪70年代初，一种新型的领导权变理论颇受重视，这就是加拿大多伦多大学教授豪斯（R.J.Howse）的通路-目标理论（path goal theories）。该理论把伊万斯（W.G.Evans）的研究加以延伸，又把期望理论与俄亥俄大学的领导行为二维构面理论结合起来。该理论的基本前提是：某些领导行为之所以有效，是因为在该情境之中，这种行为有助于下属人员达成和工作有关的目标。豪斯等人认为：领导是一种激励部下的过程。领导方式只有适用于不同的部下和环境时，才是有效的。该理论的核心是要求领导者用抓组织、关心生产的办法帮助成员扫清达到目标的通路，用体贴精神关心人，满足人的需要；帮助成员通向自己预定的目标。因此，豪斯提出了四种领导方式：指令型的、支持型的、参与型和成就型的。而这四种领导方式必须根据成员的不同情况分别选择，选择时主要考虑两个方面的因素，即成员的人格特性和环境因素。人格特性包括能力、需求等。环境因素包括任务的性质、组织的权力系统和工作群体等。

5.5.2　几种有代表性的领导权变理论

1．费德勒模型

伊利诺大学的费德勒（Fred Fiedler）从 1951 年开始，首先从组织绩效和领导态度之间的关系着手进行研究，经过长达 15 年的调查试验，提出了"有效领导的权变模式"，即费德勒模型。他认为任何领导形态均可能有效，其有效性完全取决于是否与所处的环境相适应。他把影响领导者领导风格的环境因素归纳为三个方面：职位权力、任务结构和上下级关系。

（1）职位权力

职位权力（position power）指的是与领导者职位相关联的正式职权和从上级和整个组织各个方面所得到的支持程度，这一职位权力由领导者对下属所拥有的实有权力所决定。领导者拥有这种明确的职位权力时，组织成员将会更顺从他的领导，有利于提高工作效率。

（2）任务结构

任务结构（task structure）是指工作任务明确程度和有关人员对工作任务的职责明确程度。当工作任务本身十分明确，组织成员对工作任务的职责明确时，领导者对工作过程易于控制，整个组织完成工作任务的方向就更加明确。

（3）上下级关系

上下级关系（leader-member relations）是指下属对一位领导者的信任爱戴和拥护程度，以及领导者对下属的关心、爱护程度。这一点对履行领导职能是很重要的。因为职位权力和任务结构可以由组织控制，而上下级关系是组织无法控制的。

2．情境领导理论

该理论由赫塞（Paul Hersey）和布兰查德（Ken Blanchard）提出，他们认为下属的"成熟度"对领导者的领导方式起重要作用。所以，对不同"成熟度"的成员采取的领导方式有所不同。

所谓"成熟度"（readiness）是指人们对自己的行为承担责任的能力和愿望。它取决于两个要素：工作成熟度和心理成熟度。工作成熟度包括一个人的知识和技能，工作成熟度高的人拥有足够的知识、能力和经验，完成他们的工作任务而不需要他人的指导。心理成熟度指的是一个人做某事的意愿和动机。心理成熟度高的个体不需要太多的外部激励，他们靠内部动机激励。

在管理方格图的基础上，情境领导理论根据下属的成熟度不同，将领导方式分为四种：

命令式（telling）、说服式（selling）、参与式（participating）和授权式（delegating），如图 5-3 所示。

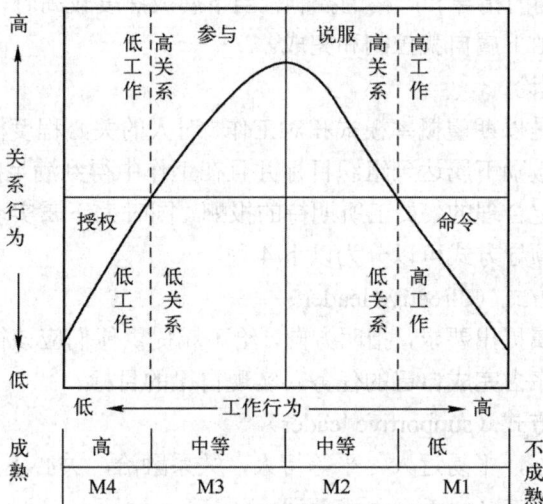

图 5-3　领导生命周期曲线

（1）命令式

该领导方式是一种表现为高工作低关系型的领导方式，领导者对下属进行分工并具体指点下属应当干什么、如何干、何时干，它强调直接指挥。因为在这一阶段，下属缺乏接受和承担任务的能力和愿望，既不能胜任，又缺乏自觉性。

（2）说服式

该领导方式是一种表现为高工作高关系型的领导方式。领导者既给下属以一定的指导，又注意保护和鼓励下属的积极性。因为在这一阶段，下属愿意承担任务，但缺乏足够的能力，有积极性但没有完成任务所需的技能。

（3）参与式

该领导方式是一种表现为低工作高关系型的领导方式。领导者与下属共同参与决策，领导者着重给下属以支持及内部的协调沟通。因为在这一阶段，下属具有完成领导者所交给任务的能力，但没有足够的积极性。

（4）授权式

该领导方式是一种表现为低工作低关系型的领导方式。领导者几乎不加指点，由下属自己独立地开展工作，完成任务。因为在这一阶段，下属能够而且愿意去做领导者要他们做的事。

　　根据下属成熟度和组织所面临的环境,领导生命周期理论认为随着下属从不成熟走向成熟,领导者不仅要减少对活动的控制,而且也要减少对下属的帮助。当下属成熟度不高时,领导者要给予明确的指导和严格的控制,当下属成熟度较高时,领导者只要给出明确的目标和工作要求,由下属自我控制和完成。

　　3. 路径—目标理论

　　路径—目标理论是以期望概率模式和对工作、对人的关心程度模式为依据,认为领导者的工作效率是以能激励下属达到组织目标并且在工作中得到满足的能力来衡量的。领导者的基本职能在于制定合理的、员工所期待的报酬,同时为下属实现目标扫清道路,创造条件。根据该理论,领导方式可以分为以下4种。

　　(1)指示型领导方式(directive leader)

　　领导者应该对下属提出要求,指明方向,给下属提供他们应该得到的指导和帮助,使下属能够按照工作程序去完成自己的任务,实现自己的目标。

　　(2)支持型领导方式(supportive leader)

　　领导者对下属友好,平易近人,平等待人,关系融洽,关心下属的生活福利。

　　(3)参与型领导方式(participative leader)

　　领导者经常与下属沟通信息,商量工作,虚心听取下属的意见,让下属参与决策,参与管理。

　　(4)成就指向型领导方式(achievement-oriented leader)

　　领导者做的一项重要工作就是树立具有挑战性的组织目标,激励下属想方设法去实现目标,迎接挑战。

　　路径—目标理论告诉我们,领导者可以而且应该根据不同的环境特点来调整领导方式和作风,当领导者面临一个新的工作环境时,他可以采用指示型领导方式,指导下属建立明确的任务结构和明确每个人的工作任务;接着可以采用支持型领导方式,有利于与下属形成一种协调和谐的工作气氛。当领导者对组织的情况进一步熟悉后,可以采用参与者式领导方式,积极主动地与下属沟通信息,商量工作,让下属参与者决策和管理。在此基础上,就可以采用成就指向式领导方式,领导者与下属一起制定具有挑战性的组织目标,然后为实现组织目标而努力工作,并且运用各种有效的方法激励下属实现目标。

　　4. 领导者—参与模型

　　1973年,维克多·弗鲁姆(Victor Vroom)和菲利普·耶顿(Phillip Yetton)提出了领导者—参与模型(leader-participation model),该模型将领导行为与参与决策联系在一起。由于认识到常规活动和非常规活动对任务结构的要求各不相同,研究者认为领导者的行为必须加以调整以适应这些任务结构。弗鲁姆和耶顿的模型是规范化的——它提供了根据不同的情境类型而遵循的一系列的规则，以确定参与决策的类型和程度。这一复杂的决策树模型包含 7 项权变因素，即战略、环境、结构、制度、人员、共同的价值观和作风（可通过"是"或"否"选项进行判定），以及 5 种可供选择的领导风格。

弗鲁姆和亚瑟·加哥（Arthur Jago）后来又对该模型进行了修订。新模型包括了与过去相同的 5 种可供选择的领导风格，但将权变因素扩展为 12 个，即质量要求、承诺要求、领导者的信息、问题结构、承诺的可能性、目标一致性、下属的冲突、下属的信息、实践限制、下属的分布范围、动机-时间、动机-发展；其中 10 项按 5 级量表评定。

该模型认为对于某种情境而言，5 种领导行为中的任何一种都是可行的。它们是：独裁 I（AI），独裁 II（AII），磋商 I（CI），磋商 II（CII）和群体决策 II（GII），具体描述如下。

AI：领导者使用自己手头现有的资料独立解决问题或作出决策。

AII：领导者从下属那里获得必要的信息，然后独自作出决策。在从下属那里获得信息时，领导者可以告诉也可以不告诉他们自己的问题。在决策中下属的任务是向领导者提供必要信息，而不是提出或评估可行性解决方案。

CI：领导者与有关的下属进行个别讨论，获得他们的意见和建议。领导者所作出的决策可能受到也可能不受到下属的影响。

CII：领导者与下属集体讨论有关问题，收集他们的意见和建议，然后所作出的决策可能受到也可能不受到他们的影响。

GII：领导者与下属集体讨论问题，一起提出和评估可行性方案，并试图获得一致的解决办法。

5.5.3　领导权变理论在激励工作中的运用

随着社会的发展、人们知识水平的提高，现代人的需求呈现出多样性和复杂性。因此激励方式就应该是多种多样、因人而异、因事而异的。从不同的角度和不同的方面权变运用激励方式。

1. 不同岗位劳动群体的权变应用

对于生产第一线的体力劳动为主的劳动群体，由于这部分劳动容易监督和管理，其劳动成果易于计量和检测，主要采用计件报酬的方式来直接体现和度量他们的劳动成果。对于本企业来说，计件报酬也不是一成不变的，对于大批量简单品种的生产，单件报酬应该低一些；对于小品种试制新产品的计件报酬则应该高得多。

　　对于技术工人、一般技术员、重要管理人员、部分研究开发产品的人员等，由于他们的工作专业性强，不易替代，工作内容相对稳定，他们具有一定的分析问题和解决问题的能力，并承担一定的风险，与企业的联系也更为密切，不仅着眼于当前的工资报酬，而且更关注企业的发展和自身的成长。工作分配上要许以重任、压以重担，让他们的使命感与责任感倍增，激发他们的创新潜能和工作热情，从而使企业产品以新奇独特且高技术含量在市场上取得一席之地。

　　对于高级技术人员、管理人员、经营人才，他们的劳动具有高自主性、高责任性、高创新性、高风险性等，他们的工作成效直接影响企业的收益和发展。对他们可用股份期权激励，董事会对各人的工作业绩予以评价确认期权份额，使公司的利益与其个人的利益紧紧捆绑在一起，形成"一损俱损，一荣俱荣"的格局。

　　2. 不同特点人群的权变运用

　　对于广大的以体力劳动为主的工人群体，由于他们的收入较低，生活水平不高，挣工资养家是主要目的。因此对他们要重物质激励，重短期激励。对于体力、脑力均衡的劳动者，他们的工资收入比较高，具有中等的生活水平，他们不仅仅考虑物质利益，而且很看重自身的发展和提高，需要赢得管理者的重视和信任，要给他们压担子，交给他们具有一定难度和富有挑战性的工作，使他们觉得自己的能力被重视，能激发他们更努力地去干好工作。

　　3. 同一人不同时期的权变应用

　　人是在不断发展变化的，因此激励方式不仅要因人而异，而且要因时而异。当年轻人刚参加工作时，他们固然需要一定的物质待遇，但更看重能尽快地胜任工作。他们最迫切的需求是给予关心和工作上的指导。当他们干了一段时期，工作已能胜任，这时他们需要完善自己的工作，迫切希望能得到技术上的发展和生活水平的提高。这时最需要的是物质激励和给予学习提高的机会。当他们走向工作成熟期时，已能驾驭工作，需要迎接挑战。组织要给予他们发挥自身才能的机会，让他们积极主动地开展工作，对他们取得的工作成就及时给予物质和精神方面的奖励。当进入了成熟期后，工作已成为他们生活不可缺少的部分，他们会主动自觉干好工作，不太计较物质奖励，更需要的是得到尊重和精神上的满足。

课后习题

一、简答题

1. 领导和管理是不同的吗？如果不同，请解释它们的差异。

2．特质理论和行为理论的差异在哪里？这些理论具有效度吗？

3．费德勒的权变模型是什么？

4．什么是诚信领导？为什么道德与信任对领导很重要？

二、案例分析

案例分析 1：成为一位伟大的总统

如何才能成为一名伟大的美国总统？在美国有线电视频道进行的一项调查中，64 位美国历史学家对从乔治·华盛顿到乔治·W.布什期间的所有总统进行了打分。前十名依次为：亚伯拉罕·林肯，乔治·华盛顿，富兰克林·罗斯福，西奥多·罗斯福，哈里·S.杜鲁门，约翰·F.肯尼迪，托马斯·杰斐逊，德怀特·D.艾森豪威尔，伍德罗·威尔逊，罗纳德·里根。近期的总统们在排名中的表现并不好，如乔治·H.W.布什排名第 36；比尔·克林顿排名第 15；乔治·W.布什排名第 18；吉米·卡特排名第 25。

【问题】

1．你认为其他领域中（商业、运动、宗教）的领导者也会表现出与伟大的美国总统相同的品质吗？

答：我认为其他领域中的领导者也会表现出与伟大的美国总统相同的品质，因为那些品质都是在各领域中取得成功所必要的。

2．你认为领袖魅力对一名美国总统的伟大程度有多么重要？

答：（1）非常重要。一个好的领袖决定这个国家的命脉和发展。（2）根据豪斯的魅力型领导理论，当下属观察到某些特定的行为时，会把它们归因于英雄主义的或者超乎寻常的领导能力，其特点是：愿景及其清晰的表达；个人冒险；对下属需求的敏感性；打破常规的行为。

3．你认为在正确的时机处于正确的位置是否会影响总统的伟大程度？

答：会，时事造就伟人。当代的时机也会决定着社会的发展程度，对后代的影响程度，即会影响总统的伟大程度。

4．你认为这些历史学家在评价美国总统的伟大程度时会带有偏见吗？如果存在偏见，有哪些偏见？

答：存在偏见。人们在评定时，难免带有主观色彩，尤其是在影响几代人的美国总统伟大程度之上。

案例分析 2：领导工厂

最近几项对 1 187 家美国最大上市公司的分析显示，不同公司制造未来领导者的能力是截然不同的。在其中一项研究涵盖的公司 CEO 中，竟然有 26 位 CEO 曾经任职于通用电气公司。然而，根据公司员工的总数量来计算，通用电气公司的现任或前任员工成为大公司 CEO 的可能性仅排名第十。排名第一的是管理咨询公司麦肯锡。令人惊讶的是，如果我们根据麦肯锡员工如今成为大公司 CEO 的数量来推断未来，那么每 690 名麦肯锡员工中就有一位将会成为《财富》1 000 强公司的 CEO。有些公司的表现却并不令人满意，如花旗银行（30 180:1）、AT&T（23 220:1）和强生（15 275:1）。毫不奇怪，有些公司可能对这些结果感到不屑，但是在该榜单上排名靠前的那些公司并不会采取这种态度。宝洁公司前 CEO 雷富礼这样说：“我们是领导的发动机，是人才的制造机。”

【问题】

1. 管理咨询公司在 CEO 培养比例上表现优异，部分是因为这些公司大多由管理者组成（相对于蓝领工人或初级职员）。你认为员工队伍的构成在多大程度上会影响该公司制造 CEO 的可能性？

答：统计数据表明，像通用电气这样有更多员工的公司能培养出更多首席执行官的。关于咨询公司，这些公司所要求的工作技能有助于首席执行官的培养。有更多高质量的员工，自然能培养出更多 CEO。

2. 你认为那些所谓的“领导工厂”同样也是非领导者的更佳去处吗？为什么？

答：这些“领导工厂”是工作的好地方，因为这种领导的氛围会渗透到公司的日常运作中。这会让“非领导者”更满意，产生更高的生产率。

3. 假设你收到了两家公司的录取通知，而这两家公司仅仅在制造 CEO 的频率上有所差异。这种差异是否会影响你的选择？

答：是的。在注重培养领导者的公司工作会加速和增强个人的职业发展。

4. 上述数据是否为领导者选拔和开发的重要价值提供了支持？为什么？

答：上述数据为领导者选拔和开发的重要价值提供了支持。管理咨询公司在 CEO 培养比例上表现优异，这些公司大多由管理者组成（相对于蓝领工人或初级职员）。即为领导者选拔和开发的重要价值提供了支持。

项目六　组织文化和组织变革

导入案例　亚马逊的"冷血文化"

坚守最高标准的电商巨头亚马逊是继苹果公司之后，美国第二家市值破万亿美元的上市公司，且发展后劲依旧十足。有投资专家认为，在云计算和广告等高利润业务的推动下，未来几年，亚马逊的市值甚至可能达到 2 万亿美元。随着股价长期快速上涨，亚马逊创始人杰夫·贝佐斯的财富在 2018 年也一度高达 1 600 亿美元。在其成功的背后是一支更具有战斗力的团队与一群乐于突破自我的员工。杰夫·贝佐斯说："长时间工作、勤奋工作或者用脑子工作都可以，在亚马逊却不能三选二。"在亚马逊工作，员工首先面临的就是超高的工作强度。一个员工如果每周工作低于 80 小时，就会成为同事中的异类和众矢之的。即使周末，员工也要回公司开会，深夜与节假日都要随时候命，甚至是在复活节和感恩节这样的重要节日，也经常需要参加冗长的电话会议。亚马逊鼓励员工长时间地工作和加班，邮件经常过了午夜才发出，如果没及时回复，将很快收到追问短信。此外，亚马逊鼓励员工打"小报告"。它有一套"实时反馈"工具，使员工可以向上司秘密批评或表扬他的同事。而这些反馈将出现在员工的绩效评估之中，绩效得分低的员工最终将被裁掉。亚马逊还鼓励"保持异见和表明立场"，要求员工勇于攻击同事的想法，提出无情的意见。在亚马逊的仓库中，工人们受到复杂的电子系统监控，手腕上戴着计步器，亚马逊因此能准确跟踪到员工分拣商品和包装商品的速度。这套系统对员工的休息时间和工作量做出严格限制，如果没有达成工作量和休息时间过长，员工就会收到警告。在亚马逊看来，数据可以带来公平与效率，而这会让真正努力积极的员工得到更多回报和肯定。虽然亚马逊的冷血文化备受争议，但这种冷血文化颇具力量。在很多亚马逊的员工看来，他们的同事都极为敏锐和负责，彼此之间相互信赖，而且没有繁文缛节、办公室政治，他们也真心拥护这家公司。

6.1　组织文化的内涵

松下幸之助曾说："我只要走进一家公司 7 秒钟，就能感受到这家公司这个月的业绩如何。"这位日本经营之神用来测量一个公司成就的工具，既不是财务报表上的数字，也非挂在墙上的曲线图，而是他在瞬间捕捉到的一种气氛、一种感受、一种感染人心的力量，这就是公司的文化。

组织具有自己的各种构成要素，要把这些要素有机地整合起来，除了有一定的正式组织和非正式组织及"硬性"的规章制度之外，还有一种"软性"的协调力和黏合剂，它以无形的"软约束"力量构成组织有效运行的内在驱动力。这种力量就是被称为管理之魂的组织文化。

6.1.1　组织文化的概念

迄今为止，国内外关于组织文化的定义已多达上百种。综合国内外学者的观点，我们认为组织文化通常是指在组织管理领域这个狭义范围内产生的一种特殊的文化倾向。具体是指一个组织在长期发展过程中，把组织内部全体成员结合在一起的行为方式、价值观念和道德规范。它反映和代表着该组织成员的整体精神，共同的价值标准、合乎时代的道德和追求发展的文化素质。它是增强组织内聚力、向心力和持久力，保证组织行为的合理性，推动组织成长和发展的意识形态之总和。

组织文化是组织管理精神世界中最核心、最本质的东西。它形成于组织成长、变革、发展和长期实践的过程中，随着组织的发展而不断丰富。同时，组织文化又以观念的形式，从非计划、非理性因素出发来调控组织成员的行为。组织文化是对组织中标准管理和制度管理的补充和强化，潜移默化并灌输到组织成员的行为之中，使组织成员为实现组织目标自觉地组成团结协作的整体。因此，组织文化对组织的成长和发展具有决定性的意义。

组织文化是最终联结和维系组织内部人与人之间关系的重要纽带。在这个联系过程中，人们的价值观念、行为准则、道德伦理、交往方式、情感等，都是以人们所能接受的经过长期培养和发展所形成的组织文化为准则的。因此，组织行为合理与否，很大程度上取决于组织文化的优劣。

6.1.2　组织文化的基本特性

组织文化本质上属于"软文化"管理的范畴，是组织的自我意识所构成的精神文化体系。组织文化是整个社会文化的重要组成部分，既具有社会文化和民族文化的共同属性，也具有自己的不同属性。它的基本特性体现在以下几个方面。

（1）组织文化的意识性

大多数情况下，组织文化是一种抽象的意识范畴，它作为组织内部的一种资源，应属于组织的无形资产之列。它是组织内一种群体的意识现象，是一种意念性的行为取向和精神观念，但这种文化的意识性特征并不否认它总是可以被概括性地表述出来。

（2）组织文化的系统性

组织文化由共享价值观、团队精神、行为规范等一系列内容构成一个系统，各要素之间相互依存、相互联系。因此，组织文化具有系统性。同时，组织文化总是以一定的社会环境为基础的，是社会文化影响渗透的结果，并随社会文化的进步和发展而不断地调整。

（3）组织文化的凝聚性

组织文化总可以向人们展示某种信仰与态度，它影响着组织成员的处世哲学和世界观，而且也影响着人们的思维方式。因此，在某一特定的组织内，人们总是为自己所信奉的哲学所驱使，它起到了"黏合剂"的作用。良好的组织文化同时意味着良好的组织气氛，它能够激发组织成员的士气，有助于增强群体凝聚力。

（4）组织文化的导向性

组织文化的深层含义是，它规定了人们行为的准则与价值取向。它对人们行为的产生有着最持久、最深刻的影响力。因此，组织文化具有导向性。英雄人物往往是组织价值观的人格化和组织力量的集中表现，它可以昭示组织内提倡什么样的行为，反对什么样的行为，使组织成员的行为与组织目标的要求相互匹配。

（5）组织文化的可塑性

某一组织，其组织文化并不是生来俱有的，而是通过组织生存和发展过程中逐渐总结、培育和积累而形成的。组织文化是可以通过人为的后天努力加以培育和塑造的，而已形成的组织文化也并非一成不变，会随组织内外环境的变化而加以调整。

（6）组织文化的长期性

长期性指组织文化的塑造和重塑的过程需要相当长的时间，是一个极其复杂的过程，组织的共享价值观、共同精神取向和群体意识的形成不可能在短期内完成，在这一创造过程中，涉及调节组织与其外界环境相适应的问题，也需要在组织内部的各个成员之间达成共识。

6.1.3　组织文化的结构与内容

1. 组织文化的结构

组织文化的结构划分有多种观点，组织文化划分为四个层次，即物质层、行为层、制度层和精神层。

（1）物质层

物质层是组织文化的表层部分，它是组织创造的组织的物质文化，是一种以物质形态为主要研究对象的表层组织文化，是形成组织文化精神层和制度层的条件。优秀的组织文化是通过重视产品的开发、服务的质量、产品的信誉和组织生产环境、生活环境、文化设施等物质现象来体现的。

（2）行为层

行为层即组织行为文化，它是组织成员在生产经营、学习娱乐中产生的活动文化，包括组织经营活动、公共关系活动、人际关系活动、文娱体育活动中产生的文化现象。组织行为文化是组织经营作风、精神风貌、人际关系的动态体现，也是组织精神、核心价值观的折射。

（3）制度层

制度层是组织文化的中间层次，把组织物质文化和组织精神文化有机地结合成一个整体。它主要是指对组织及组织成员的行为产生规范性、约束性影响的部分，是具有组织特色的各种规章制度、道德规范和成员行为准则的总和。它集中体现了组织文化的物质层和精神层对组织成员和组织行为的要求。制度层规定了组织成员在共同的生产经营活动中应当遵守的行为准则，主要包括组织领导体制、组织机构和组织管理制度等三个方面。

（4）精神层

精神层即组织精神文化。它是组织在长期实践中所形成的成员群体心理定势和价值取向，是组织的道德观、价值观，即组织哲学的综和体现和高度概括，反映全体成员的共同追求和共同认识。组织精神文化是组织价值观的核心，是组织优良传统的结晶，是维系组织生存发展的精神支柱。它主要是指组织的领导和成员共同信守的基本信念、价值标准、职业道德和精神风貌。精神层是组织文化的核心和灵魂。

2. 组织文化的内容

从最能体现组织文化特征内涵的角度来看，组织文化的内容包括以下几方面。

（1）组织精神

组织作为有机体也是有精神的。组织精神是组织的灵魂，一般是指组织经过长期的共同努力和培养而逐步形成的一种看待人和处理事的共同心理趋势、价值取向和主导意识。组织精神是一个组织的精神支柱，是组织文化的核心，它反映了组织成员对本组织的地位、形象和风气的理解和认同，蕴含着对本组织的发展、命运和未来所抱有的理想和希望，折射出一个组织的整体素质和精神风格，成为凝聚组织成员的、无形的共同理念和精神力量。组织精神一般是以高度概括的语言凝练而成的。如南京汽车集团公司的"四创精神"——创业，创新，创优，创名牌。

（2）组织价值观

组织价值观是指组织评判事务和指导经营管理行为的基本信息和总体观点。它包括组织存在的意义和目的，组织中各项规章制度的必要性与作用、组织中各种不同岗位上的人的行为与组织利益之间的关系等。

组织价值观一旦形成就会成为组织评判实务和指导行为的基本信念、观点和选择方针。每一个组织的价值观都会有不同的层次和内容。成功的组织总是会不断地创造和更新组织的信念，不断地追求新的、更高的目标。

（3）组织道德

组织道德是通过组织道德伦理规范表现出来的。它由组织向组织成员提出应当遵守的行为准则、通过组织群体舆论和群体效应规范人们的行为。组织文化内容结构中的伦理规范既体现组织自下而上环境中社会文化的一般性要求，又体现着本组织各项管理的特殊需求。由此可见，以组织道德为内容与基础的伦理行为准则是传统的组织管理规章制度的补充、完善和发展。正是这种补充、完善和发展，使组织的价值观融入了新的文化力量。

（4）组织素养

组织素养包括各层级成员的基本思想素养、科技和文化教育水平、工作能力、精力及身体状况等。其中，基本思想素养的水平越高，组织中的组织精神、价值观念、道德修养的基础就越深厚，组织文化的内容也就越充实、丰富。

（5）组织形象

组织形象是指社会公众和组织成员对组织、组织行为与组织各种活动成果的总体印象和总体评价，反映的是社会公众对组织的承认程度，体现了组织的声誉和知名度。组织形象包括成员素质、组织风格、人文环境、发展战略、文化氛围、服务设施、工作场合和组织外貌等内容。

6.1.4　组织文化的类型

艾莫瑞（Emory）大学的杰弗里·桑南菲尔德提出了一套标签理论，它有助于我们认识组织文化之间的差异，认识到个体与文化的合理匹配的重要性。通过对组织文化的研究，他确认了 4 种文化类型。

1. 学院型组织文化

学院型组织是为那些想全面掌握每一种新工作的人而准备的地方。在这里他们能不断地成长、进步。这种组织喜欢雇用年轻的大学毕业生，并为他们提供大量的专门培训，然后指导他们在特定的职能领域内从事各种专业化工作。桑南菲尔德认为，学院型组织的例子有：IBM 公司、可口可乐公司、宝洁公司等。

2. 俱乐部型组织文化

俱乐部型公司非常重视适应、忠诚感和承诺。在俱乐部型组织中，资历是关键因素，年龄和经验都至关重要。与学院型组织相反，它们把管理人员培养成通才。俱乐部型组织的例子有：联邦包裹服务公司、德尔塔航空公司、贝尔公司、政府机构和军队等。

3．棒球队型组织文化

棒球队型组织鼓励冒险和革新。招聘时，从各种年龄和经验层次的人中寻求有才能的人。薪酬制度以员工绩效水平为标准。由于这种组织对工作出色的员工给予巨额奖酬和较大的自由度，员工一般都拼命工作。在会计、法律、投资银行、咨询公司、广告机构、软件开发、生物研究领域，这种组织比较普遍。

4．堡垒型组织文化

棒球队型组织重视创造发明，而堡垒型组织则着眼于组织的生存。这类组织以前多数是学院型、俱乐部型或棒球队型的，但在困难时期衰落了，现在尽力来保证组织的生存。这类组织工作安全保障不足，但对于喜欢流动性、挑战的人来说，具有一定的吸引力。堡垒型组织包括大型零售店、林业产品公司、天然气探测公司等。

6.1.5　组织文化的功能

组织文化的功能是指组织文化发生作用的能力，也就是组织这一系统在组织文化导向下进行生产、经营、管理中的作用。但是任何事物都有两面性，组织文化也不例外，它对组织的功能可以分为正功能和负功能。组织文化的正功能在于提高组织承诺，影响组织成员，有利于提高组织效能。同时，不能忽视的是潜在的负效应，它对组织是有害无益的，这也可以看作组织文化的负功能。

1．组织文化的正功能

组织文化具体来说有以下 6 种正功能。

（1）导向功能

组织文化的导向功能对组织整体和组织每个成员的价值取向及行为取向起引导作用，使之符合组织所确定的目标。组织文化只是一种软性的理智约束，通过组织的共同价值观不断地向个人价值观渗透和内化，使组织自动生成一套自我调控机制，以一种适应性文化引导组织的行为和活动。

（2）约束功能

组织文化的约束功能，是指组织文化对每个组织成员的思想、心理和行为具有约束和规范的作用。组织文化的约束不是制度式的硬约束，而是一种软约束，这种软约束等于组织中弥漫的组织文化氛围、群体行为准则和道德规范。

（3）凝聚功能

组织文化的凝聚功能，是指当一种价值观被该组织成员共同认可之后，它就会成为一种黏合剂，从各个方面把其成员团结起来，从而产生一种巨大的向心力和凝聚力。而这正是组织获得成功的主要原因，"人心齐，泰山移"，凝聚在一起的成员有共同的目标和愿景，推动组织不断前进和发展。

（4）激励功能

组织文化的激励功能，是指组织文化具有使组织成员从内心产生一种高昂情绪和发奋进取精神的效应，它能够最大限度地激发员工的积极性和首创精神。组织文化强调以人为中心的管理方法。它对人的激励不是一种外在的推动而是一种内在引导，它不是被动消极地满足人们对实现自身价值的心理需求，而是通过组织文化的塑造，使每个组织成员从内心深处为组织拼搏的献身精神。

（5）辐射功能

组织文化的辐射功能，是指组织文化一旦形成较为固定的模式，它不仅会在组织内发挥作用，对本组织成员产生影响，而且也会通过各种渠道对社会产生影响。组织文化向社会辐射的渠道是很多的，但主要分为利用各种宣传手段和个人交往两大类。一方面，组织文化的传播对树立组织在公众中的形象有帮助；另一方面，组织文化对社会文化的发展有很大的影响。

（6）调适功能

组织文化的调适功能，是指组织文化可以帮助新成员尽快适应组织，使个人的价值观和组织相匹配。在组织变革的时候，组织文化也可以帮助组织成员尽快适应变革后的局面，减少因为变革带来的压力和不适应。

2．组织文化的负功能

尽管组织文化存在上述种种正功能，但组织文化对组织也有潜在的负面作用。

（1）变革的障碍

如果组织的共同价值观与进一步提高组织效率的要求不相符合时，它就成了组织的束缚。这是在组织环境处于动态变化的情况下，最有可能出现的情况。当组织环境正在经历迅速的变革时，根深蒂固的组织文化可能就不合时宜了。当组织面对稳定的环境时，行为的一致性对组织而言很有价值。但组织文化作为一种与制度相对的软约束，更加深入人心，极易形成思维定式，这样，组织有可能难以应付变幻莫测的环境。当问题积累到一定程度，这种障碍可能会变成组织的致命打击。

（2）多样化的障碍

由于种族、性别、道德观等差异的存在，新聘成员与组织中大多数成员不一样，这就产生了矛盾。管理人员希望新成员能够接受组织的核心价值观，否则，这些新成员就难以适应或被组织接受。但是组织决策需要成员思维和方案的多样化，一个强势文化的组织要求成员和组织的价值观一致，这就必然导致决策的单调性，抹煞了多样化带来的优势，在这个方面组织文化成为组织多样化、成员一致化的障碍。

（3）兼并和收购的障碍

以前，管理人员在进行兼并或收购决策时，所考虑的关键因素是融资优势或产品协同性。近几年，除了考虑产品线的协同性和融资方面的因素外，更多的则是考虑文化方面的兼容性。如果两个组织无法成功地整合，那么组织将出现大量的冲突、矛盾乃至对抗。所以，在决定兼并和收购时，很多经理人往往会分析双方文化的相容性，如果差异极大，为了降低风险则宁可放弃兼并和收购行动。

6.2　组织变革

> **案例**
>
> 　小米历史上最大组织变革，"80后"集体上位。2018年9月13日，8岁的小米启动了组织大变革，雷军发出了内部邮件宣布小米集团最新的组织架构调整和人事任命，新设集团组织部和集团参谋部。集团组织部将负责中高层管理干部的聘用、升迁、培训和考核激励等，以及各个部门的组织建设和编制审批；集团参谋部将协助CEO制定集团的发展战略，并督导各个业务部门的战略执行。此次变革，让小米成为继阿里巴巴和华为后，第三家专门设立组织部的巨头公司。与此同时，小米同时改组10个新业务部门，组织部部长与集团参谋长直接向CEO汇报；另外任命了多达14位正、副总经理，他们以"80后"为主，平均年龄为38.5岁。这样，小米的结构由"雷军—合伙人—部门负责人—员工"的架构转变成原负责业务的合伙人以组织部、参谋部的形式成为雷军的助手，"雷军、林斌+组织部刘德+参谋部王川"就是以后小米的最高权力中心，同时雷军直接面对一线业务部门。通过这次变革，雷军想要打造一个以能力和业绩为导向的开放型组织体系，鼓励选拔优秀年轻人才。在面对采访时，雷军说："必须把一线业务阵地交给年轻人，让年轻人像创业初期一样涌现出来，建功立业。必须不断有新鲜血液融入，这样才能有人才梯队交接的长效机制。"正如他在内部信中提到的：没有老兵，没有传承。没有新军，没有未来。在小米的"80后"新生代接过雷军传下的权力棒后，冲锋号角即将吹响，而此次的人事变动，不知能否使小米在凛冬来临之前储备好足够物资，带领小米破敌八方，杀出重围。

6.2.1　组织变革的概述

组织的发展离不开组织变革，内外部环境的变化，组织资源的不断整合与变动，都给组织带来了机遇与挑战，这就要求组织关注组织变革。

组织变革是指运用行为科学和相关管理方法，对组织的权利结构、组织规模、沟通渠道、角色设定、组织与其他组织之间的关系，以及对组织成员的观念、态度和行为，成员之间的合作精神等进行有目的的、系统的调整和革新，以适应组织所处的内外环境、技术特征和组织任务等方面的变化，提高组织效能。

6.2.2　组织变革的动因

组织的变革受到多种因素的驱动，一般来说，可以分为两类：一是组织外部环境的变化，二是组织内部因素的变化。

1．组织外部环境变化

组织外部环境的变化要求组织改变自身现状，进行组织创新。从外部环境的角度看，管理者对组织进行变革就是重新安排组织的各种资源，以充分利用外部机会，回避外部威胁或减少这些威胁对组织造成的影响。组织外部环境包括：经济、政治和法律政策、社会和文化、市场和竞争、人口、技术、外部利益相关者、自然资源和自然环境等，其中任何一种因素都既可能成为推动组织变革的强大力量，又可能成为阻碍组织变革的强大阻力，对组织发展都有可能产生深远的影响。

（1）经济

萧条的经济一般会阻碍组织的发展，甚至会威胁到组织的生存。因此，组织就需要做出相应的变革以更好地适应经济大环境。繁荣的经济一般会给组织带来很好的成长机会，但是如果组织不及时调整以充分利用这些机会，那么组织的发展必然要受到影响，甚至会因竞争对手对机会的利用而陷入困境。

（2）政治和法律政策

政局、政策的稳定会给组织一个稳定的变革、成长环境；如果政局不稳，则会给组织带来极大的生存威胁。当法律和政策发生改变之后，组织也必须做出相应的变革，否则，其发展甚至生存都会受到不同程度的影响。

（3）社会和文化

在存在普遍求稳心理的社会，组织变革必然会有很大的阻力；在崇尚创新的社会，组织必然对变革习以为常。其中，社会的伦理道德、民风习俗和公共事业的发展也会影响组织的变革。文化的发展也会对组织变革产生深刻的影响。文化指的是一群人的行为规范和共同的价值观。行为规范是指普遍存在的行为方式，而共同价值观是指群体中大多数人的重要关注点和目标。

（4）市场和竞争

随着世界经济一体化和市场全球化进程的不断深入，各国的企业都面临着前所未有的竞争。对大部分的企业产品来说，都存在一个全球市场。为了能在国际市场中有效竞争，企业组织必须转变其文化、结构和运作方式。

（5）人口

人口的数量和人口的素质极大地影响着组织的生存和发展。例如，人口过少，会使组织在获取足够的人力资源上耗费巨大；若高素质的人多，激烈的竞争和就业压力就可以使组织以较低的成本获取足够的人力资源。

（6）技术

技术的发展对组织的生存有着不可估量的影响。组织外部发生的技术进步，要求组织放弃正在使用的、相对陈旧的技术，改用新兴的、先进的技术。由此带来了组织内部生产、管理、沟通等方式的改变，也就不可避免地促使组织发生变革。

（7）外部利益相关者

外部利益相关者包括顾客、供应商、销售商、政府、投资者、金融机构、行业协会等。顾客对产品和服务的需求越来越向个性化、特殊化方向发展，这将带来组织内部生产流程、工艺的变革。此外，迈克尔·波特（Michael Porter）认为供应商们可能提价或降低所购产品或服务的质量。由此带来的企业成本上涨等压力会促使采购部门变革采购方式、采购渠道、采购人员乃至采购流程，进而引发企业组织相关部门员工、职能的变革。而行业协会为了维护整个行业的利益和良性发展，通常会根据全球经济发展形势和国家相关法规政策来制定行业规范，这就会不可避免地促使企业组织做出相应的变革。

（8）自然资源和自然环境

自然资源的日渐减少导致资源的价格不断上升，使得供应商的讨价还价能力得到很大的提升，这对组织降低成本的努力和愿望带来很大的威胁，迫使组织去寻找新的供应商或替代原料，甚至改变组织的经营方向，这必然对组织原有的采购流程、生产工艺、生产的产品或服务等产生重大的影响。而组织所处的自然环境对组织的生存、变革和发展也有着巨大的影响。

2. 组织内部因素变化

从组织内部来看，促使组织变革的因素主要有以下 5 个方面。

（1）组织经营状况不佳

组织良好的运行状况是实现企业目标的必要条件之一。当组织绩效出现下滑时，从深层次原因的分析通常可以发掘出组织运行状况不良的根源。例如，美国通用汽车公司按照"集中政策下的分散经营"的思想改组组织，被称为"近代组织管理的一次革命"，其变革背景是公司内部缺乏统一管理，外部面临经济恐慌的形势。

（2）组织结构的缺陷

在内外环境的变化中，组织设计和运行不可能完美无缺，组织结构的缺陷是经营绩效下降的原因之一。这方面的问题主要包括：机构臃肿、人浮于事；部门之间相互关系不顺，推诿扯皮严重，冲突矛盾迭起；组织无法对环境的变化做出灵活的、富有创造性的反应。

（3）组织战略改变

美国管理学家钱德勒提出了"结构跟着战略变"的观点。组织在战略发展的每个阶段都需要相应的组织结构与之匹配。例如，在创业阶段，企业的组织结构比较简单，往往由有一个团队执行生产、销售等职能；在地域扩张战略阶段，取而代之的将是具备若干职能部门的组织形式；在纵向一体化战略阶段，为保持各部门之间的密切联系，管理权力需要集中在上层，从而形成集权的职能型结构；在多样化经营阶段，企业需要更多地分权，因此常采用分权的事业部制结构。

（4）组织规模扩大

大型企业与小型企业在组织上存在明显的区别。随着组织规模的扩大，管理层次增多，工作分工细化，部门数量增加，职能和技能日益专业化，企业趋向复杂化。随着报表、文件和书面沟通增多，程序化规则取代直接监督而成为协调的主要手段，企业趋于正规化。大型企业的集权程度通常较低，中层管理人员拥有较大的权力。同时，人员结构也发生变化，直线管理人员比例呈下降之势，而职能参谋人员的比例在逐渐扩大。这些特征反映了企业随着规模的扩大，组织设计需要在许多方面做相应的变革调整。

（5）人力资源变化

随着教育水平的提高和高等教育的普及，员工素质和能力也在不断提高。同时，随着社会文化的变迁，员工工作态度和行为也表现出了多元化特点。为适应人力资源开发的需要，组织设计和运行就必须给人的能动性和创造性的发挥创造有利条件，并提高组织对内外环境的应变能力。

6.2.3 组织变革的模式选择

对于组织变革的必要性，有这样一种流行的认识：要么实施变革，要么就会灭亡。然而事实并非总是如此，有些组织进行了变革，反而加快了灭亡。这就涉及组织变革模式的选择问题。这里将比较两种典型的组织变革模式：激进式变革和渐进式变革。

1. 激进式变革

激进式变革力求在短时间内，对组织进行大幅度的全面调整，以求彻底打破组织最原始的组织模式（即初态组织模式）并迅速建立期望的组织结构（即目的态）。激进式变革能够以较快的速度达到目的态，因为这种变革模式对组织进行的调整是大幅度的、全面的，可谓是超调量大，所以变革过程就会较快；与此同时，超调量大会导致组织的平稳性差，严重的时候会导致组织崩溃。这就是为什么许多企业的组织变革反而加速了企业灭亡的原因。激进式变革的一个典型实践是"全员下岗、竞争上岗"。改革开放以来，为适应市场经济的要求，许多国内企业进行了大量的管理创新和组织创新。"全员下岗、竞争上岗"的实践即是其中之一。为了克服组织保守，一些企业在组织实践中采取全员下岗，继而再竞争上岗的变革方式。这种方式有些极端，但其中体现了深刻的系统思维。

稳定性对于组织至关重要，但是当组织由于领导超前意识差、员工安于现状而陷于超稳定结构时，组织将趋于僵化、保守，会影响组织的发展。此时，小扰动不足以打破初态的稳定性，也就很难达到目的态。"不过正不足以矫枉"，只有通过全员下岗，粉碎长期形成的关系网和利益格局，摆脱原有的吸引子主要指原有的平庸的模式，才能彻底打破初态的稳定性。进一步再通过竞争上岗，激发企业员工的工作热情和对企业的关心，只要竞争是公平、公正、公开的，就有助于形成新的吸引子，把企业组织引向新的稳定状态。此类变革如能成功，其成果具有彻底性。渐进式变革则是通过对组织进行小幅度的局部调整，力求通过一个渐进的过程，实现初态组织模式向目的态组织模式的转变。

在这个过程中关键是建立新的吸引子，如新的经营目标、新的市场定位、新的激励约束机制，等等。如果打破原有组织的稳定性之后，不能尽快建立新的吸引子，那么组织将陷于混乱甚至毁灭。而且应当意识到变革只是手段，提高组织效能才是目的。如果为了变革而变革，那么会影响组织功能的正常发挥。

2. 渐进式变革

渐进式变革是通过局部的修补和调整来实现的，依靠持续的、小幅度变革来达到目的，即超调量小，但波动次数多，变革持续的时间长，这样有利于维持组织的稳定性。例如，美国一家飞机制造公司原有产品仅包括四种类型的直升机，每一种直升机有专门的用途。从技术上来看，没有任何两架飞机是完全相同的，即产品间的差异化程度大，标准化程度低。在激烈的市场竞争条件下，这种生产方式不利于实现规模经济。为了赢得竞争优势，该公司决定变革组织模式。其具体措施是对个部门进行调整组合。首先，由原来各种机型的设计人员共同设计一种基本机型，使之能够与各种附件（如枪、炸弹发射器、电子控制装置等）灵活组合，以满足不同客户的需求。然后将各分厂拥有批量生产经验的员工集中起来从事基本机型的生产。原来从事各类机型特殊部件生产的员工，根据新的设计仍然进行各种附件的专业化生产。这样，通过内部调整，既有利于实现大批量生产，又能够满足市场的多样化需求。这种方式的变革对组织产生的震动较小，而且可以经常性地、局部地进行调整，直至达到目的态。这种变革方式的不利之处在于容易产生路径依赖，导致企业组织长期不能摆脱旧机制的束缚。

比较组织变革的两种典型模式，企业在实践中应当加以综合利用。在企业内外部环境发生重大变化时，有必要采取激进式组织变革以适应环境的变化，但是激进式变革不宜过于频繁，否则会影响组织的稳定性，甚至导致组织的毁灭；因而在两次激进式变革之间，在更长的时间里，应当进行渐进式变革。

6.2.4　组织变革的模型

在组织变革模型发展的过程中主要有以下几种具有代表性的模型。

1. 勒温变革模型

组织变革模型中最具影响的也许是勒温变革模型。勒温（Lewin）提出一个包含解冻、变革、再冻结等三个步骤的有计划组织变革模型，用以解释和指导如何发动、管理和稳定变革过程。

（1）解冻

这一步骤的焦点在于创设变革的动机。鼓励组织成员改变原有的行为模式和工作态度，采取新的适应组织战略发展的行为与态度。为了做到这一点，一方面，需要对旧的行为与态度加以否定；另一方面，要使组织成员认识到变革的紧迫性。可以采用比较评估的办法，把本组织的总体情况、经营指标和业绩水平与其他优秀组织或竞争对手一一加以比较，找出差距和解冻的依据，帮助组织成员"解冻"现有态度和行为，迫切要求变革，愿意接受新的工作模式。此外，应注意创造一种开放的氛围和心理上的安全感，减少变革的心理障碍，提高变革成功的信心。

（2）变革

变革是一个学习过程，需要给组织成员提供新信息、新行为模式和新的视角，指明变革方向，实施变革，进而形成新的行为和态度。这一步骤中，应该注意为新的工作态度和行为树立榜样，采用角色模范、导师指导、专家演讲、群体培训等多种途径。勒温认为，变革是一个认知的过程，它通过获得新的概念和信息得以完成。

（3）再冻结

在再冻结阶段，利用必要的强化手段使新的态度与行为固定下来，使组织变革处于稳定状态。为了确保组织变革的稳定性，需要注意使组织成员有机会尝试和检验新的态度与行为，并及时给予正面的强化；同时，加强组织变革行为的稳定性，促使形成稳定持久的组织行为规范。

2．系统变革模型

系统变革模型是在更大的范围里解释组织变革过程中各种变量之间的相互联系和相互影响关系。这个模型包括输入、变革元素和输出 3 个部分。

（1）输入

输入部分包括内部的强点和弱项、外部的机会和威胁。其基本构架则是组织的使命、愿景和相应的战略规划。企业组织用使命表示其存在的理由；愿景是描述组织所追求的长远目标；战略规划则是为实现长远目标而制订的有计划变革的行动方案。

（2）变革元素

变革元素包括目标、人员、社会因素、方法和组织体制等元素。这些元素相互制约和相互影响，组织需要根据战略规划，组合相应的变革元素，实现变革的目标。

（3）输出

输出部分包括变革的结果。根据组织战略规划，从组织、部门群体、个体等三个层面，增强组织整体效能。

3．科特组织变革模型

领导研究与变革管理专家科特（Kotter）认为，组织变革失败往往是由于高层管理部门犯了以下错误：没有能建立变革需求的急迫感；没有创设负责变革过程管理的有力指导小组；没有确立指导变革过程的愿景，并开展有效的沟通；没能系统计划，获取短期利益；没有能对组织文化变革加以明确定位等。科特为此提出了指导组织变革规范发展的八个步骤：建立急迫感；创设指导联盟、开发愿景与战略；沟通变革愿景；实施授权行动、巩固短期得益、推动组织变革、定位文化途径等。科特的研究表明，成功的组织变革有 70%～90%是由于变革领导成效，还有 10%～30%是由于管理部门的努力。

4．巴斯的观点和本尼斯的模型

管理心理学家巴斯（Frank M. Bass）认为，按传统方式以生产率或利润等指标来评价组织是不够的，组织效能必须反映组织对成员的价值和组织对社会的价值。他认为评价一个组织应该有三个方面要求：生产效益、所获利润和自我维持的程度；对组织成员有价值的程度；组织及其成员对社会有价值的程度。

沃伦·本尼斯（Warren G. Bennis）则提出，有关组织效能判断标准，应该是组织对变革的适应能力。当今组织面临的主要挑战，是能否对变化中的环境条件作出迅速反应和积极适应外界的竞争压力。组织成功的关键是能在变革环境中生存和适应，而要做到这一点，必须有一种科学的精神和态度。这样，适应能力、问题分析能力和实践检验能力，是反映组织效能的主要内容。在此基础上，本尼斯提出了以下有效与健康组织的标准。

① 环境适应能力：解决问题和灵活应付环境变化的能力。

② 自我识别能力：组织真正了解自身的能力，包括组织性质、组织目标、组织成员对目标理解和拥护程度、目标程序等。

③ 现实检验能力：准确觉察和解释现实环境的能力，尤其是敏锐而正确地掌握与组织功能密切相关因素的能力。

④ 协调整合能力：协调组织内各部门工作和解决部门冲突的能力，以及整合组织目标与个人需求的能力。

5. 卡斯特的组织变革过程模型

弗里蒙特·卡斯特（Fremont E. Kast）提出了以下组织变革过程的六个步骤。

① 审视状态：对组织内外环境现状进行回顾、反省、评价、研究。

② 觉察问题：识别组织中存在问题，确定组织变革需要。

③ 辨明差距：找出现状与所希望状态之间的差距，分析所存在问题。

④ 设计方法：提出和评定多种备择方法，经过讨论和绩效测量，作出选择。

⑤ 实行变革：根据所选方法及行动方案，实施变革行动。

⑥ 反馈效果：评价效果，实行反馈。若有问题，再次循环此过程。

6. 施恩的适应循环模型

艾德加·施恩（Edgar Schein）认为组织变革是一个适应循环的过程，一般分为以下六个步骤。

① 洞察内部环境及外部环境中产生的变化；

② 向组织中有关部门提供有关变革的确切信息；

③ 根据输入的情报资料改变组织内部的生产过程；

④ 减少或控制因变革而产生的负面作用；

⑤ 输出变革形成的新产品及新成果等；

⑥ 经过反馈，进一步观察外部环境状态与内部环境的一致程度，评定变革的结果。

上述步骤与方法和卡斯特主张的步骤和方法比较相似，所不同的是，施恩比较重视管理信息的传递过程，并指出解决每个过程出现困难的方法。

6.2.5 企业组织变革的评价

首先应当明确组织变革对于企业的意义。企业输入各类资源，输出产品和服务。各类资源的简单加总，无论如何也得不到我们所需要的产品和服务。但是各类资源按照现代企业的组织方式结合在一起，便具备了向社会提供产品和服务的功能。可以说，这种功能是各种资源在企业中整体涌现出来的。而这种涌现性正是通过企业组织来实现的。现代企业组织在市场经济的发展中对于企业功能的实现至关重要。但对企业组织贡献的直接评价却存在很大的困难。由于客观评价的困难，因而在实践中对于组织变革存在着模糊认识，要么是缺乏组织变革的积极性，要么是盲目地进行组织变革。所以，有必要建立一套完整的、客观的组织评价模型。这里将尝试运用"柯布-道格拉斯"函数来建立企业组织变革的理论评价模型。

柯布-道格拉斯函数的一般形式为：

$$Q = AK^\alpha L^\beta$$

式中：Q——企业的产量；

　　　A——科技进步率；

　　　L——劳动力投入量；

　　　K——资本投入量；

　　　α——资本查出弹性系数；

　　　β——劳动产出弹性系数。

在一个企业内，生产函数表示投入一定的劳动力和资本，在企业现有组织模式下生产出一定的产量。在其他条件不变的情况下，组织贡献系数可以体现企业组织的功能。企业组织变革是一个动态过程，其目标是目的态组织模式的贡献系数大于初始态组织模式的贡献系数。以此为依据，可运用柯布-道格拉斯函数对组织变革的效果进行比较评价。

假设某企业进行一次组织变革。在初始态组织模式下，企业投入劳动力为 L_1、资本量为 K_1，产量为 Q_1。代入组织贡献系数公式，可得组织贡献系数为：

$$A_1 = Q_1 / L_1^\beta K_1^\alpha$$

完成组织变革之后，在目的态组织模式下，企业投入劳动力 L_2，资本量为 K_2，产量为 Q_2。代入组织贡献系数公式，可得组织贡献系数为：

$$A_2 = Q_2 / L_2^\beta K_2^\alpha$$

比较 A_1、A_2 可以评价企业组织变革的效果。如果 $A_2 > A_1$，说明组织贡献系数提高了，企业组织变革是成功的；$A_2 < A_1$，则说明企业的组织变革是失败的。

这是一个企业组织变革评价的理论模型，在实践中会受到种种条件限制。一方面，不可能完全排除技术进步等因素对企业产出的影响。另一方面，组织变革的效果具有滞后性，变革的效果可能体现在变革之后较长时期的生产经营活动中。因而，在评价企业组织变革时，还应当根据现实条件辅以主观上的分析。

课 后 习 题

一、简答题

1. 定义组织结构的六个关键要素是什么？
2. 什么是组织文化？它的普遍特征是什么？
3. 组织文化如何传递给员工？

二、案例分析

案例分析 1：组织结构可以过于扁平吗？

钢铁制造商纽柯公司认为自己的管理很成功。这是有充分理由的。纽柯公司是商业媒体的宠儿，它的管理实践常常在管理文献里获得好评。用几乎任何商业指标来进行衡量，该公司都是硕果累累。但是，纽柯公司似乎还没有掌握一种基本的管理实践：如何制定组织结构。纽柯一直以它从 CEO 到工厂工人之间仅有三个管理层级而感到骄傲。在纽柯的结构中，工厂经理直接向公司 CEO 丹·迪米科（Dan DiMicco）汇报。但是随着该公司发展，迪米科发现越来越难以维持这种简单的结构。因此，迪米科在 2006 年增加了另一个管理层级，即创建了一个由五位执行副总裁组成的新层级。"我需要抽身出来，以便在商场上制定决策。"他这样说道。即便在组织结构中增加了这个新的管理层级，该公司的结构仍然是十分精干和简单的。相较于美国钢铁公司的总部雇用了 1 200 人，纽柯公司的总部则仅有 66 人。在纽柯公司，管理者仍然需要自己接电话和发邮件，而且没有公司专机。即使是那些相对精干的公司，例如丰田，在纽柯公司面前也显得过于臃肿和复杂。"在丰田，如果你想要升到总裁，至少要经过 10 个层级。"一名前丰田工程师这样说道。

【问题】

1. 纽柯公司的案例如何表明了简单结构的局限性？

答：因为管理层级较少，导致控制跨度很宽。当纽柯公司逐渐发展起来，该结构由于信息超载和决策集中于几位管理者而显得不足。此外，任何一位管理者生病或是因公出差都会给组织带来麻烦。

2. 你是否认为其他组织也应该设法复制纽柯的结构？为什么？

答：尽管纽柯公司的结构简单，但也不容易被复制。因为简单结构的灵活性和简单更适合于小型组织。

3. 你认为其他组织的结构比纽柯公司复杂得多的原因是什么？

答：很多组织的结构是传统结构，以官僚化为特点。因为高度常规化，员工在这样有具体规则和政策的结构化部门中能做得更好。尽管那些组织已经是行业领袖，但是他们也能从纽柯公司学到很多。

4. 总体来说，组织结构常常体现了 CEO 的观点。随着越来越多的"新鲜血液"加入纽柯公司，你是否认为它的结构会开始变得与其他组织相似？

答：可能会，组织的结构会随着它的发展而变化。新的管理人员会带着他们从其他公司学来的管理风格和想法，当他们觉得在简单结构中施展得不舒服时，就会去改变它。

案例分析 2：西门子的简单结构——并非如此

对于公司高管来说，恐怕没有比重组一个欧洲组织更加困难的任务了。不信的话，可以问问前西门子公司 CEO 克劳斯·克莱因菲尔德（Klaus Kleinfeld）。2008 年，西门子公司的收入达到 770 亿欧元，并在 190 个国家拥有 427 000 名员工，是世界上最大的电子公司之一。尽管长期以来该公司以其在工程学领域的卓越实力而受到尊重，但也因行动迟缓和机械结构而被诟病。因此当克莱因菲尔德接任西门子公司 CEO 后，他试图模仿杰克·韦尔奇在通用电气公司的做法，对西门子公司进行结构重组。他试图削弱结构的官僚化程度，从而加快决策速度。他剥离了表现不佳的业务，并简化了公司的组织结构。克莱因菲尔德的努力激起了员工群体的愤怒抵抗，他的办公室门口经常设有罢工者的纠察线。对欧洲组织进行变革时，面临的重要挑战之一就是长期以来员工对管理决策的积极参与。西门子董事会的一半席位由劳工代表占据。不出意料，劳工团体对于克莱因菲尔德的通用电气式公司重组努力并不那么买账。当克莱因菲尔德努力加快这些措施的实施时，劳工团体声称克莱因菲尔德偷偷为一个亲企业的劳工团体提供资金，从而试图削减德国主要工会的力量。由于这个及其他指控，克莱因菲尔德在 2007 年 6 月被迫离职，由彼得·勒舍尔（Peter Loscher）接任。勒舍尔同样发现了惯性与重组需求之间的张力。接任 CEO 才一个月，勒舍尔就面临一个抉择，即是否剥离表现不佳的价值 100 亿欧元的汽车零件部门——VDO。他不得不权衡保守势力的力量，他们想要保护工人利益，抵制美式风格的财务绩效压力。VDO 的潜在买主之一就是一家美国公司——TRW。TRW 的控股方是黑石公司，美国一家私有股权投资公司。德国的劳工代表嘲笑这些私人股权投资公司是"蝗虫"。在勒舍尔决定将 VDO 卖给德国轮胎业巨头——大陆集团之后，后者马上开始裁员并对 VDO 的运营实施重组。勒舍尔继续对西门子进行重组。2008 年中期，他宣布在全球范围内减少将近 17 000 个工作岗位。他还发布计划，要合并更多的业务部门并根据地理位置来重组公司的运营模式。"全球范围内的商业变革速度已经显著加快，而我们正在让西门子与时俱进。"勒舍尔说道。勒舍尔接替克莱因菲尔德之后，西门子经历了起起伏伏。自 2008 年以来，西门子的股价在欧洲股市下跌了 26%，在纽约股市下跌了 31%。而这比有些竞争者的情况好很多，比如法国的阿尔卡特朗讯（下跌了 83%）、通用电气（下跌了 69%），但也比另一些竞争者的情况要糟糕，例如 IBM（上升了 8%）、ABB 公司（下跌了 15%）。虽然勒舍尔的公司重组努力比克莱因菲尔德引发的争议少得多，但这并不意味着这些努力受到了所有各方的欢迎。在 2008 年的裁员中，代表很多西门子员工的一家工会的地区主管沃纳·诺伊格鲍尔说道："由于这些原因而实施本次裁员计划是令人费解的，也让人无法接受，因此从这个意义上来说，该计划绝对被夸大了。"当被一位记者问及裁员是否会引起争议时，勒舍尔反驳说："我不在乎风言风语。"他停顿了一会，接着说："可能这句话有点问题。我其实是在乎的。"

【问题】

1．克莱因菲尔德在西门子的种种努力对你认识重组组织的困难有什么启示？

答：重组组织不仅仅是组织结构的变化，因为重组一个组织涉及很多人的利益，尤其是本组织的文化。为了降低重组组织的困难，公司高层应该注重本组织的文化。

2．在你看来，为什么勒舍尔的重组决策比克莱因菲尔德引发的争议要少？

答：勒舍尔关注于保持本地组织的文化。克莱因菲尔德在实施时更加公式化，很少考虑到个人。虽然两人的结果都相似，但是勒舍尔看上去更加理解员工们的困境。

3．假设一位同事阅读了这篇案例并总结道："这个案例证明，重组努力并不会改善组织的财务绩效。"你将如何回应？

答：该同事没有看到长期的绩效。任何重组都会因为实施的变革而带来一定时期内生产率的降低。这些变革包括个人的、工作描述、工作流程、部门关系等。所有这些都会导致实施初期的生产率下降，直到"学习曲线"结束以及新的流程和关系变得常规，生产率才会提高。

4．你是否认为一位决定实施结构重组或精简规模的 CEO 会考虑员工的福祉？他应该这样做吗？为什么？

答：虽然员工的福祉很重要，但是首席执行官必须对股东负责。所以首席执行官应该在员工福祉和股东利益之间寻求平衡，偏向任何一方都会使首席执行官的管理陷入困境。

案例分析 3：合并并不总是会导致文化冲突

很多合并都会导致文化冲突，并最终导致组织的失败。因此，当银行业巨头美国银行（BOA）在 2005 年宣布以 350 亿美元收购信用卡巨头 MBNA 时，很多人认为这次兼并在几年之后也会陷入文化差异造成的困境里。MBNA 的组织文化是一种随心所欲的、隐秘的企业家精神。MBNA 的员工也已经适应了高水准的生活。他们位于特拉华州威尔明顿的公司总部可以用阔气一词来形容，而整个公司的员工也都享受着高薪和丰厚的津贴——

从私人高尔夫课程到公司的喷气机队和游艇队。相反，美国银行是通过厉行节约而发展起来的。它坚持低成本、不尚空谈的企业经营。不像 MBNA，它认为规模和智慧比速度更加重要。美国银行是一台收购机器，一些人将其比喻为电影《星际迷航》中无情的博格团队。简而言之，这两个公司的文化有天壤之别。尽管这些文化差异似乎会导致灾难，但是从美国银行和 MBNA 员工的反应可以看出，这次兼并似乎很奏效。事情是如何变成这样的呢？美国银行颇具前瞻性地了解了应该改变或者保留 MBNA 的哪些做法。尤其重要的是美国银行对 MBNA 企业文化的欣赏和尊重。在进入 MBNA 之前曾帮助美国银行收购 Fleet Boston Financial 的克利福德·斯凯尔顿说："第一天，我就发现这和你们习以为常的那种情况并不一样。"为了更好地管理文化变迁，两家公司的高管最开始都是比较各个方面或领域的工作实践，从招聘到呼叫中心的运营。大多数情况下，美国银行选择保留 MBNA 的文化实践。而在有些情况下，美国银行的确向 MBNA 强加了自己的意志。例如，由于 MBNA 的员工收入远远高于市场水平，因此 MBNA 的很多管理者都被迫接受了大幅减薪。有些 MBNA 员工离职了，但绝大部分还是留下了。有些时候，两种文化会相互适应。例如，MBNA 的着装要求比美国银行的商务休闲风格要正式得多。最后，公司采用了一种混合的着装规定：在信用卡部门的公司办公室以及客户面前要求穿商务套装，而在其他地方可以穿商务休闲装。虽然大多数人认为这次合并是成功的，但是也出现过一些紧张的局面。美国银行的一些管理者认为 MBNA 的管理者是傲慢自大和独断专行的，而 MBNA 的一些管理者则认为美国银行的管理者太过官僚化。MBNA 的那些丰厚津贴怎么样了呢？正如你可能会猜到的那样，绝大多数都被取消了。只有公司的一架喷气机还留着。高尔夫课程被捐给了特拉华州。除此之外，MBNA 公司办公室墙上的大多数艺术品也被取了下来。当然，美国银行还进行了另一项规模更大的收购：美林证券。判断这次兼并是否会成功还为时过早。

【问题】

1．美国银行和 MBNA 的组织文化在哪些方面不协调？

答：美国银行和 MBNA 的组织文化不协调的方面包括着装标准、自由和保守的对抗、奢华和节俭的冲突。东海岸银行和西海岸银行在业务开展方面也有差别。

2．你为什么认为这两家公司的文化主要是相互融合而不是冲突？

答：（1）在交易完成之前，两家公司的文化差别已经被评估过了。如果不考虑文化因素，这些并购通常是灾难性的。（2）两家公司实施了互补服务来使得并购更有效。（3）当新文化形成时，双方也都做出了许多让步。

3．你是否认为文化对于兼并/收购的成功至关重要？为什么？

答：文化对于兼并/收购的成功至关重要。因为对组织文化的仔细考虑和深入沟通能在以后阻止很多问题的产生。

4. 你认为顺利的文化变迁在多大程度上源于这两家公司为了使本次兼并成功而粉饰真正的差异？

答：两家公司应该在兼并过程中进行多次的谈判，以便能更有效地形成一个新团队。为了新组织的成立这一首要目标，双方应该确保兼并快速有效地实现。

案例分析 4：谷歌和宝洁交换员工

谷歌和宝洁的组织文化大不一样。宝洁的文化特点是严格的控制、纪律、等级和刻板——这种特点很鲜明，以至于员工们称自己为"宝洁人"。同样，谷歌也因其懒散的、非标准文化的、自由自在的文化而知名。因此，是什么使得这两种重量级的、成功的强文化（但是却截然不同）决定对彼此的员工实施社会化？其中一个原因显然是营销：宝洁认为自己未来更多的营销努力将会在网上进行，而谷歌当然就是实现这一战略的理想对象。而谷歌公司则把宝洁视为自己广告空间的"重量级"买家（宝洁是世界上最大的广告客户）。然而很显然，这并不仅仅是关于营销，毕竟，宝洁和谷歌也同其他很多组织有业务往来，但是却并没有与它们交换员工。这两家公司都相信，通过让关键的管理者接触一种同样强调创新（通过截然不同的方式来予以强调）的文化，它们可以进一步提高自己的创新能力。有时候，我们可以从那些与我们不同的方式中学到很多东西。在这两家公司的合作中，情况确实如此。在早期的一次员工交换中，谷歌的一名销售团队主管丹尼斯·丘迪用最近的数据使宝洁的管理者感到震惊。这些数据显示，在过去一年中，网上对于关键词"优惠券"的搜索增长了50%。宝洁的员工认为本公司是世界上最具创新性和最善于利用数据的组织之一，以追踪顾客偏好、产品使用和购买行为而知名，他们不会轻易感到震惊。加入谷歌的世界是一个既震撼人心又极富挑战性的学习过程。谷歌交换到宝洁的员工也学到了不少东西。当谷歌员工珍·布拉德伯恩浏览宝洁公司数十年来关于汰渍洗衣粉及该公司坚持采用亮橙色包装的营销资料时，他写道："不要去惹橙色，知道这一点是有帮助的。"

当然，差异还是很明显。当宝洁的一位管理者向谷歌员工展示一则1954年的汰渍洗衣粉广告时，他骄傲地说："当时，70%~80%的电视观众可以看到这则广告。"而谷歌团队则发出了惊愕的笑声。

【问题】

1. 你是否认为谷歌和宝洁之间的员工交换对于所有公司都是个好主意？为什么？为什么这样做的公司如此之少？

答：员工交换并不是对于所有公司都是合适的，只有那些需要更广阔的市场前景的公司能从中受益。很多公司不愿意这么做是因为管理人员普遍的感情偏执。此外，目前的不确定的经济态势让管理人员不愿意尝试将员工交换到其他公司。

2．宝洁和谷歌同意交换员工的原因之一就是希望将对方组织文化中最好的方面移植到自己的文化中。基于本章的知识，描述文化如何通过这种交换实现移植？

答：一旦交换员工回到公司，应该开展一个项目来让参与交换的员工给本公司员工描述对方公司组织文化中最好的方面。（1）故事。关于组织创始人的各种事件、规则被打破、员工的重新安置，以及对以往错误的应对等。将这些作为现在及当前实践的参照。（2）仪式。通过重复性的系列活动来表达和强化组织的核心价值观。（3）物质象征。公司总部的布局、高管配备的汽车类型、办公室大小及行政津贴等。（4）语言。当术语被同化后，把某种特定文化或亚文化中的成员联系在一起。

3．你认为是谷歌还是宝洁的组织文化更适合你？为什么？

答：我认为谷歌的组织文化更适合我。因为我喜欢自由的组织文化。

4．如果你是员工，你是否愿意被交换到一个组织文化截然不同的公司？为什么？

答：我愿意。因为在不同的组织文化中可以学到不一样的知识，可以增长自己的眼界。

参 考 文 献

[1] 郑琴琴. 知识经济时代企业组织结构变革[J]. 科学管理研究，2000，18（4）：23-37.

[2] 刘海峰，肖准. 向更高层次的平台型组织演化：平台型组织的五层次竞争[EB/ OL]. （2015-04-24）
[2019-11-05]. http://www.hejun.com/thought/column/liuhaifeng/4306.html.

[3] 吴彤. 自组织方法论研究[M]. 北京：清华大学出版社，2001.

[4] Peter L，Micchaell. Relative absorptive capacity and inter-organizational learning[J]. Strategic Management
Journal. 1998，19（5）：461-477.

[5] GRANOVETTER M. Economic action and social structure：the problem of embededness[J]. American
Journal of Sociology，1985，91（3）：481-510.

[6] 李智超，罗家德. 透过社会网观点看本土管理理论[J]. 管理学报， 2011，8（12）：1737-1747.

[7] 马春荃. 自组织能力：传统企业的组织进化愿景[J]. 清华管理评论，2014，4（7）：38-45.

[8] 王松涛. 无边界组织：企业组织结构变革的新模式[J]. 同济大学学报. 社会科学版. 2008，19（4）：
118-124.

[9] 蒲德祥. 幸福组织：概念、思想溯源及研究框架[J]. 安徽师范大学学报. 人文社会科学版. 2012，
40（2）：177-184.

[10] 陆亚东，符正平. "水"隐喻在中国特色管理理论中的运用[J]. 外国经济与管理，2016，38（1）：
3-14.

[11] 陈春花，刘祯. 水样组织：一个新的组织概念[J]. 外国经济与管理，2017，39（7）：3-14.

[12] 左民安. 细说汉字[M]. 北京：中信出版集团，2015.

[13] 陈春花，赵海然. 共生：未来企业组织进化路径[M]. 北京：中信出版集团，2018.

[14] 陈惠雄. 人力资源管理案例集[M]. 杭州：浙江大学出版集团，2014.